抗战时期桂林进步传媒与民族精神教育研究

孙文建　著

九州出版社 | 全国百佳图书出版单位

图书在版编目（CIP）数据

抗战时期桂林进步传媒与民族精神教育研究 / 孙文
建著. — 北京：九州出版社，2023.2
　　ISBN 978-7-5225-1668-4

　　Ⅰ．①抗… Ⅱ．①孙… Ⅲ．①传播媒介－研究－桂林
－1937-1945 Ⅳ．①G219.296

中国国家版本馆CIP数据核字(2023)第045044号

抗战时期桂林进步传媒与民族精神教育研究

作　　者	孙文建　著	
责任编辑	邓金艳	
出版发行	九州出版社	
地　　址	北京市西城区阜外大街甲 35 号 (100037)	
发行电话	(010)68992190/3/5/6	
网　　址	www.jiuzhoupress.com	
印　　刷	北京九州迅驰传媒文化有限公司	
开　　本	710 毫米 ×1000 毫米　16 开	
印　　张	13	
字　　数	175 千字	
版　　次	2023 年 5 月第 1 版	
印　　次	2023 年 5 月第 1 次印刷	
书　　号	ISBN 978-7-5225-1668-4	
定　　价	46.00 元	

目　录

绪　论

一、研究意义

抗日战争爆发之前，桂林只是我国西南边陲的一个小城，人口稀少，经济文化都非常落后。随着抗日战争的全面爆发，大片国土沦丧，尤其是 1938 年，广州、武汉相继陷落，大批人口内迁到桂林，桂林人口急剧增加。随之而来的便是众多文化界人士云集桂林，"文化人像候鸟那样，大部分聚集到当时政治气候适宜的桂林"。在桂林，迁移而来的众多文化人继续从事文化活动，迅速地改变了桂林文化落后的面貌。一时间，位于祖国大西南的桂林城发生了翻天覆地的变化，各项文化事业如旭日东升，蓬勃发展，被誉为"抗战文化城"，在国民党统治区，甚至在国内外都有着深远的影响。正如胡愈之所说："山明水秀的桂林，本来是文化的沙漠，不到几个月竟成为国民党统治下的大后方的唯一抗日文化中心了。"

传媒文化研究是文化社会学研究的一个重要内容，大众传媒作为一种重要的宣传和传播手段，不论是战争年代，还是和平时期，都发挥着巨大的作用。尤其是在战争年代，围绕战争所展开的宣传斗争往往对战局的发展具有至关重要的作用。因此，对抗战传媒的研究，是很有意义的。作为"文化城"最突出的表现之一，当时桂林的传媒事业非常活跃，然而在"桂林文化城"的研究中，大众传媒部分还稍显薄弱，有关桂林抗战传媒的研究的专著与论文，大多只是针对某一种或几种传媒类别进行论述，研究的角度也多是对所论述传媒类别进行史料上的收集和整合，没有专门对抗战时期的桂林传媒发展进行全面系统的探讨，尤其是未能在对桂林抗战传媒事业全面系统研究的基础上，进而探讨在抗战文化宣传中发挥了重要作用的桂林传媒业的跨越式发展特征，而这对于我们深刻认识和总结桂林抗战文化，更好地继承抗战文化遗产和民族文化精神，无疑具有重要的学术意义和现实意义。

开展对抗战传媒文化发展精神的研究，具有重要的学术意义。它有助于深刻揭示桂林抗战传媒发展过程中丰富的精神内涵，全面评价桂林抗战传媒的历史地位，深刻认识和挖掘中华民族伟大的民族文化精神。

开展对抗战传媒文化发展精神的研究，具有重要的现实意义。在全国人民勠力同心、奋力实现中华民族伟大复兴的中国梦的今天，桂林抗战传媒所体现的以百折不挠为核心的伟大创造精神、以自强不息为核心的伟大奋斗精神、以求同存异为核心的伟大团结精神、以爱国主义为核心的伟大梦想精神，始终都是中华民族的宝贵财富和历史借鉴。

二、学术史回顾及研究现状分析

对桂林抗战传媒的研究始于 20 世纪 60 年代初，许多抗战时期的新闻工作者都在专栏上发表过回忆新闻传播活动的文章。在这之后，围绕桂林抗战传媒的研究著作和论文不断涌现，取得了丰硕的研究成果。总体说来，主要贡献有：

（一）关于抗战时期桂林新闻传播活动时代背景的研究

由彭继良著，广西人民出版社 1998 年出版的《广西新闻事业史》（1897—1949）一书里以"抗日战争时期广西出版的报纸，建立的通讯社、广播电台"这一章节对当时桂林新闻传播活动的成因进行了比较系统的论述，当然，像彭继良的《抗日战争时期桂林的新闻事业》，钟小钰的《抗日战争时期桂林的报刊》，龚维玲的《试析抗日战争时期新桂系的报业活动》，王晓岚的《喉舌之战：抗战中的新闻对垒》，靖鸣等的《抗日战争时期桂林新闻生态初探》等专论也对其成因进行了深入的探讨。目前，大多数学者们都达成一致看法，那就是抗战时桂林新闻传播的巨大发展有其偶然性和必然性：偶然性是抗日战争的结果，必然性之一，也是最重要的，就是中国共产党对当地新闻事业领导的结果；必然性之二，是新桂系在广西特殊的文化政策制度实施的必然结果。

一些围绕桂林抗战文化城的历史地位与作用开展研究的文章，内中也包含了对桂林抗战传媒相关问题的研究。这些论文有：邓群的《桂林抗战文化的地位和作用》，载于《广西党史》2005 年第 3 期；李建平的《论桂林抗战文化的特殊文化含量》，载《广西社会科学》2000 年第 2 期；苏光文、李建平的《论桂林文化城的地位和作用》，载《广西大学学报》(哲学社会科学版)1982 年第 1 期；刘春燕的《论桂林抗战文化精神》，载《社会科学家》2005 年第 5 期；詹永媛的《论桂林抗战文化运动发展的社会政治因素》，载《广西社会主义学院学报》2002 年第 4 期；詹永媛：《试论桂林抗战文化运动在广西抗日救亡斗争中的作用》，载《广西民族学院学报》（哲学社会科学版）2000 年第 6 期。

（二）关于传媒工作者、刊物的相关研究

对于新闻工作者的研究主要有《〈救亡日报〉的卓越领导者——夏衍》《夏衍与〈救亡日报〉》《郭沫若与〈救亡日报〉》《抗战时期范长江对桂林新闻传播的贡献》等，主要是从报人的办报思路、政治立场、编辑思想等方面来进行探讨。

对于桂林抗战时期出版的各种报纸杂志的研究主要有钟小钰的《抗日战争时期桂林的报刊》，龚维玲的《试析抗日战争时期新桂系的报业活动》、张鸿慰的《明灯照漓水　新华傲雪霜——〈新华日报〉建立桂林分馆的斗争始末》和《榕城救亡曲　渝雁天下闻——〈新华日报〉桂林通讯研究》、文丰义的《进步文化的宣传喉舌——〈新华日报〉与西南剧展》（见广西师范大学出版社出版的八卷本《桂林抗战文化研究文集》）、葛敏的《新华日报是革命的灯塔》和卢杰《真理的声音锁不住——关于新华日报在桂林营业分处的点滴回忆》（桂林抗战文化史料，第二十八辑）；关于《救亡日报》的研究著作有：《救亡日报的风雨岁月》（吴颂平编，新华出版社，1987 年版）；收录在《桂林抗战文化研究文集》里的论文有 3 篇，分别是高宁的《〈救亡日报〉的宣传艺术》《〈救亡日报〉的卓越领导者——夏衍》以及张鸿慰的《团结的旗帜抗日的号角——论桂林〈救亡日报〉的时代特色及其编辑风格》。此外，尚有 6 篇相关文章散见于各类刊物，它们分别是：《〈救亡日报〉介绍》《夏衍与〈救亡日报〉》《郭沫若与〈救亡日报〉》《〈救亡日报〉留下短暂成永恒》《〈救亡日报〉桂林版的言论特色》《〈救亡日报〉：辗转三地团结抗日》。除了对《新华日报》和《救亡日报》这两大报纸思维研究外，尚有如王小昆的《桂林版〈扫荡报〉与抗战音乐文化》，郑炯儿的《从扫荡到和平——〈扫荡报〉之研究（1931—1950）》，冯英子的《我和桂林〈力报〉》（见《桂林抗战文化史料》第二十八辑）等。由此可见，此类研究成果还是比较丰富的。

（三）对桂林抗战传媒资料的整理与搜集

因抗战时期桂林新闻传播活动空前繁荣的成因与抗战"桂林文化城"的成因相近，因而倍受学者们的关注，而其研究成果也相对较多，主要集中体现在：《桂林文化城概况》以丰富的史料详细介绍了抗战时期桂林的报纸、期刊、新闻单位、书店、出版社和印刷厂的情况。而广西民族出版社出版的《八桂报史文存》（张鸿慰著，1995年版）不仅对当时桂林的报纸有一个总体的综述，还搜集了很多时人的回忆录。桂林文化研究中心与广西桂林图书馆合编的《桂林文化大事记》（1937—1949）（漓江出版社，1987年版）详细记述了抗战时期桂林主要的新闻人士、传媒活动、报纸、期刊等情况。其他像张鸿慰的《蘡蔚集》、王晓岚的《喉舌之战：抗战中的新闻对垒》（广西师范大学出版社，2001年版）、龙谦、胡庆嘉编的《抗战时期桂林出版史料》(漓江出版社，1999年版)，《桂林抗战文化研究文集》（1—8集）等，也都收集和记录了不少相关的资料。此外，相关的工具书也都对抗战传媒的内容有所涉及，比如《桂林抗战文艺词典》（广西社会科学院编，广西人民出版社1989年版），该词典收入包括在桂林从事抗日宣传活动并有一定社会影响的编辑、作家和出版家，在桂林创办的报纸及刊物，在桂林文艺界所举行的重要的宣传活动等，是从事桂林抗战文化研究极为重要的工具书和地方资料；万一知、苏关鑫编的《抗战时期桂林文艺期刊简介和目录汇编》（广西师范大学出版社1984年版）；桂林市政协文史资料委员会编的《抗战时期桂林社会科学资料目录索引》（2002年广西区新闻出版局核准出版）。上述两部工具书对进行桂林抗战传媒研究也大有裨益。

这些资料为研究桂林抗战文化以及桂林抗战传媒的发展提供了丰富的史料和极大的便利。

综上所述，前人对桂林抗战传媒做了一定的研究，并取得了一定的成果，所有这些都为本书的撰写提供了有益的借鉴与帮助。当然，其中也存在着不足。从总体来看，专门针对桂林抗战传媒的研究还相对薄弱，尤其是从文化精神角度切入，展开对桂林抗战传媒的研究更是少见，这些都为我们进一步深化桂林抗战传媒研究留下了极大的空间，这些都需要我们去认真挖掘和努力揭示。

三、研究方法与创新之处

针对抗战时期桂林大众传媒的研究状况，本书试图在借鉴已有研究成果的基础上，注重基本史料的收集和分析，对桂林抗战传媒的整体发展加以概括分析，以形成新的研究结论。本书从报刊、图书、广播、电影等多种传媒方式的发展状况入手，以传播过程的基本要素传播主体、传播媒介、传播讯息为视角对桂林抗战传媒的发展与特点进行相关研究和探讨，不仅仅将桂林抗战文化城的大众传媒作为一种战时宣传手法，更求从其发展过程中所体现出的民族精神进行剖析。传统的历史学研究方法仍是本书最主要的研究方法，同时也吸纳和运用社会学、传媒学、心理学、语言学、艺术理论、文学批评等众多学科的相关理论，寻求方法上的更新与转换，以扩展视角、推陈出新。

本书努力占有和运用第一手资料，在充分利用当时出版的《救亡日报》（桂林版）、《大公报》（桂林版）、《扫荡报》（桂林版）等报纸的基础上，运用马克思主义唯物史观进行理论指导，在运用历史学理论进行研究的同时，辅以新闻学、传播学等学科的理论进行研究。在写作思路上通过对传播过程中各要素在当时桂林传媒事业发展中的表现的研究，力图揭示出在那个特定时期，桂林大众传媒的跨越式发展及其所蕴含的伟大民族精神。

四、内容介绍

抗战传媒是桂林抗战文化的重要组成部分，在推动桂林、广西乃至全国的抗战文化和抗日救亡运动中都发挥了巨大作用。本研究在前人研究成果基础上，力图从传播学角度，对桂林抗战传媒进行总体考察，并在既有史料的基础上，进行新的概括与提炼，探析桂林抗战传媒跨越式发展的历史进程，进而探讨这一文化发展中所蕴含的伟大民族精神。

文化的发展与传播，主要有两种方式：一种是渐进式，另一种是跨越式。桂林抗战传媒文化发展是两种发展方式的结合，它经历了一个从渐进到跨越的历史过程，即从战前十年的渐进式发展到战时桂林文化城的跨越式发展。

桂林抗战传媒在其跨越式发展进程中，充分显现了中华民族以百折不挠为核心的伟大创造精神、以自强不息为核心的伟大奋斗精神、以求同存异为核心的伟大团结精神、以爱国主义为核心的伟大梦想精神，这些伟大的民族精神极大地鼓舞了广大人民的斗志，凝聚了广大人民的民族情感，支撑着中国人民万众一心、同仇敌忾去争取抗日战争的伟大胜利。研究抗战文化，研究桂林抗战传媒文化，不能仅仅停留于对具体事项、具体活动的考察，还应当深入思考蕴含其中的伟大民族精神。本研究以桂林抗战的传媒环境、传媒活动、传媒内容、传媒特点等为切入点，通过对桂林抗战传媒跨越式发展这一历史进程的全景式考察，在全面再现还原历史本来面目的基础上，努力揭示这一伟大发展进程中所蕴含的伟大民族精神。

全书共分为八个章节。

第一章主要介绍中华民族伟大民族精神的形成与发展。主要从鸦片战争之前中国人"天朝上国"的意识领域分析了当时中国的民族观；从地主阶级经世派的师夷长技以制夷思想、早期维新思想家的商战主张和民主思想、戊戌维新派的救亡图存思想以及资产阶级革命派提出的"振兴中华"口号四个阶段分析了近代中国民族意识的觉醒和民族精神的重构过程；进而从抗日战争爆发后各阶级各民族共赴国难、中国共产党的中流砥柱作用两方面介绍了抗日战争中伟大民族精神的体现。

第二章主要介绍抗战时期全国传媒发展的概况。主要从战时根据地的新闻传播、国统区的新闻传播以及沦陷区的新闻传播三个方面，介绍了桂林抗战传媒发展的外部环境；从新闻人士云集荟萃、新闻机构数量激增、图书事业兴旺发达、出版机构纷纷涌现、无线广播开始播音这五个方面介绍了抗战时期桂林传媒的发展概况。

第三章主要介绍桂林抗战文化城的传媒生态状况。主要从影响桂林抗战传媒发展的历史文化生态环境、政治生态环境、行业生态环境和受众生态环境四个方面分析了桂林抗战传媒取得巨大发展的原因，即中国共产党是桂林抗战文化城的缔造者和领导者，是桂林抗战文化运动的灵魂，也是桂林抗战传媒跨越式发展的根本原因。

第四章主要介绍桂林文化城生机勃勃的传媒活动。主要从引导舆论的旗舰刊物、屹立后方的新闻机构、直击现场的广播电台、盛极一时的图书市场、星罗棋布的出版机构等方面，详细考察了不同阶层、不同党派的新闻工作者在抗日救亡旗帜下，办报办刊、创建新闻机构、组织新闻宣传、展开传媒理论讨论，开展丰富多彩的传媒活动的情况。

第五章主要对桂林抗战传媒纲举目张的传媒内容进行了分析与探讨。以大量的史料为依托，从宣传抗战、团结抗战、颂扬抗战、服务抗战、支持抗战五个方面介绍了桂林抗战传媒号召广大民众投身抗战、巩固抗日民族统一战线、讴歌革命英雄主义精神、开展新闻性质的探讨争鸣、身体力行为抗战出钱出力等丰富的传媒内容。

第六章考察了桂林传媒丰富多样的传媒特点。从标杆人物引领前行、采编风格战斗性强、书刊印刷耳目一新、出版发行及时迅捷、管理运营独具特色五个方面介绍了桂林抗战传媒的突出特点，以丰富的史料，展现了桂林文化城中抗战传媒的精彩之笔。

第七章介绍了桂林传媒与文化城中其他文化活动的相互合作。抗战时期，桂林文化城中的美术、音乐、文学、戏剧等文化品种均取得了一定的发展，本章节在对各个文化活动概述的基础上，详细介绍了抗战期间桂林抗战传媒与抗战美术、抗战音乐、抗战文学、抗战戏剧的通力合作，桂林抗战传媒为各个阶层、各个行业的抗日救亡活动搭建了一个良好的平台，最大限度地凝聚了广大人民的力量，为争取抗战的胜利奠定了基础。

第八章探析了桂林抗战传媒发展的历史意义与当代启示。首先，论述了桂林抗战传媒对以百折不挠为核心的伟大创造精神、以自强不息为核心的伟大奋斗精神、以求同存异为核心的伟大团结精神、以爱国主义为核心的伟大梦想精神的传承与弘扬；其次，从中国抗战文化的有机组成部分、推动了二十世纪三四十年代广西新闻传媒的发展、架起了世界反法西斯文化交流的桥梁三个方面论述了桂林抗战传媒对抗战文化和抗战事业的推动作用，以及桂林抗战传媒对中国传媒发展的历史贡献。最后，结合当代大学生实际，从重要意义、主要困境、理论支点、实施路径提出了当代大学生民族精神教育的对策与建议。

第一章　救亡图存：
中华民族伟大民族精神的形成与发展

中华民族精神是中华民族在漫长的社会历史发展过程中逐步形成的，它是中华各族人民社会生活的反映，是中华文化最本质、最集中的体现，是中国各民族人民价值观念、理想信念、生活方式以及行为习惯的文化浓缩，是中华民族赖以生存和发展的精神纽带、强大动力和有力支撑，是发扬和创新社会主义先进文化的民族灵魂。

民族精神从总体来说是人的精神，是一个民族一代又一代人精神的融合与聚合，是人的精神的国家化与民族化。中华民族有着悠久绵长的文明历史，有着幅员辽阔的大好河山，有着勤劳勇敢的各族人民，有着丰富多彩的民族文化。与5000多年的中华文明相伴随的，与可歌可泣的中国历史相印证的，与屹立于世界东方的中华儿女相映照的，是中华民族的灵魂——伟大的民族精神。

第一节　近代中国民族意识的觉醒与民族精神的重构

1840年鸦片战争一声炮响，轰开了中国古老、封闭的大门，给中国社会带来了巨大的影响和冲击，中国人长久以来所形成的"天朝上国"的观念开始遭到彻底的颠覆。同时，在此基础上，也逐渐形成了中国人近代意义上的民族意识与民族精神。整个中华民族从以自我为中心的迷梦中惊醒过来，开始环视自己的周围，开始正视正在瞬息万变、快速发展的世界格局，中国人的民族精神被极大地激发出来。

一、鸦片战争以前中国的民族观

传统的中国是一个以家族取向为主的社会，由于缺乏地理知识和交通运输不发达等因素，彼时的中国人，对国家的看法一直都是相对比较模糊的。包括清政府的官员和社会精英分子在内的很多中国人看来，所谓的国家，实际上就是"家"的放大，家国一体，家国同构，并在此基础上逐渐形成了"天下一家"的概念、"中国"就是"天下"的观念，认为"管仲相桓公，霸诸侯，一匡天下"，认为"维秦王兼有天下，立名为皇帝"。一直到明朝时期，中国人才真正知道这个世界上还有其他很多国家，才明白天下原来是一个更大、更广阔的世界。然而，直到鸦片战争之前，中国人仍然没有能够形成近代"国家"的概念，更不用提近代意义上的民族意识与民族精神，依然只是在地域和宗族基础上所形成的"天下"观念。因而，清王朝对于中国与世界关系的看法，仍然仅仅停留在强调"中国为世界的中心""华夷之辨"等的认知之上，认为除了中国人之外，世界上其他民族的人都属于"蛮夷"。这种狭隘的"天朝上国"的地域中心论观念，严重地限制了中国人的视野。

中华文明是世界"四大文明古国"中唯一未曾中断的文明，在悠久的历史发展进程当中，长时间处于世界的领先地位。当时，在泰晤士、莱茵和密西西比河边的居民，依然在黑暗的原始森林中徘徊之时，中国的长江、黄河之畔已经产生了灿烂夺目的中华文明。放眼亚洲范围之内，邻国与中国之间是落后学习先进的关系，儒家文化是当时亚洲地区的正统文化。然而，当时的中国人对于本民族的文明发展状况以及在世界范围内所处的优越地位，并不十分清楚，于是便导致了地域中心观和文化中心观的产生，这也致使清王朝以"天朝上国"自居，直接导致了清朝的故步自封和闭关自守。

文化中心主义与地域中心主义的观念是"天朝上国"观念的直接后果，是忧患意识淡薄的表现，是缺乏危机感的直接体现。忧患意识是广大仁人志士关心国家民族前途命运的一种心理品质，是爱国主义的一种有力体现。然而，长久以来，中国人普遍认为中国"尽善尽美"——地大物博、物产丰富。这种"尽善尽美"的心态严重地制约了中国封建王朝统治者以及整个国民的视野，皇帝与臣民对外都无忧无虑，而将关注的重点放置于国内，即皇帝防着百姓造反，百姓盼着明君出现。盲目地认为"万国衣冠拜冕旒""中国既安，四夷自服"的大好局面，可以永远维持。

其实，直到十九世纪前的几个世纪里，中国的在世界范围内的领先地位依然存在。到了明清时期，为了巩固统治，统治者在政治上加强中央集权，君主专制得到空前加强；在经济上，对内采取重农抑商的政策，极力抑制商品经济的发展，对外则实行闭关锁国政策，限制对外贸易的发展进程；在思想文化方面，统治者为强化君主集权，进一步加强思想文化的控制，明朝开始以程朱理学作为官方的意识形态，并继续实行八股取士，利用科举制度选拔各级官员。程朱理学主张"存天理，灭人欲"，当时的统治阶级试图通过引导读书人学习程朱理学，树立对君主的绝对服从和对王朝的高度忠诚，以此作为日常言行的判断标准和识理践履的主要规则，极力维护封建纲常伦理道德秩序。

这一时期封建统治已然露出崩溃的端倪，开始由盛转衰，逐渐走向没落。明清时期的中国，幅员辽阔，资源丰富、人口众多，系统完整。整个中国，上至统治者，下到普通百姓，都沉浸在"天朝上国"的迷梦之中，传统守旧，愚昧无知，闭目塞听，故步自封。传统的封闭、守旧思想异常顽固，对同一时期的西方国家建立资本主义制度、发展资本主义经济，进入近代化社会的事实视而不见，对瞬息万变的世界大势熟视无睹。也正因为如此，才使得长期处于人类文明巅峰的东方大国，开始落伍并迅速走向衰落。尤其是十七世纪下半叶到十八世纪，清朝统治在经历了康熙、雍正、乾隆时期的鼎盛之后，到乾隆晚期已经开始走向衰落，到鸦片战争前，中国的封建社会已经进入末世，清王朝面临着严重的统治危机，这种危机主要表现在以下几个方面：

第一，土地兼并严重，阶级矛盾激化。满洲贵族入关以后，为了笼络汉族地主，除了没收明朝皇室和反清官僚的土地之外，对绝大多数汉族地主的土地，都采取了承认和保护的政策。而大量的满洲贵族入关以后，也要大量占有土地，于是清朝前期出现了频繁的"跑马占田"的现象，被圈占的土地基本上都是农民的土地；另外，清朝前期的人口增长非常迅速，从乾隆到道光的100年间，人口增加了将近3倍，而同期土地的增长却是十分有限的，在生产力没有重大革新的情况下，国民的经济生活全凭土地的自然生产力。因此，人多地少的矛盾更加突出。而土地问题是导致阶级矛盾激化和社会动荡的重要原因。

第二，封建专制强化，吏治腐败严重。清朝初年设立的军机处，使皇权集中到了无以复加的地步。清朝前期的几个皇帝都是有作为而又在位时间较长的，比如顺治在位18年，康熙在位61年，雍正在位13年，乾隆在位60年，嘉庆在位25年，这更加减少了皇权旁落的可能，加强了君主专制；而清朝前期的吏治腐败也是非常严重的，在乾隆后期和嘉庆年间尤甚，比如乾隆时期的权臣和珅，在乾隆死后被抄家，光是银两就有八亿两之多，而当时清朝每年财政收入也不过七八千万两白银。

第三，实行文化专制，盲目闭关锁国。清朝入关以后，一方面尊崇理学，继续实行八股取士的科举制度，以争取汉族知识分子的支持；另一方面，又大力推行文字狱，对知识分子的思想进行严格的控制，造成"万马齐喑究可哀"的局面；在对外政策上，清朝统治集团昧于时势，对外国情况毫不了解，拒绝一切外来的思想文化。更可悲的是，清朝统治集团中的大部分人对这种落后毫不知情，还在闭关锁国，盲目自大。

而与清王朝形成鲜明对比的，是西方资本主义的迅速发展，并开始了对落后地区和落后民族的侵略扩张。

西方资本主义萌芽产生于14—15世纪的意大利，14—17世纪的文艺复兴运动为资本主义发展做了思想准备，15—17世纪的地理大发现则为资本主义提供了更加广阔的发展空间，正如马克思、恩格斯在《共产党宣言》中所指出的，"美洲的发现、绕过非洲的航行，给新兴的资产阶级开辟了新天地。东印度和中国的市场、美洲的殖民化、对殖民地的贸易、交换手段和一般商品的增加，使商业、航海业和工业空前高涨，因而使正在崩溃的封建社会内部的革命因素迅速发展"。这些革命因素，终于导致了欧美各国资产阶级政治革命的爆发，包括1640—1688年的英国资产阶级革命，1775—1781年的美国独立战争，1789—1799年的法国大革命等。资本主义政治制度的确立，为资本主义发展创造了前提和保障，马克思、恩格斯在《共产党宣言》中指出："资产阶级，由于开拓了世界市场，使一切国家的生产和消费都成为世界性的了。过去那种地方的和民族的自给自足和闭关自守状态，被各民族的、各方面的互相往来和各方面的互相依赖所代替了。"资本主义的对外扩张，使世界一切民族都卷入资本主义的世界市场，马克思称之为"世界历史"阶段，这里所说的"世界历史"，不是历史学科意义上的世界历史，而是指人类社会的历史演进，由最初的、民族的、地域的、孤立的历史向世界历史的转变，马克思的"世界历史"理论告诉我们：第一，人类历史进入了"世界历史"阶段，每一个民族都不可能再长久地孤立发展，任何民族不是主动成为世界的一部分，就势必被动地卷入资本主义世界体系；第二，西方资本主义来到中国是其资本的本性所使然，它不是为了把中国变成一个独立的资本主义国家，而是希望中国成为其世界市场的一部分。

这一方面为近代中国民族意识觉醒和民族精神重构提供了可能性，另一面方面也凸显出了民族意识觉醒和民族精神重构面临的严峻性。

二、鸦片战争为民族意识觉醒和民族精神重构打开大门

1840年爆发的第一次鸦片战争，对中国社会的冲击是极其巨大的，在中国的不同层面有着不同的反应，其中对中国人"天朝观"的冲击力度最强，反应也最快。鸦片战争后，西方列强持续侵略中国，让中国人长期以来形成的"天朝上国"观念遭到彻底颠覆，并在此基础上形成了中国人近代意义上的民族意识与民族精神。

英国资产阶级革命之后，国力迅速强大，并取得了海上霸主的地位。但是，由于中国自然经济的抵制和闭关政策的影响，英国对华贸易一直处于逆差，于是英国殖民者试图用鸦片来抵偿正常的贸易逆差，鸦片贸易也就成为英国远东三角贸易的一个重要环节。鸦片贸易给英国带来了巨额的利润，但是却给中国带来了巨大灾难。一是它严重地损害了中国人的身心健康；二是导致白银大量外流，造成国库空虚，使得货币贬值，民众的购买力下降，物价上涨，加重了老百姓的负担；三是官吏和士兵吸食鸦片，造成吏治更加腐败，军队的战斗力丧失，导致清政府的统治危机更加严重。

清政府考虑到自身统治的需要，1839年底道光皇帝任命湖广总督林则徐为钦差大臣到广州主持禁烟，从而开始了禁烟运动，并有了之后大快人心的一幕——虎门销烟。中国的禁烟运动打击了英国鸦片贩子的利益，也使英国的利益受到损害，因此中国的禁烟运动一开始，英国就加紧了发动战争的准备。英国对中国发动的侵华战争，其目的不仅仅是保护鸦片贸易，更重要的就是想通过战争打开中国的大门，使中国变成它的商品市场和原材料产品。1840年6月，英国的侵华舰队封锁广州珠江口，鸦片战争爆发。这场战争是英国发动的一场

侵略战争，中国进行的是正义的反侵略战争，在战争中，中国的许多爱国官兵也进行了英勇的抵抗，涌现出了许多可歌可泣的民族英雄，如关天培、陈化成等。然而，中国最终失败了。中国在鸦片战争中失败，原因是多方面的，最根本的原因有两条：一是社会制度的腐败，二是经济技术的落后，而且社会制度的腐败是最主要的原因，也是导致经济技术落后状况，长期得不到改变的根本原因。因此，要真正改变经济技术落后的状况，必须首先改变腐败的社会制度。

鸦片战争之后，中国的社会性质开始逐步发生演变。鸦片战争以及中国的失败使得战后中国社会各方面发生了一系列深刻的变化，毛泽东曾经指出，自从1840年的鸦片战争之后，中国一步一步地变成了一个半殖民地半封建社会，因此鸦片战争被史学家视为中国近代史的开端，这表现在以下几个方面：

一是政治方面出现变化。中国由战前拥有独立主权的封建国家，逐步转变为主权不完整的半殖民地半封建的国家。鸦片战争以后签订的一系列不平等条约，使中国的领土主权、领海主权、司法主权、关税主权、贸易主权等都遭到了破坏，比如中英《南京条约》规定，将中国的香港岛割让给英国，使中国的领土主权遭到破坏；中美《望厦条约》规定，美国兵船可以自由出入中国的通商口岸，这就破坏了中国的领海主权；《南京条约》规定的"协定关税"破坏了中国的关税主权，"片面最惠国待遇"的规定破坏了中国的外贸主权，"领事裁判权"则破坏了中国的司法主权。

二是经济方面发生的变化。中国由一个战前以自然经济为主，封建生产关系占统治地位的阶级社会，逐步转变为半殖民地半封建社会。不平等条约的签订给予了西方列强一系列的贸易特权，比如"五口通商"给西方列强的商品倾销提供了便利条件，"协定关税"降低了外国商品进入中国的成本，"片面最惠国待遇"使列强可以分享在中国的经济特权。西方列强凭借这些贸易特权，加强了对中国的商品倾销和原材料的掠夺，使中国的自然经济遭到破坏。自然经济的破坏，为中国民族资本主义的产生提供了便利条件，但是西方列强的经济掠夺又使中国的资本主义经济得不到独立自由的发展，而始终不能占据主导地位。

三是思想文化方面的变化。封建传统文化一统天下的局面逐渐被打破，开始形成近代的思想文化。随着西方列强对中国的侵略，西方近代文明也开始进入中国，一方面西方列强对中国的文化渗透，使殖民主义思想文化与中国的传统思想文化结成同盟，形成了半殖民地的思想文化；另一方面，近代西方思想文化对中国传统的封建思想文化产生冲击，使中国的思想文化开始了向西方学习的过程。

四是阶级结构的变化。旧有的两大传统阶级——地主阶级和农民阶级依然存在，又形成了新的阶级——资产阶级和工人阶级，阶级关系更加错综复杂和多元化。地主阶级继续占有大量的土地，掌握着国家政权，对人民实行专制统治；农民阶级仍然是近代中国社会人数最多的被剥削阶级；工人阶级是新兴的被压迫阶级，主要是城乡破产失业的农民、手工业者和城市贫民，是近代中国最具有革命性的阶级；资产阶级也是近代中国新产生的阶级，它主要是在外国资本主义入侵的影响和刺激下，由一些买办、商人、地主、官僚投资新式企业转化而成。

五是社会主要矛盾和革命性质的变化，由战前的一对社会矛盾，演变为战后的两对社会主要矛盾，革命性质也因此发生变化。战前中国社会主要是封建主义同人民大众的矛盾，战后演变成帝国主义和中华民族的矛盾、封建主义和人民大众的矛盾。从革命性质来说，战前是农民的反封建斗争，战后是反帝反封建的资产阶级民族民主革命。

由于上述一系列的变化，中国由战前独立的封建社会演变成战后的半殖民地半封建社会，而这一变化，经历了一个长期的演变过程，同时这一过程与资本帝国主义对中国的侵略战争紧密地联系在一起：鸦片战争是这个过程的开端。第二次鸦片战争使资本帝国主义对中国的侵略由沿海深入到内地，开始形成半殖民地的统治秩序。中日甲午战争不仅导致了帝国主义瓜分中国的狂潮，而且使西方资本主义对中国的经济侵略由以商品输出为主，转变为以资本输出为主，中国的半殖民地化程度进一步加深。八国联军侵华战争之后签订的《辛丑条约》，是清政府对中国主权的一次大拍卖，清政府作为一个"洋人的朝廷"，完全成了帝国主义统治中国的工具，帝国主义已经在政治上、经济上和军事上完全控制了中国，中国的半殖民地半封建社会最终形成了。在中国半殖民地半封建社会形成的过程中，中华民族的民族意识觉醒和民族精神重构也悄然开始。

三、近代中国民族意识觉醒和民族精神重构的历程

近代外来势力的入侵，给中华民族带来了巨大的灾难，但是资本帝国主义发动的一系列侵略战争以及中国反侵略战争的失败，从反面教育了中国人，它不仅激起了中国人民的反抗，也促使了中国人民民族意识的觉醒和民族精神的重构。

理解这里的"民族"，需要注意以下三点：第一，这里的"民族"概念不同于传统意义上中国的"夷夏观"，它是建立在民族平等理念上的；第二，这里所讲的"民族"不是指汉族或者是国内的任何一个单独的民族，而是指整个中华民族；第三，民族意识应该与世界意识相结合，只有正确地认识世界其他民族，才能正确地认识自己。

中国近代民族意识与民族精神从萌芽、发展到形成经历了一个漫长的历史过程，其演变的轨迹，大致可以分为四个阶段：

（一）第一阶段：地主阶级经世派的"师夷长技以制夷思想"

第一次鸦片战争和第二次鸦片战争，几乎击垮了清王朝政权，帝国主义国家同清王朝签订了一系列的不平等条约，中国被迫打开国门，让西方列强的铁蹄在自己的国土上践踏。中国人内心深处由来已久的文化优越感逐渐被强烈的危机意识和锥心的耻辱感所代替，"天朝上国"的文化自尊已经开始变得不那么自信了，尽管当时大多数中国人还没有真正地意识到这一点，但是近代的中国已在"亡国灭种"的生存危机中开启了向西方学习的历程，民族意识开始萌发，为"中体西用"文化观的产生提供了肥沃的土壤，不少有识之士开始睁眼看世界。林则徐、魏源等人在英国发动的侵华战争的刺激下，产生了朦胧的近代民族意识。林则徐是近代中国睁眼看世界的第一人，他在战争第一线首先看到了东西方炮舰的巨大差异。林则徐在广州组织禁烟期间，就意识到西方国家在某些方面比中国先进，他认为要抵抗外国的侵略，就必须了解外国情况，因此他组织翻译西文书报，供制定对策、办理交涉的时候参考。林则徐先后辑有《四洲志》《华事夷言》等，成为近代中国最早介绍外国的文献。魏源则在林则徐编撰《四洲志》的基础上，编成《海国图志》一书，明确提出了"师夷长技以制夷"的思想。尽管这一朦胧的民族意识还带有明显的传统"夷夏之辨"的痕迹，但是其近代因素是非常明显的，它把中华民族与西方列强的矛盾，置于世界大

局来观察，明确地承认中国有不如西方的地方，主张学习西方来解决中华民族与西方列强的矛盾，这是传统的民族意识所不具备的。

（二）第二阶段：早期维新思想家的商战主张和民主思想

十九世纪七十年代，从洋务派中分化出来一部分知识分子，他们曾经积极地参与洋务运动，在经营洋务的过程中，他们对洋务运动的弊端有了比较清晰的认识，他们主张不仅仅是要在生产技术和军事装备方面学习西方，而且主张在经济、政治等方面全面学习西方。这些知识分子以王韬、薛福成、马建忠、郑观应为代表，其中郑观应所著的《盛世危言》，可以说是早期维新思想的集大成者。郑观应在《盛世危言》中提出大力发展民族工商业，与西方国家进行商战的经济主张，同时又提出了设立议会，实行军民共主的政治主张。他们所提出的早期维新思想，不仅具有强烈的反侵略和民族独立的意识，而且具有一定程度的反对封建专制的民主主义思想，特别是他们的思想具有鲜明的要求发展资本主义，以对抗西方对中国经济侵略的思想特征，这种思想已经完全没有了传统"夷夏之辨"的色彩，其近代民族意识是非常明显的，但是其影响主要是在少数知识分子当中，没有形成广泛的社会影响。

（三）第三阶段：戊戌维新派的救亡图存思想

甲午战争失败以后，国人感受到了被欺凌的巨大耻辱，这同时也是民族意识觉醒和民族精神重构的一大先决条件。中国在甲午战争中的失败，对国人来说是一种极大的刺激。一方面中国是败于日本，这使得中国人普遍认识到中国之贫弱落后；另一方面战后帝国主义掀起瓜分中国的狂潮，中国各阶层普遍产生了深重的亡国灭种意识。一系列的丧权辱国条约被订立，帝国主义纷纷将矛头指向中国这一颗"软柿子"，国家被侵犯，国民被视为砧板上的鱼肉，任人宰割，彼时的中华民族面临的已经不再是强与弱的问题，而是存与亡的问题。"吾国四千年大梦之唤醒，实自甲午战败割台湾偿二百兆以后始也。"[①] "一战而人皆醒矣，一战而人皆明矣。"[②] 在这种条件下，近代民族意识已经不再是少数知识分子的精英意识，而成为各阶级、各阶层普遍认同的社会共同意识。甲午战争后，

---

① 梁启超：《戊戌政变记》，《饮冰室合集》专集之一，中华书局，1989年，第1页。

② 何启、胡礼垣：《新政始基》，《新政真诠——何启、胡礼垣集》，辽宁人民出版社，1994年，第18页。

民族意识开始觉醒，举国上下要求变法呼声日趋强劲。1895 年，日本逼迫清政府签订《马关条约》的消息一传出，在全国引起轩然大波，康有为要求中国人发奋自救，与一大批知识分子联合发动了"公车上书"，冲破了知识分子不得参与朝政的思想禁锢，是中国近现代史上首次出现的由知识分子发动的爱国行动，这次行动最终演变成为一场爱国救亡的政治运动，虽然未能实现目标，但足以彰显其变法之决心与勇气。而在这一时期做出突出贡献的，当属中国近代启蒙思想家严复，他在《救亡决论》这篇文章中，明确提出了"救亡图存"的口号。1898 年，严复翻译出版了《天演论》，将西方近代社会的进化论思想传入中国，为"救亡图存"的民族意识提供了的理论基础。戊戌维新派提出的救亡图存思想，体现出了深刻的民族危机和民族矛盾意识，又是以社会进化论作为其理论基础，因此具有明确的近代色彩，也具有广泛的群众基础。但是，当时还没有提出非常明确的"民族"定义，中华民族的民族认同，还不是非常明显。

（四）第四个阶段：资产阶级革命派的"振兴中华"口号的提出

资产阶级革命派的民族意识集中体现在孙中山提出的"振兴中华"口号里面。1894 年孙中山在檀香山创立了中国近代第一个资产阶级革命团体——兴中会，在兴中会的会章中，孙中山分析了中华民族所面临的严重危机，提出"是会之社，专为振兴中华、维持国体起见"，明确提出了"振兴中华"的口号，这一口号，第一次明确地把中华民族视为一个整体，成为近代民族意识最明确、最完整的表现形式。1901 年，面对"亡国灭种"的严峻危机，梁启超受西方近代民族意识的启发，首次提出了"中国民族"的概念，并经其后几年的反复提炼，终于在 1905 年真正形成了具有现代精神的"中华民族"的意识。这昭示着只有中华各民族团结一致共同行动起来，才能抵制西方列强的侵略，才能挽救中华民族的危亡，从而开启了近现代中华民族意识觉醒和民族精神重构的伟大历程。辛亥革命是近现代文化的一个过渡时期，其上承了戊戌变法的维新思想理念，下启五四新文化运动。同时，它也是一个分水岭，一方面结束了中国的传统社会，另一方面又推动了中国文化的现代化进程。在这一阶段，由孙中山领导的革命者们利用书刊、报纸等媒体，向国人积极地宣传革命思想，为救亡图存、振兴中华而不懈奋斗。这次民主思想的传播，以进化论和国外近代资产阶级提出的政治理念为基础，从理论上剖析了封建专制制度的弊端，表现出了明显的进步性。除此之外，革命者们所倡导的民主主义思想，极大地冲击了长期支配、封闭人们思想的旧制度、旧习俗、旧观念，随着国外各种主义、思潮被介绍到中国来，人们在思想上获得了一次空前的大解放，辛亥革命为中国的进步打开了阀门，促进了中华民族的觉醒，这股思想解放的潮流，在后来的新文化运动中得以深入和延续。

中华民族作为一个自在的民族实体，是在几千年的历史过程中形成的，但是"中华民族作为一个自觉的民族实体，是近百年来中国和西方列强对抗中出现的"。[①] 近代民族意识的觉醒和民族精神的重构，成为催生近代中国民族解放运动的精神动力，正是凭借这种强烈的民族意识和民族精神，中华各族儿女与侵略者展开了殊死的斗争，粉碎了侵略者无数次灭亡中国的企图，捍卫了祖国的独立和民族的尊严，书写了可歌可泣的历史篇章。

第二节　抗日战争与中华民族精神

1915年的新文化运动和其后的五四运动，使近现代中华民族意识觉醒和民族精神重构进入了一个新的历史时期，新文化运动使大量的国人开始进行自我反思与剖析，深入挖掘民族劣根性，民族意识不断觉醒。五四运动则不仅让国民深刻地认识到了军阀统治的黑暗以及西方列强妄图瓜分中国的贪婪，而且唤醒了国民推翻封建制度与抵御外敌入侵的决心，使更多的人积极主动地参与到救国运动中来，推动了马克思主义在中国的传播以及新思想的萌芽。而在抗日战争时期，中华民族的民族意识和民族精神则达到了高潮。

一、各阶层各民族共赴国难

日本帝国主义为了灭亡中国，发动了蓄谋已久的侵华战争，中华民族到了亡国灭种的紧急关头。"天下兴亡，匹夫有责"，心系祖国命运的中华儿女，正是在伟大民族精神的指引下，肩并肩，手挽手，冒着敌人的炮火，走向民族解放战争的最前线。

在中国共产党倡导的抗日民族统一战线旗帜下，中华民族的伟大民族精神

---

① 费孝通：《中华民族多元一体格局》，中央民族学院出版社，1989年，第1页。

被激发出来，全国各阶级、各阶层、各民族，港澳台同胞和海外侨胞，共赴国难，为祖国而战，为民族而战，有钱出钱，有力出力，有知识出知识，迸发出汹涌的爱国热情，汇聚起磅礴的抵抗力量。

占中国人口的绝大部分的农民，是抗日战争的主要参加者。全国抗战爆发以后，农民抗日救国会等团体发展极为普遍，仅在晋察冀地区，会员人数在数月之内就达到了57万人以上。在平津、淞沪抗战中，战地附近的农民踊跃出粮草、出民工，参加构筑工事、修筑道路，为部队送水、送饭、抬担架、救伤员。八路军平型关大捷后，参加抬伤员和搬运胜利品的农民群众即达数千人。中共山东党组织领导的十余次抗日武装起义，冀东党组织领导的冀东20万人的大暴动，其主要参加者均是农民。在华北、华中敌后抗日根据地，大部分适龄农民参加了自卫军、民兵和抗日游击队。八路军、新四军不断发展壮大，主要兵员都来自农民。在国民党的军队中，农民成分也占绝大多数。从某种意义上来说，抗日战争实质上是以农民为主力军的战争。农民不仅是对日作战的主要参加者，而且是全国人民赖以生活的粮、油、棉等农副产品的生产者。在华北、华中等敌后地区，农民是抗日根据地的建设者和保卫者。无论是山区还是平原，农村抗日根据地之所以能够成为抗日游击战争的后方基地，傲然屹立于敌后，使日军无可奈何，也是由于广大农民配合主力部队，开展地雷战、地道战、麻雀战等到处打击敌人，形成全民皆兵的铜墙铁壁的结果。朱德曾说："成千成万的军队，成千成万的带枪的人，他们是谁呢？他们是人民，其中最大多数的是农民。"农民为中国的抗战奉献了巨大的人力、物力、财力。可以说，没有农民的广泛参与，中华民族是不可能打赢这场战争的。

工人阶级一直是抗日斗争的先锋。"七七事变"爆发后，有铁路工人抽调大批工人组成的战地服务团，参与到救护、运输、构筑工事等活动中去，还有部分工人参加了各种形式的抗日团体，或者直接参加了工人游击队、决死队和八路军等。淞沪会战后，数十万上海工人纷纷组织义勇队、救护队、宣传队、战地服务团等，踊跃参加支援前线的工作。华北部分地区沦陷之后，随着抗日根据地的建立和敌占区秘密工作的开展，广大产业工人或参加八路军，或建立自己的游击队，坚持抗日斗争。以工人、学生为主要成分的山西工人武装自卫纵队，成为创建晋西北抗日根据地的重要力量之一。正太铁路、阳泉煤矿、榆次纱厂等单位的工人，也都组织了自己的游击队。在工业内迁的过程中，工人阶级还起了重大的作用。他们在敌机的频繁轰炸下，奋不顾身地保护机器，历尽艰险抢救国家物资，他们更在日军飞机对重庆等城市的大轰炸中，以硬骨头的精神，边炸边修，坚持岗位，继续生产，使钢铁、造船、棉纱等各项工业继续增产，保证了抗战物资的需要。他们宁肯挨饿，也要退出日资工厂，香港《南华日报》《天演日报》的全体印刷工人，联名通电全国，集体罢工辞职，抗议这两家报纸传播汪精卫的汉奸理论；上海的工人，多次冒着生命危险为新四军筹款、输送战略物资；更有一些工人，抛家舍业，从军抗日。中国工人阶级用最朴实无华的行动，诠释了爱国和责任的全部内涵。

在抗日民族统一战线之中，民族资产阶级和士绅阶层的表现也非常积极活跃。他们编报纸、搞宣传、组团体、拉武装、抵制日货，甚至毁家纾难，为抗战奔走呼号，为胜利摇旗呐喊。山东士绅纪振纲为了抵抗日寇，献出200多支步枪、20多挺轻重机枪、1门大炮；远在上海的沈鸿，携带自己全部的10台机床和几名学徒，历经坎坷，奔赴延安。据统计，抗战期间民族资产阶级把沿海地区和长江中下游的639家工厂，从上海、青岛、武汉等地迁往大后方，大大加强了后方的工业实力。另一方面，民族资产阶级中的中间派别也奔走呼号，为团结全民族抗战贡献自己的一份力量。1932年1月21日天津《大公报》指出："当兹中国将整个的被日本军阀摧毁吞并之时，为民族生存计，为中山主义计，政府必须抱与民更始之决心，另辟平和的解决赤祸之路。"[①]同年4月12日《申报》时评《论绥靖》也谈道："欲言'绥靖'，必从澄清政治建立适合大多数人民之利益之民主政治着手。"[②]1933年，王造时的《安内必先攘外——为政府进一忠告》一文指出："只有决心抗日，只有积极抗日，才是唯一出路，才是唯一安内的办法。"[③]在民族危机的激荡下，社会舆论纷纷要求国民党政府"改弦易张"，停止"剿共"政策，全国"一致对外"。1932年12月，中国民权保障同盟在上海成立。1934年4月，宋庆龄、何香凝、李杜等1779人签名，发表《中国人民对日作战的进步纲领》，在纲领上签字的群众达几十万人。1936年5

---

① 时评：《蒋汪入京》，《大公报》1932年1月21日。

② 时评：《论绥靖》，《申报》1932年4月12日。

③ 王造时：《安内必先攘外——为政府进一忠告》，《荒谬集》，自由言论社，1935年，第118—119页。

月，宋庆龄、沈钧儒、陶行知、章乃器、邹韬奋等发起成立全国各界救国联合会。7月15日，沈钧儒、陶行知、章乃器、邹韬奋发表《团结御侮的几个基本条件与最低要求》的宣言性文章。1938年6月，宋庆龄等在香港成立保卫中国同盟，呼吁世界人民支援中国抗战。1941年2月，中国民主政团同盟会在重庆成立，号召坚持抗战，实践民主，加强团结，抗战建国，中间阶级站到抗日的一边，大大加强了中国抗日和争取民主的力量。

在全国人民抗日救亡的滚滚洪流中，广大爱国侨胞也纷纷行动起来，用各种形式支持和参加祖国抗战。"各尽所能，各竭所有，自策自鞭，自励自勉，踊跃慷慨，贡献于祖国。"仅在抗战前期，世界各地侨胞在海外建立的抗日救亡团体就达2794个，以全欧华侨抗日联合会、南洋华侨筹赈祖国难民总会、纽约华侨救济总委员会三大侨团为代表的华侨团体，在动员华侨参加抗战方面发挥了极其重要的作用。从抗战爆发到1941年底，华侨同胞总计捐助款项共达国币26亿元，"八一三"上海事变，国民政府发行5亿元救国公债，海外华侨认购一半，后来全部无偿捐献给祖国。[1]宋庆龄对海外华侨积极参加抗战的爱国精神曾给予了高度评价："华侨积极筹募捐款，华工更是节衣缩食，省下血汗钱，是以捐款成绩，达数千万元。更进行抵制日货，组织救国团体，扩大国际宣传工作，成立战时服务团体，回国参加抗战，支持抗战，给予抗战以极大的帮助，这是值得大大赞扬和效法的。"[2]每一笔捐献，都凝聚着海外游子的抗日热情，每一次国债的认购，都显示出海外同胞对祖国的殷殷深情。

每当历史上革命的紧要关头，学生总是起着先锋的作用。在平津、淞沪抗战中，青年学生奋勇帮助部队运送物资、构筑工事，仅仅北平一地，就有数百名学生在战斗中英勇牺牲；同济大学等学校的爱国学生和教职员工，在淞沪抗战中建立起红十字会医院和救护所，全力抢救伤员；不少学校还组织了战时服务团，前往战地服务，深入农村宣传。在山河破碎、民族危亡的关头，许多青年学生投笔从戎，报效祖国。沦陷区和大后方成千上万的爱国青年，千里迢迢，奔赴延安，参加敌后抗日斗争。从延安迁至泾阳地区，由胡乔木、冯文彬等人

---

① 全国中共党史研究会：《抗日民族统一战线与第二次国共合作》，中国文史出版社，1987年，第225—228页。

② 宋庆龄：《华侨总动员——庆祝华侨第二届会员代表大会》（1938年9月），《宋庆龄选集》，人民出版社，1966年，第134页。

负责的安吴青年训练班，团结了海内外的大批青年，其中包括汉、回、蒙、苗等民族，以及泰国、越南、缅甸、马来西亚、菲律宾等地的华侨。他们为了抗日救国，努力学习军事、政治，被培养成抗日干部，一批又一批地输送到前方和各条战线，对抗日事业做出了巨大的贡献。

在日本帝国主义发动侵略战争，中华民族危机空前严重的时刻，国民党部分爱国将领和地方实力派，站在了国家和民族的立场，站在了人民一边，他们以民族为重，以国事为重，举起了爱国主义旗帜。战斗在抗日最前线的广大爱国官兵，顽强抵抗着凶恶的日本侵略者，用热血和生命保家卫国，谱写了可歌可泣的英雄赞歌。1931 年 11 月，日军进犯黑龙江，时任黑龙江省代理主席兼军事总指挥的马占山率部在江桥抗战，打响了中国军队抵抗日本帝国主义侵略的第一枪。1932 年 1 月 28 日日本侵略军向上海闸北中国守军发起进攻，十九路军奋起抵抗，淞沪抗战坚持月余，使日军不能有所推进。1933 年 3 月，日军进犯长城防线上的军事要地，中国守军英勇抵抗，喜峰口宋哲元部将士在冰天雪地中，身携手榴弹，挥舞大刀，杀出了中国军人的威风。1933 年 5 月，察哈尔民众抗日同盟军成立，冯玉祥任同盟军总司令，率十余万大军分三路迎击日伪军。1933 年 11 月，国民党第十九路军将领蔡廷锴、陈铭枢、蒋光鼐与国民党内的李济深等一部分反蒋势力，联合发动福建事变，成立中华共和国人民革命政府。1937 年"八一三"抗战，中国军队退守苏州河南岸，谢晋元部"八百壮士"据守北岸四行仓库，顽强阻击敌人，孤军奋战数日。1938 年徐州会战，李宗仁指挥中国守军坚守台儿庄半月，实行全线反攻，歼敌万余人，取得抗战以来最大的一次胜利。1939 年底，日军在钦州湾登陆，桂南会战打响，南疆军民同仇敌忾，取得昆仑关大捷。三次长沙会战，日寇提 30 万兵力进犯，中国守军顽强阻击，坚守阵地。"一寸山河一寸血，十万学生十万兵"，太平洋战争爆发后，中国远征军 40 万铁血男儿征战缅北滇西，"国殇墓园"下万千英魂谱写了中国军人的热血颂歌。

在抗日战争的洪流之中，中国各个民族都为抗战做出了自己的贡献。在东北，汉族、满族、朝鲜族、蒙古族、鄂伦春族、鄂温克族、锡伯族、赫哲族等不同民族的人民，拿起武器，与日本侵略者战斗在林海雪原、白山黑水间。在西南，傈僳族、佤族、傣族、拉祜族、景颇族等各族同胞，用铜枪土炮、弓箭长矛，打击入侵者。马本斋回民支队、湘西苗民革屯抗日军、佤山抗日自卫总队等一大批少数民族武装，让敌人闻风丧胆。各族人民以不同的方式参加抗战，形成了民族抗战的主旋律。

在中华民族生死存亡的危难之际，血浓于水的中国心凝聚着四万万中华儿女共赴国难、共御外侮。向世人昭示，有血性有骨气有良知的中国人，为了保卫国土，为了保卫家园，为了子孙后代，甘愿赴汤蹈火、抗击顽敌、万死不辞，这是共同的民族意识，共同的民族情感，共同的民族精神，它凝聚着一个国家的忠诚儿女，以英雄主义的情怀抗击侵略者，捍卫中华民族的尊严。

二、中国共产党成为中流砥柱

抗日战争的爆发，让业已形成的民族意识进一步觉醒、民族精神进一步重构，各党派各阶层在民族危亡之际团结一心，民族意识和国家认同感空前提升，让中华民族伟大的民族精神得到全新升华。在抗日战争中，中国共产党人高举抗战的旗帜，英勇战斗在抗日斗争的最前线，以自己的先锋模范带头作用，激励感召着四万万同胞，为着民族的生存和希望，共赴国难，共度时艰。无数共产党员用自己的坚定信念和舍生忘死，诠释着中华民族伟大精神的文化内涵，以爱国主义为核心的中华民族精神，在中国共产党身上得到了前所未有的弘扬与升华。

（一）率先举起抗日民族解放战争的旗帜

在"九一八"事变之后的第三天，中共中央即在《为日本帝国主义强暴占领东三省宣言》中，愤怒揭露日本帝国主义的"显明的目的显然是要掠夺中国，压迫中国工农革命，使中国完全变成它的殖民地"。之后，中共中央更在一系列的文告中，号召"工农武装起来，反对日本帝国主义"，"同日本帝国主义举行民族的革命战争，争取中国的独立统一"。中国共产党不仅参加并积极推动了各地抗日救亡运动的发展，而且直接领导了东北人民的抗日武装斗争。中共满洲省委根据党中央的指示，派大批党员、干部到抗日义勇军中工作，同时更明确地提出了建立党直接领导的抗日游击武装的任务。1933年初，党领导的抗日游击队先后在南满、东满、北满、吉东等地崛起。在此基础上，成立了东北人民革命军，后改组建制为东北抗日联军。在极其艰苦的环境中，东北抗联在白山黑水之间，同日本侵略者进行了殊死的搏斗。

还在全国性的抗日战争爆发之前，中国共产党即开始了同部分国民党人进行武装抗日的合作。首先是"九一八"事变后同留存在东北的以原部分东北军为主体的抗日义勇军的合作，其著名领导人李杜成了共产党的亲密战友，后来还加入了共产党；1933年，又与原西北军领导人冯玉祥合作，建立察哈尔抗日同盟军。爱国将领吉鸿昌翌年加入共产党（后被国民党杀害）。同年，还与奉命开往福建"剿共"的十九路军合作抗日反蒋。十九路军失败后，其领导人李济深、蔡廷锴等继续与中共保持联系。

（二）提出抗日民族统一战线主张

1935年8月1日，中国共产党驻共产国际代表团草拟了《为抗日救国告全国同胞书》，即"八一宣言"，呼吁全国各党派、各界同胞、各军队都应有"兄弟阋于墙，外御其侮"的真诚觉悟，捐弃前嫌，停止内战，集中一切国力，为抗日救国的神圣事业而奋斗。1935年12月，中共中央在陕北瓦窑堡召开政治局扩大会议，指出目前时局的特点是日本帝国主义"正准备吞并全中国，把全中国从各帝国主义的半殖民地，变为日本的殖民地"。在这种形势下，一切不愿当亡国奴，不愿当汉奸卖国贼的中国人的唯一出路，就是"向着日本帝国主义及其走狗卖国贼展开神圣的民族战争"。因此，"党的策略路线是发动、团聚与组织全中国全民族一切革命力量去反对当前主要的敌人——日本帝国主义与卖国贼头子蒋介石"。强调"只有最广泛的反日民族统一战线（下层的与上层的），才能战胜日本帝国主义及其走狗蒋介石"。[①]1935年12月，毛泽东在陕北瓦窑堡党的活动分子会议上做了《论反对日本帝国主义的策略》报告，进一步从理论上阐明了党的抗日民族统一战线思想，指出："党的任务就是把红军的活动和全国的工人、农民、学生、小资产阶级、民族资产阶级的一切活动汇合起来，成为一个统一的民族革命战线。"[②]

中国共产党建立抗日民族统一战线的政治主张，是中国人民抗日战争的伟大思想成果。它与华夏之邦、民族存亡、中华血脉相感召，与同根同种、生死

---

① 《中央关于目前政治形式与党的任务决议》，《中共中央文件选集》九，中共中央党校出版社，1986年，第605—610页。

② 《论反对日本帝国主义的策略》，《毛泽东选集》第1卷，人民出版社，1991年，第151页。

相依、患难与共相托付，表达了中华民族绝不为一切侵略者所征服的精神意志，撑起了中华儿女宁死不屈的民族脊梁，成为全民族抗击外来侵略的思想武器，全民抗战、团结抗战、坚持抗战的政治保证。

（三）极力促成国共第二次合作

当时，国民党统治着全国绝大部分地区，没有国民党的参加，全国抗战的局面是难以形成的。针对1935年华北事变以后民族危机进一步加深、蒋介石集团对日态度有可能发生变化的新情况，中共中央提出，"应当停止内战，以便集中一切国力（人力、物力、财力）去为抗日救国的神圣事业而奋斗"。1936年5月，毛泽东、朱德发出要求南京政府"停战议和，一致抗日"的通电。6月20日，中共中央致电国民党，正式提议立即停止内战，合作御侮救亡，并宣布"我们随时都准备同贵党任何组织、任何中央委员、任何军政领袖进行关于合作救国的谈判。我们伸着手向着一切愿意抗日救国的人们"。[1]9月1日，中共中央向全党发出《关于逼蒋抗日问题的指示》，指出目前中国人民的主要敌人是日本帝国主义，"在日本帝国主义继续进攻，全国民族革命运动继续发展的条件下，国民党中央军全部或大部都有参加抗日的可能，我们的总方针应是逼蒋抗日"，[2]正式将"反蒋抗日"改为"逼蒋抗日"，这是中国共产党政策极为重要的改变。9月17日，中共中央发出《关于抗日救亡运动的新形势与民主共和国的决议》，决定用民主共和国的口号，代替苏维埃人民共和国的口号。12月12日，爱国将领张学良、杨虎城发动西安事变，为推动抗日对蒋介石实行"兵谏"。中共中央从民族大义出发，促成了西安事变的和平解决，为建立第二次国共合作、进行全国性的抗日战争创造了必要的前提。中国共产党关于武装抗日的政治主张和促进全国团结抗日的实际行动，对于推动以蒋介石集团为主体的国民党政权走上抗日的道路起到了积极的作用。

1937年7月7日，发生卢沟桥事变。日本发动了全面的侵华战争。中国守军奋起抵抗日军的进攻。7月8日，中国共产党发出通电，强调"只有全民族实行抗战，才是我们的出路"，号召"全中国同胞，政府，与军队，团结起来，

---

[1] 《中共中央致国民党二中全会书》，《中共中央文件选集》十，中共中央党校出版社，1985年，第46页。

[2] 《中央关于逼蒋抗日问题的指示》，《中共中央文件选集》十，中共中央党校出版社，1985年，第84页。

筑成民族统一战线的坚固长城，抵抗日寇的侵掠"。7月14日，中共中央军委下达关于红军改编为国民革命军并听候出动的命令。7月15日，中共代表将《中共中央为公布国共合作宣言》交国民党，9月22日，该宣言由国民党中央通讯社公开发表；次日，蒋介石发表《对中国共产党宣言的谈话》，这标志着以抗日为共同目标的第二次国共合作的正式形成。

（四）抗战中中国共产党所体现的伟大民族精神

八路军刚开赴前线时，主要是在战役上配合国民党军队作战。1937年9月，八路军第一一五师主力在晋东北平型关附近伏击日军，歼敌1000余人，击毁汽车100多辆，取得全民族抗战以来中国军队的第一次重大胜利，粉碎了日军不可战胜的神话。接着，又参加忻口会战。八路军第一二〇师在雁门关以南伏击日军，第一二九师还以一营兵力担任主攻，夜袭阳明堡日军机场，毁伤敌机20多架，削弱了当前之敌的空中突击和运输力量，有力地配合了国民党军队在正面战场的作战。1937年11月太原失陷后，按照中共中央的部署，八路军在敌后实施战略进攻，发动独立自主的敌后游击战争，先后开辟晋察冀、晋西北、晋冀豫、山东和大青山等抗日根据地。在华北，以国民党为主体的正规战争结束，以共产党为主体的游击战争上升到主要地位。新四军则挺进长江南北，开赴苏南、皖南、皖中地区，创建华中抗日根据地。到1938年10月，八路军和新四军同日军、伪军作战1600多次，毙、伤、俘敌共计5.4万人。1940年8月，为了打破日军对根据地的"囚笼"政策，八路军总部于8月20日至次年1月，发动了百团大战，对敌占交通线及据点进行了大规模的反击作战，总计作战1824次，歼敌4.63万余人（其中日军2.09万人），破坏铁路474公里，公路1500多公里，桥梁、隧道260多处，缴获大量枪炮弹药。14年抗日战争，中国共产党领导的人民武装与日本帝国主义进行了英勇的斗争。仅1937年到1945年，中国共产党领导的八路军、新四军和华南抗日武装即对敌作战12.5万次，消灭日伪军171.4万余人，其中日军52.7万余人，自身伤亡60余万人，为坚持抗战、夺取抗战胜利做出了永远辉耀史册的贡献。

在敌后军民的艰苦抗战中，涌现出了无数可歌可泣的民族英雄：八路军副参谋长左权，东北抗日联军第二路军副总指挥赵尚志，新四军第四师师长彭雪枫，先后在作战中以身殉国。东北抗日联军第一路军总司令兼政治委员杨靖宇、

"狼牙山五壮士""八女投江"等所表现出的伟大英雄气概和崇高民族气节，鼓舞了全国军民，连敌人也为之震惊。朱德曾高度评价八路军、新四军杀敌报国、不怕牺牲的精神："在战斗方面，如著名的平型关大捷，阳明堡火烧敌机，使敌人胆寒的百团大战，狼牙山五勇士的壮烈跳崖，全排壮烈牺牲的马城村坚守战，黄烟洞保卫战，全连八十二人全部殉国的淮北刘老庄战斗，南北岱崮坚守战，韩略村伏击战，甄家庄歼灭战，无一不是我军指战员的英雄主义的最高表现。"[1]毛泽东评价中华民族的抗日战争"在东方历史上是空前的，在世界历史上也将是伟大的"[2]。由伟大抗日战争熔炉铸就的、以爱国主义为核心的民族精神，使全民族发挥出足以战胜强敌，改变中国前途与命运的伟大力量。

中国共产党是中国人民抗日战争的中流砥柱，它积极倡导、促成、维护抗日民族统一战线，真诚团结一切进步力量共同抗战，最大限度地动员全国军民投身抗战，成为凝聚全民族力量的杰出组织者和鼓舞者。中国共产党人精诚团结的博大胸怀，英勇杀敌的模范行为，不怕流血牺牲的献身精神，成为中华民族精神的最集中代表，他们是民族的脊梁，抗战的先锋。

小　结

从1840年以来的整个历史阶段上来看，抗日战争的胜利是中国人民近百年来首次获得的反抗帝国主义的完全胜利。抗战精神体现了华夏民族所具有的极强的凝聚力，它是对整个近代以来侵略与反侵略、压迫与反压迫的一次总结，抗日战争中所体现出的伟大民族精神，就是在以毛泽东为核心的中国共产党人的号召、领导和组织之下，不屈不挠抗战到底的精神，是我国在抵抗日本帝国主义侵略的过程中，中华儿女所表现出的不畏强暴、精诚团结、自力更生、艰苦奋斗的中华民族精神，它是中华民族宝贵的精神财富。

---

[1]　朱德：《八路军新四军的英雄主义》，《朱德选集》，人民出版社，1983年，第118页。
[2]　毛泽东：《论持久战》，《毛泽东选集》第2卷，人民出版社，1991年，第439页。

第二章　共赴国难：抗战烽火中的中国传媒

　　1937 年 7 月 7 日卢沟桥事变，日本帝国主义发动了全面侵华战争，中国人民伟大的抗日战争由此拉开大幕。面对日本帝国主义的野蛮侵略和国民党政府的摇摆不定，中国共产党坚定不移地高举抗日民族统一战线的伟大旗帜，团结全国各族人民奋起抵抗，共同抗击日本帝国主义的侵略，和广大人民一起共赴国难、团结抗战，吹响了时代的最强音。

　　抗日战争时期，全国的新闻传播事业主要分为几大块：抗日根据地新闻传播，以延安为中心；国统区新闻传播，以武汉、重庆为中心；沦陷区新闻传播，以北平、上海为中心；大后方新闻传播，以桂林为中心。在不同区域的抗战新闻传媒之中，延安是中国抗战传媒的灯塔和摇篮，武汉、重庆是国统区抗战传媒的中心，沦陷区传媒发展举步维艰，而作为大后方的桂林，则成为中国抗战传媒的一面旗帜，在中国抗战文化和抗战事业中，发挥了重要的作用。

第一节　抗战传媒的灯塔和摇篮：战时根据地传媒发展状况

　　抗日战争中，作为中国共产党中央领导的政治中心，陕甘宁边区的首府延安成为战时中国革命新闻事业的中心，在党中央的直接领导下，革命新闻事业得到了极大的发展。

一、根据地的报刊发展状况

　　抗战时期，延安是陕甘宁边区的首府，在中共中央的领导下，新闻事业从初期的小型报发展到大型报，从单一的报刊扩大到拥有《解放日报》、新华通讯社和延安新华广播电台等多种新闻媒体兼备的初具规模的新闻事业，成为全国革命新闻传媒的中心。在宣传中共中央的路线、方针、政策，传播马列主义理论，指导根据地建设和号召全国人民进行抗日战争方面，发挥了重大作用。

抗日战争开始，中共中央加强延安原有的《解放》周刊和《新中华报》的工作。《解放》周刊曾在国民党统治区的西安、上海、武汉等地一度设有分销处，翻印发行。1941年8月停刊，共出134期。《新中华报》1937年9月由抗战开始时的油印改为铅印出版，并由苏维埃政府机关报改为陕甘宁边区政府机关报。

1939年2月7日，中共中央将《新中华报》改组为中共中央机关报，李初梨任主编。《新中华报》同时仍兼陕甘宁边区政府的机关报，这改变了当时延安没有党中央机关报的状况，加强了中共中央的宣传力量。该报一周年之时，毛泽东为其写了纪念文章《必须强调团结和进步》，指明坚持"团结、抗战、进步，反对投降、分裂、倒退"的方针就是该报的政治方向。《新中华报》系统地报道了八路军、新四军英勇抗战的事迹和陕甘宁边区的政治、经济、文化等方面的成就。除此之外，《新中华报》还在反对国民党顽固派的斗争中发挥了重要的作用，特别是在反击国民党顽固派第二次反共高潮中，它和新华社、《解放》周刊共同战斗，取得了重大胜利。

中共中央的机关报《解放日报》，1941年5月16日在延安创刊。这是在抗日民主根据地出版的第一份铅印对开大型日报，也是从抗日战争到解放战争初期革命影响最大的一份报纸。

《解放日报》是在民族斗争、阶级矛盾异常尖锐的时期创刊的，当时正值抗日战争的相持阶段，延安和各抗日民主根据地进入了极端困难的时期。一方面日本帝国主义集中了侵华的大部分兵力，对华北、华中敌后抗日根据地进行残酷的大"扫荡"；另一方面国民党顽固派发动第二次反共高潮，用大量的兵力包围、进攻新四军、八路军，封锁陕甘宁边区。因此，直接导致延安经济困难、物资短缺。1941年"皖南事变"之后，中国共产党在国民党统治区所出版的《新华日报》受到越来越严重的迫害，宣传工作遭到极大的限制。在抗日根据地，有的宣传还出现违反中共中央政策与指示的现象，对党的政治、军事斗争造成了极为不利的影响。在这种严重复杂的形势下，中共中央采取了一系列的措施，加强中央的宣传力量，加强对各抗日根据地宣传工作的统一领导，进一步调整新闻宣传工作，以便更有力地进行政治宣传斗争，并更有力地指导各抗日根据地的抗战建设工作。当时，中共中央的《新中华报》是一周出两期的四开小型报。已经不能够适应抗战形势的需要。因此，中共中央决定，将《新中华报》《今日新闻》合并，出版大型机关报《解放日报》。毛泽东为中共中央书记处起草了创办《解放日报》的通知，对创办《解放日报》、改进新华社工作、充分利用广播电台等方面，都做了具体的指示和安排，强调今后"一切党的政策，将经过《解放日报》与新华社向全国宣达，各地应注意接收延安的广播"。①为了集中力量办好《解放日报》，在其创刊前后，《解放》周刊和《八路军军政杂志》《中国青年》《中国工人》《共产党人》《中国妇女》《中国文化》等都先后停办。

《解放日报》创刊初期，日出对开2版，从1941年9月第124期起，扩充为日出对开4版。报社的社址设在延安城东，延河之滨的清凉山上。清凉山是当时中共中央新闻出版机关的集中驻地。除了解放日报社、边区群众报社外，新华社、新华广播电台广播科、中央出版发行部和中央印刷厂等都在这里。《解放日报》的第一任社长是博古（秦邦宪），其后是廖承志，历任总编辑是杨松、陆定一、余光生。许多优秀的新闻文化工作者都曾参加过该报的工作。毛泽东为《解放日报》题写了报头和撰写发刊词，《发刊词》宣告："本报之使命为何？团结全国人民战胜日本帝国主义一语足以尽之。这是中国共产党的总路线，也就是本报的使命。"毛泽东经常指导《解放日报》的工作，并为它撰写和审改重要的新闻、社论和文章。《解放日报》在中共中央和毛泽东的直接领导下，为宣传贯彻党的总路线做出了重大成绩，特别是经过1942年开始的整风改革，《解放日报》的工作有了显著的改进，积累了宝贵的经验，而且为丰富马克思列宁主义与中国革命具体实践相结合的中国无产阶级新闻理论做出了巨大贡献。该报的工作人员和延安其他新闻单位的工作人员一样，都在延安这个革命的圣地里锻炼成长，他们不为名，不为利，艰苦奋斗，全心全意为人民服务，大大发扬了中国共产党新闻工作的优良传统与作风。

这一时期，一大批新的报刊也陆续出版，比如《边区群众报》《八路军军政

---

① 《毛泽东新闻工作文选》，新华出版社，1983年，第54页。

杂志》《共产党人通讯》《中国工人》《连队生活》《中国青年》《中国妇女》《中国文化》《西北》《士兵之友》《大众文艺》《文艺突击》《鲁迅研究丛刊》《草叶》《文艺战线》《文艺》《西北儿童》《解放日报》副刊、《谷雨》《街头诗》《诗刊》等。在党中央的号召下，其他抗日根据地也纷纷创办各类革命报刊，比如晋绥边区的《抗战日报》、晋察冀边区的《抗敌报》、鄂豫皖边区党委的机关报《七七报》等等，都是为了适应当时抗日战争形势需要，而在这一时期所创办的。

《八路军军政杂志》（月刊），1939 年 1 月 15 日创刊，八路军总政治部出版。毛泽东题写发刊词，指出它出版的意义是"为了提高八路军的抗战力量，同时也为了供给抗战友军与抗战人民关于八路军抗战经验的参考材料"。该刊于1942 年 3 月停刊，共出 39 期。

《中国青年》（半月刊），1939 年 4 月 16 日创刊，全国青年联合会延安办事处主办。毛泽东的论文《五四运动》和讲演《青年运动的方向》发表在该刊的第 2 期和第 3 期上。该刊于 1941 年 3 月停刊，共出 3 卷。

《中国妇女》（月刊），1939 年 6 月 1 日创刊，中共中央妇女运动委员会主办。毛泽东为《中国妇女》的出版题词。该刊于 1941 年 3 月停刊，共出 2 卷10 期。

《共产党人》（月刊），1939 年 10 月 20 日创刊，是中共中央出版的以党的建设为中心的党内刊物。毛泽东写了《〈共产党人〉发刊词》，指出"统一战线、武装斗争、党的建设"是中国共产党在中国革命中战胜敌人的三个主要的法宝。这是对中国共产党十八年来革命经验的系统性总结。该刊于 1941 年 8 月停刊，共出 19 期。

《中国工人》（月刊），1940 年 2 月 7 日创刊，中共中央职工运动委员会主办。毛泽东为它写了《〈中国工人〉发刊词》，提出办好一个报纸，"不但是办的人的责任，也是看的人的责任"，要"多载些生动文字，切忌死板、老套，令人看不懂，没味道，不起劲"，希望它"应该成为教育工人、训练工人干部的学校"。该刊于 1941 年 3 月停刊，共出 13 期。

《中国文化》（月刊），1940 年 2 月 15 日创刊，陕甘宁边区文化协会主办。毛泽东在创刊号上发表了重要论著——《新民主主义论》。其中指出："科学的态度是'实事求是'，'自以为是'和'好为人师'那样狂妄的态度是决不能解决问题的。""真理只有一个，而究竟谁发现了真理，不依靠主观的夸张，而依靠客观的实践。只有千百万人民的革命实践，才是检验真理的尺度。我想，这可以算作《中国文化》出版的态度。"这是办好党和人民新闻事业的重要指导思想。该刊于 1941 年 8 月停刊，共出 15 期，第 3 卷 2、3 期合刊为终刊号。

《边区群众报》，1940 年 3 月 25 日创刊，陕甘宁边区文化协会主办。1941 年成为中共中央西北局的机关报。《边区群众报》起初为 4 开 2 版石印旬刊，后改为 4 开 4 版铅印周报。读者称赞它"念着顺口，听着顺耳"，是深受群众喜爱的通俗小报。

此外，还有新华通讯社出版有刊载新闻电讯稿的参考消息性小报《今日新闻》、边区政府教育厅出版的有推广拉丁化文字的《新文字报》、八路军总政治部出版有《前线周刊》《红星》杂志等等。

二、根据地的新闻机构状况

抗战开始之后，新华社的发稿范围逐步扩大，中共中央的宣言、声明、决议，以及《解放》周刊和《新中华报》的评论都经新华社进行传播。当时全国各抗日根据地被敌人封锁，中共中央方针政策的及时传播，各根据地情况的交流在很大程度上都要依靠新华社。1938 年起，新华社陆续在几个比较大的抗日民主根据地建立了分社，但仍与地方党报一体。1939 年初，党中央决定新华社脱离《新中华报》，成立独立的编辑部，与《新中华报》一样，共同接受中央党报委员会的领导。同时，新华社内部机构也做了较大的扩充，设立了编辑科、通讯科、译电科、油印科、广播科。自此，新华社开始了独立发展的阶段。1941 年 5 月 25 日，党中央发出《关于统一各根据地内对外宣传的指示》后，各地方报纸附设的通讯社都改为新华社的某地分社，接受新华社总社的直接领导。1944 年 8 月新华社还成立了英文广播部，并于 9 月 1 日，对外播发了英文电讯稿，这是新华社对外广播的开始。到 1945 年，新华社每天发稿从抗战初期的三四千字逐步增加到近万字；工作人员由抗战开始时的 20 多人，发展到仅总社就有 110 多人；在各抗日根据地组建有 9 个总分社，40 多个分社，成为统一的、独立的通讯社。这样不仅增强了党中央的宣传力量，也在很大程度上加强了党对整个宣传工作的统一领导。

三、根据地的广播电台状况

1940 年 12 月 30 日，解放区的第一座广播电台——延安新华广播电台开始播音，呼号为 XNCR，发射功率 300 瓦左右，波长 28 米，其广播稿由新华社广播科编辑。延安新华广播电台的创建，揭开了人民广播的第一页，为人民广播事业的发展奠定了基础。

1940 年 3 月，周恩来从苏联治病回延安时，带回一部共产国际援助的广播发射机。随即中共中央成立广播委员会，由周恩来任主任，负责领导筹建广播电台的工作。5 月，周恩来去重庆后，由朱德主持筹建。中央军委三局（通讯局）抽调一批无线电技术人员组成九分队，负责安装电台。那部发射机是拆卸装箱，经火车、飞机、汽车才运到延安的。长途转运的颠簸，使其受到损坏，经多次改装、调试，才使它适合广播电台使用，实际发射功率约 300 瓦左右。当时，延安没有发电厂，只能把破汽车上的引擎改装成发动机，用来带动发电机发电；没有汽油，就利用烧木炭产生的煤气来代替；没有钢材，就用几根木头连接成十几米高的"木塔"，代替"铁塔"来架设发射天线。

广播电台的台址，设在延安西北 19 公里的王皮湾村，在半山腰中开凿出两孔石窑洞作为发射机房和动力间，播音室设在河对岸村子的土窑洞内，只有一张木桌、一个话筒、一本字典以及一台老旧的手摇唱机。门上、墙上钉着灰色羊毛毡，用来隔音。当时，广播电台属于新华社的一个部门，即口语广播的部分，广播稿由新华社的广播科提供。

广播电台最初每天晚上播音一次，1941 年 4 月以后，每天又增加了两次，每次一小时。广播内容主要有：中共中央重要文件、《新中华报》社论、国内外新闻、名人讲演、科学常识、革命故事等。1941 年 12 月 3 日开办以侵华日军为主要对象的日语广播节目，由一位日本女同志每星期五用日语广播一次，这是延安台创办外语广播节目的开始。电台也有简单的文艺节目，一般是播音员自己在话筒前演唱抗日的、革命的歌曲或吹口琴。延安广播电台艰苦创业的历程是伟大的延安精神的生动体现。

中共中央对延安台广播十分关心和重视，多次指示各根据地党组织按时收听。1941 年 5 月 25 日，中共中央在《关于统一各根据地内对外宣传的指示》中提出："各地应经常接收延安新华社的广播，没有收音机的应不惜代价设立之。"同日，中共中央宣传部在《关于电台广播的指示》中强调："电台广播是各抗日根据地目前对外宣传最有力的武器",[①] 指示各根据地党组织按时收听广播，及时了解中国的抗战形势，认真执行党的抗战方针政策。1941 年 6 月 20日，中共中央宣传部又在《关于党的宣传鼓动工作提纲》中，强调了在中国交通工具困难的情况下发展广播事业的重要意义。

延安新华广播电台不仅加强了中央与各敌后抗日根据地之间的联系，而且从空中突破了国民党统治区的新闻封锁。1941 年，《新华日报》在报道皖南事变的真相时，受到了国民党的百般刁难和阻拦，刚刚建起的延安广播电台及时播出毛泽东以中共中央军事委员会发言人的名义写的《为皖南事变发表的命令和谈话》及有关报道，在全国人民面前揭露了国民党顽固派反共反人民的行径。延安台广播，令国民党当局十分惊恐，1941 年 3 月至 7 月间，国民党中央宣传部曾密令中央广播事业管理处等监测延安台播音，要求"每日指定专员收听，逐日具报"，并且布置河南广播电台"就近干扰"，甚至利用特务侦察台址，企图破坏。国统区听众来信，称赞延安台是"黑夜里的一盏明灯"。由于环境艰苦，无线电器来源困难，延安台设备经常出现故障，断断续续坚持了两年多后，于 1943 年春天，因电子管损毁停止广播，直到 1945 年 8 月抗日战争胜利前夕才恢复播音。

尽管抗日根据地的传媒环境比较艰苦，但是，在中国共产党抗日民族统一战线方针的指引下，革命新闻工作者坚持团结，坚持抗战，坚持进步，为争取抗日战争的最后胜利做出了巨大的贡献。

第二节　在辗转与磨难中不断发展：战时国统区的传媒发展情况

全面抗战爆发后，国统区的新闻事业迅速发展，在抗日救国精神的感召下，涌现出了一大批以宣传抗战为使命的新闻报刊。

---

① 中国社会科学院新闻研究所：《中国共产党新闻工作文件汇编》（上），新华出版社，1980年，第 100 页。

一、战时上海传媒状况

（一）沦陷前上海传媒状况

作为全国新闻事业的中心城市，上海率先涌现出一批抗日救亡的爱国报刊，成为全国抗日宣传的中心，其中影响比较大的是邹韬奋主编的《抗战》三日刊和上海文化界救亡协会主办的《救亡日报》。

《抗战》三日刊，创刊于 1937 年 8 月 19 日，它积极宣传中国共产党的抗日救国主张，"内容力求适合抗战紧急时期的需要"。[①] 由于《抗战》三日刊鲜明的抗日立场，受到了上海租界的压制，被迫于 9 月 9 日出版的第七期起，改名为《抵抗》。该刊突出报道"八一三"上海抗战，主张全民抗战和持久战，讴歌中国士兵的英勇战斗，痛斥亲日派汉奸的妥协言行。它发扬了《生活》《大众生活》密切联系群众的光荣传统，能迅速反映国内外形势的发展并做出评述，又注意反映人民大众在抗战期间的迫切要求，并及时回答读者所提出的问题。该刊于 1937 年 11 月下旬第 30 号起迁往武汉出版发行。

《救亡日报》，创刊于 1937 年 8 月 24 日，是上海文化界救亡协会的机关报，社长为著名作家郭沫若，夏衍（代表共产党）、樊仲云（代表国民党）同为总编辑，30 名编委会成员虽然各有不同的政治背景，但从事实际工作的多为共产党人和进步人士。《救亡日报》不登中央社和外国通讯社的消息，也不登广告，它是一张专登特写、评论、战地采访通讯以及文艺作品的 4 开 4 版小型报，这是它的一个重要特色。《救亡日报》最多日销 3500 多份。该报在宣传上始终以中国共产党提出的抗日民族统一战线和全面抗战方针为指导思想，在内容上对新闻报道实行精编、缩编，发表了大量评论、通讯、特写、报告文学等，深受读者欢迎。上海沦陷后，《救亡日报》先后迁往广州、桂林出版发行。

除了上述报刊之外，当时上海比较著名的救亡报刊还有《战时时报》《呐喊》《前线》《战时联合旬刊》《文化战线》《战时教育》《救亡漫画》《战线》《战时妇女》《救亡周刊》《战时大学》等等。这些报刊紧紧围绕着"抗日救亡"的时代主题，紧密联系抗战实际、积极宣传抗战救国，内容短小精悍、通俗易懂，反映了国统区人民"坚持抗战，反对投降""坚持团结、反对分裂""坚持进步，反对倒退"的意愿和心声。

---

① 《〈抗战〉创刊号发刊词》，《抗战》（创刊号）1937 年 8 月 19 日。

（二）上海"孤岛"时期的传媒状况

太平洋战争爆发之前，上海尚未被日本侵略者占领的公共租界和法租界被称为"孤岛"。爱国的中国新闻工作者利用英美法和日本帝国主义之间的矛盾，借用外国人的名义，创办了一批中文抗日报刊。这些报刊聘请外国商人担任发行人，避免了日本帝国主义的新闻检查和租界当局的阻挠，继续进行抗日宣传。这种挂出洋人旗号的做法，被称作办"洋旗报"。其中最有影响的是《译报》《每日译报》《导报》和《文汇报》等。

《译报》，创刊于1937年12月9日，是夏衍受中共江苏省委指派主持创办的。该报的全部新闻稿件都是从外文报刊翻译过来的，这使租界当局找不到干涉的理由。由于内容充实，编排新颖，深受读者的欢迎，销售曾达2万余份。后在日本侵略者的威吓下，该报于12月20日出至第12期即被迫停刊。

1938年1月21日，《译报》改名为《每日译报》，打起英商的名义又出版了。真正的负责人是中共作家梅益、林淡秋、王任叔等人。该报最初为4开小型报，每日一张，内容与《译报》基本相同。出版一个月后，它改变编辑方针，除了刊登外报的译文外，增加刊登自己编写的新闻、专栏、专刊和副刊。它通过各种专刊、副刊联系和团结各阶层人民，扩大了宣传效果。它的"特讯""专电"，经常报道广大群众所关心的共产党、八路军、新四军的消息，这是为其他报刊所少有的。它刊登中国共产党的文件和领导人的文章、讲话，这更是上海沦陷区人民极难看到的。它的论文、特稿曾经引起国内外新闻界的广泛关注，经常被汉口、广州、金华、香港等地报刊所转载，上海有些外国通讯社经常将它的重要稿件译发欧美各国。《每日译报》的读者来信来稿不断增加，有时日收来信可达一百多封。1939年，日本侵略者、汪伪政府与租界的帝国主义势力相勾结，用金钱收买了该报的英籍发行人。5月18日，公共租界当局借口《每日译报》刊登全国生产会议新闻未经送审，迫令其停刊两周，从此再也不准复刊。《每日译报》编辑部还出有《译报周刊》，出版至第2卷第10、11期合刊，被迫停刊。发行量达2万多份，销路占上海定期刊物中的第一位。

在共产党的领导下，1938年4月2日以英商名义创办了《导报》，该报后来还出了《导报增刊》(周刊)，由浑逸群等主办。

1938年1月25日，《文汇报》创刊，创办人是爱国人士严宝礼等人，徐铸成任主笔。他们集资 7000 元作为开办费，为了避开日本侵略者的检查，报社甚至不惜高价雇用了英国人克明担任发行人，由他出面向英国当局登记，用"英商文汇有限公司"的名义来出版发行《文汇报》。该报致力于抗日宣传，编排生动活泼，不畏日伪恐吓，坚持民族气节，创刊 5 个月，发行量即超过 5 万份，很受读者喜爱。

日本侵略者及汪伪政权将租界抗日报纸视为眼中钉，又难以取缔这些报纸，于是便采用威胁恐吓、武装袭击、绑架暗杀等恐怖手段，加以疯狂迫害和摧残。当时被通缉的报人达 43 人，被袭击暗杀的报人有 10 人（3 人受伤）。上海爱国的进步报人，针锋相对地同日伪展开了英勇顽强的斗争。例如《文汇报》，创刊仅两周，就多次收到日伪的恐吓信，信中扬言如果继续宣传抗日，"将杀害报馆人员"。该报馆遭暴徒投掷手榴弹，炸伤两名工作人员。《文汇报》严正发表社论《写在本报遭暴徒袭击之后》，痛斥日伪卑劣行径。不久，日伪又接连向该报送来注有剧毒的水果、用纸盒装着的一只手臂。同时，该报馆又遭到暴徒多次袭击，但它不屈不挠，坚持宣传抗日救国。该报和许多报馆都装上铁栅门，布满沙袋、铁丝网，雇用保镖看守，以防不测。1939 年日伪用巨款收买了《文汇报》发行人克明，该报被迫停刊。

1939 年 5 月，敌伪特务机关以"中国国民党铲共救国特工总指挥部"的名义，向各家抗日报刊的主持人、编辑、记者分别投寄恐吓信，声言如"冥顽不灵，依然抗日"，"即缺席判以死刑"。《大美晚报》副刊《夜光》的编辑朱惺公在接到恐吓信后，立即在《夜光》上发表了公开信《将被"国法"宣判"死刑"者之自供》，怒斥恐吓信为绑票式之"判决书"，昂然表示："民不畏死，奈何以死惧之！"警告敌伪："贵部即能杀余一人，其如中国尚有四万万五千万人何！"[①]表现了宁死不屈的英雄气概和抗日必胜的信念。1939 年 8 月，日伪特务暗杀了朱惺公。上海进步新闻工作者与日伪进行的英勇不屈的斗争，表现了崇高的爱国主义精神和伟大的中华民族精神。

这一时期，中国共产党还利用"苏商"的名义出版中文《时代》周刊，它的主要内容是报道苏联的社会主义建设和反击德国法西斯的卫国战争的胜利进

---

① 张之华主编：《中国新闻事业史文选》（公元 724—1995 年），中国人民大学出版社，1999年，第 236 页。

展，给生活在奴化、毒化宣传中的上海民众以极大的鼓舞。

二、战时武汉传媒发展状况

上海、南京相继沦陷后，武汉成为国民党的军政中心，也是抗战初期新闻事业的中心。

1937 年春，中国共产党和国民党谈判合作抗日问题时，共产党就提出要在南京创办报刊，蒋介石虽然口头上同意，实际上却竭力阻挠。一直到全面抗战爆发以后，1937 年 10 月间，蒋介石才同意共产党在南京筹办报纸。中国共产党仅用了一个月的时间，就试版送审。然而此时的南京已危在旦夕，共产党的报刊未能正式出版。随后，共产党迅速在武汉先后出版了它的机关报刊《群众》和《新华日报》。

《群众》(周刊)，是中国共产党在国民党统治区公开出版的机关刊物。1937 年 12 月正式在汉口创刊，《群众》比《新华日报》早创刊了一个月。在这一个多月中，《新华日报》编辑部的同志集中力量办好这个刊物，在国民党从上海、南京节节败退的时期，《群众》发表过中共中央文件，也对国内战局、抗战政策以及国际问题做过详细研究，还发表了不少有关推动群众运动的文章，后来迁到重庆出版。

《新华日报》，是中国共产党在国统区公开出版的机关报，1938 年 1 月在汉口创刊，每日对开一张。《新华日报》开始由中共中央长江局领导，不久改为中共中央南方局领导，中共中央南方局书记周恩来兼任董事长，社长是潘梓年，总编辑先后是华岗、吴克坚、章汉夫。在创刊词中《新华日报》庄严宣告"本报愿在争取民族生存独立的伟大的斗争中作一个鼓励前进的号角"，更将"为巩固扩大抗日民族统一战线而效力"。《新华日报》一出版就受到读者热烈的欢迎，很快销行全国甚至国外。该报在宣传抗日、开展群众运动、传播马列主义等方面取得了显著成绩。

《群众》和《新华日报》的创刊是抗战时期国民党统治区新闻事业发展中的最重要的事件，具有重大的意义。它们直接向国民党统治区人民群众宣传了中国共产党的路线、方针、政策和主张，向广大人民群众声讨了日本侵略者的法西斯暴行，在国民党统治区公开地同国民党顽固分子反共、反人民、破坏抗日民族统一战线的言行进行了斗争，旗帜鲜明地支持国民党统治区人民的抗日救亡运动，不断地向国民党统治区人民宣传人民军队抗战的丰功伟绩和抗日民主革命根据地的情况。

抗战初期国民党在武汉的新闻事业中，影响较大的是《扫荡报》和《武汉日报》。抗战开始的第一年，《扫荡报》一度宣传抗日，1938年10月从武汉撤退时，最后一篇告别武汉读者的社论，是国民政府军委会政治部第三厅厅长郭沫若写的。《武汉日报》是国民党在华中地区的机关报。抗战初期，它宣传了抗战的意义，报道了前方将士英勇杀敌的事迹，探讨了有关抗战的问题，但该报处处表现出害怕群众和片面抗战的观点。

《全民抗战》（三日刊），1938年7月在武汉创刊。它由《全民周刊》与《抗战》（三日刊）合并而成，主编是邹韬奋和柳湜，这个刊物猛烈抨击国民党片面抗战与消极抗战的方针，积极宣传全面抗战，注重通俗性与系统性，最高销数达30万份，在当时影响较大。

上海沦陷前夕，在中国共产党的领导和影响下，范长江、夏衍等人发起，于1937年11月8日组成中国青年新闻记者协会。1938年3月30日，这个协会改名为中国青年新闻记者学会，在武汉正式成立，简称"青记"，它的主要发起人和负责人是范长江，它是中国共产党领导下的新闻界统一战线组织。

这一时期大批文化界人士和各类文化机关团体亦纷纷从北平、上海、南京、天津等大中城市涌向武汉，如上海新学识杂志社的徐步、胡绳，战时教育社的戴白涛、刘季平，光明副刊社的杨朔，还有沈从文、丰子恺、郁达夫、宋云彬等，都是在这个时候来到武汉的。截至1937年底，各地陆陆续续来到武汉的文化界知名人士多达千人以上，各类文化团体达200多个，武汉的新闻事业迅速升温。当时，武汉聚集了一大批从其他城市迁来的新闻机构，如中央通讯社总社、天津《大公报》、上海《大公报》、上海《申报》等，国民党中央广播电台也一度在汉口播音。另一方面，这里也诞生了一批新创办的报刊，如《新华日报》、《群众》周刊、《大众报》、《战时青年》半月刊、《战时文化》半月刊、《国民公论》、《全民》周刊、《反攻》半月刊、《新中国日报》等等。这些文化名人和新闻机构的到来，推动了武汉抗日救亡宣传运动的发展，使武汉成为抗战初期国统区的传媒中心和中国抗战文化运动的第一个驿站。

三、战时重庆传媒发展状况

1938 年 10 月，武汉失守，重庆成为国民党政府的战时"陪都"，也是国民党统治区的新闻出版中心。抗战进入相持阶段后，国民党顽固派"消极抗日，积极反共"，1939 年发布了《限制异党活动办法》，1941 年制造皖南事变，国民党统治区新闻事业的情况和斗争形势变得极为复杂。

战时的重庆，先后出版的报纸和各地迁来的新闻事业单位总共有二十多家。其中，有中国共产党和进步的新闻事业单位，如《新华日报》《群众》周刊、《全民抗战》等均从武汉迁来，中国青年记者学会总会从桂林迁来，国际新闻社在重庆设有办事处，国民党的新闻事业单位《中央日报》、中央广播电台、国际广播电台、中央通讯社、《扫荡报》等，先后从长沙、南京、武汉等地迁来，军委会西南行营办有《西南日报》，此外还有一些重要的报纸，如《大公报》《时事新报》《新民报》等亦迁来这里，原来在重庆出版的报纸，有《新蜀报》《商务日报》《国民公报》等。

重庆新闻界当时都曾致力于抗日的宣传。但他们的政治倾向很复杂，斗争也复杂。国民党顽固派的御用新闻单位是一方，共产党领导的进步新闻单位是一方，形成明显的两种不同的势力。而其他的一些民营新闻单位，一般来说是处于前二者之间的中间势力，有的偏左，有的偏右。在顽固派的新闻单位中，情况也有所不同，有的主持人是顽固的，但其中的编辑、记者却有进步人士；有的报纸一二三版是反共的，但其副刊却有进步倾向；有的报纸一个时期进步，而另一个时期却反共；有的新闻单位虽属国民党系统，但其中也有共产党员。中国共产党在这种复杂的情况下开展了广泛的统一战线工作和斗争，通过《新华日报》，团结了各报的抗日进步报人，如对比较进步的《新民报》，党的统一战线工作就做得很好。

重庆《新民报》准备出特刊时，周恩来应邀为特刊作了"全民团结，持久斗争，抗战必胜，建国必成"的题词，此后毛泽东、周恩来在会见《新民报》编辑人员时，还不断给予指导和鼓励。这家报纸虽然采取言论上"居中偏左，遇礁即避"的编辑方针，但它是《新华日报》的朋友。皖南事变发生后，他们同情共产党，并直接或间接地给予支持，有些文章和消息《新华日报》不便发表的，《新民报》也曾接过发表。又如《大公报》，当时它也是一个中间报纸，但有时对国民党抱着"小骂大帮忙"的态度，曾跟着国民党进行攻击共产党的宣传。中国共产党和《新华日报》对它采取善意批评和团结争取的做法，充分肯定它坚持抗日宣传的贡献。1941年9月6日，该报总编辑张季鸾病逝于重庆，在延安的毛泽东等5位中国共产党参政员联名发唁电，称赞他"在历次参政会内坚持团结抗日，功在国家"。在重庆的周恩来等中共参政员在联名唁电中，推崇他是"文坛巨擘，报界宗师"。由于《新华日报》的热忱团结和关怀，不少报人成了共产党的朋友。对于被国民党特务控制的《商务日报》，中国共产党采取了巧妙的斗争手法，利用特务内部派系矛盾，派地下党员和进步青年一个个地"挤"进去，把特务一个个地"挤"出来，到抗战后期，就使该报完全掌握在共产党员和进步人士手里，坚持"在商言商"的编辑方针，揭露官僚买办阶级的垄断和腐败，为民营工商业代言，很受工商界欢迎。

战时国统区各地的传媒事业，虽历经辗转与磨难，但依靠着中国共产党新闻工作者和进步文化人士的不懈努力，仍然取得了很大的发展。

第三节　恐怖阴影下的艰难跋涉：
战时沦陷区的传媒发展情况

抗日战争时期，沦陷区主要在东北、华北、华中、华南等地区。东北以长春、沈阳为中心，华北以天津、北平为中心，华中以南京、上海为中心，华南以广州为中心。在沦陷区里，日本侵略者及其扶持的伪政权和汉奸组织创办了一大批报刊、通讯社和广播电台，这些敌伪新闻事业一统天下，一切抗日报刊都严禁出版。同时，在这样险恶环境中，仍然有一大批爱国人士，冒着生命危险出版了一批进步抗日报刊。

一、东北沦陷区传媒状况

1931年"九一八"事变后，日本侵略军占领了东北。在东北沦陷区，日本帝国主义实行文化专制和奴化教育，建立了伪满洲国通讯社，制定了伪"出版法"，开播了"新京广播电台"，成立"国务院弘报处"，颁布了"弘报三法"。与此同时，还采用收买和改组的方式，在一些大城市控制了一批报纸，并夺取了北平、上海、南京等地原有的电台设备，建立了伪广播电台，竭力利用新闻工具宣传奴化思想和殖民主义政策，试图垄断和控制中国新闻业。

日本侵略者制造的傀儡伪满洲国，从 1932 年起，即逐步加强对新闻出版事业的控制。1933 年 4 月，日本关东军控制设立的"新京广播电台"正式开播。同年 8 月，满洲电信电话股份有限公司成立，成为日伪控制垄断东北广播事业的中心。1940 年底成立的"国务院弘报处"，作为控制广大民众思想文化的机构，对沦陷区的新闻事业实行"官制统治"。1941 年，伪满洲国颁布了"弘报三法"，即"通讯社法""新闻社法"和"记者法"。成立伪满洲国通讯社"，出版汉文《康德新闻》、日文《满洲新闻》和《满洲日日新闻》(二者后来合并成为日文《满洲日报》)。日本侵略者和伪满政权，一方面利用御用新闻工具宣扬奴化思想和殖民政策，另一方面严禁抗日报刊的出版和关内抗日报刊输入东北。

二、华北沦陷区传媒状况

天津的《庸报》，早在"七七事变"之前已经被日本侵略者所收买。天津沦陷后，更卖力地为日寇的侵略进行宣传，成了直属于日本驻屯军的机关报。它受日寇的武装保护，并雇用流氓强迫市民订报，因此它成了华北地区销量最大的汉奸报纸。

北平的《新民报》，是日伪组织"新民会"改组成的一份日伪大报。小型报《实报》投敌了汉奸报纸，此外还有日本"北支派遣军报道部"和伪"治安总署"的机关报《武德报》等。1944 年 5 月，上述各报停刊，集中创办《华北新报》，由伪华北政务委员会情报局主持，情报局的局长管翼贤任社长，加紧垄断控制，成为华北地区唯一的一家日伪报纸。日伪劫夺原北平广播电台改建为"北京中央广播电台"，于 1938 年 1 月 1 日起用日语、汉语进行广播。

上海的《新申报》，是日军指挥部出资创办的大型日报，是日本侵略者的重要宣传工具，日本人极尾与市任社长。日寇还利用原国民党上海广播电台的设备建起伪"大上海广播电台"。

三、华中沦陷区传媒状况

在华中沦陷区，汪伪政权的直属报纸主要有：南京的《民国日报》《新南京报》等，上海的《中华日报》《平报》《新中国日报》等，此外，汪伪政权还创办了一些地方报纸，如《苏州新报》《杭州新报》《蚌埠新报》等。日本同盟社的华文部是日伪报刊的主要新闻来源。汪伪的中华通讯社、中央电讯社和日本同盟社建立了直接联系，参加为日寇宣传的"大东亚广播"活动。南京日伪广播电台有1938年建立的"南京广播电台"，1941年3月，该台改称为"中央广播电台"。广州的《迅报》是日本军部机关报，在广州、武汉等地，日伪也相继设立了广播电台。

日伪的新闻事业，是为日本帝国主义灭亡全中国和奴化中国人民的法西斯政治服务的，它们大肆宣传"东亚圣战""建立东亚新秩序""中日提携""和平救国""反共救国"等法西斯和汉奸卖国谬论，它们无耻造谣诬蔑，任意虚报"战绩"，并挑拨离间国民党和共产党的关系，破坏抗日民族统一战线。如在天津，以国民党名义出版的《新华报》，造谣攻击共产党；在上海，假借共产党名义出版的《红旗》，攻击重庆国民政府，并署名"周恩来"。日伪报刊还发表大量黄色材料，宣传吃喝嫖赌等极端腐朽的人生哲学，日伪电台还播送靡靡之音来消磨中国听众的意志。总之，日伪的新闻事业就是想用反动腐朽的宣传内容来欺骗、麻醉和奴役沦陷区的人民，但遭到中国人民的抵制和反抗，上海《中华日报》曾被群众和报贩撕毁，并有传单号召"消灭汉奸《中华日报》"。

四、沦陷区的进步报刊状况

在沦陷区的险恶环境中，一大批爱国人士冒着生命危险出版了一些进步抗日报刊。

在日伪统治下的东北，中共满洲省委领导下的一些党员和进步作家，通过各种关系，曾在伪京的《大同报》、哈尔滨的《国际协报》《大北新报画刊》、齐齐哈尔的《黑龙江民报》等报刊上，占领了一些副刊作为宣传阵地。如《大同报》的副刊《夜哨》，由萧军集稿寄给该副刊主编统筹安排见报，发表了萧红、罗烽、舒群、萧军等作家的作品。后因发表以抗联生活为题材的小说《路》，被敌人强令停刊。中共地下党员金剑啸租得《大北新报画刊》的出版权，主编该刊，曾将关于红军长征中战斗的消息、蒋介石"围剿"红军遭到惨败的漫画等稿件，夹杂在一些稿件中见报。当时这些副刊上的文章一般都写得比较含蓄，但又能使读者可以意会，得到有益启迪。后来，金剑啸及画刊全部同人被捕，金剑啸最后在齐齐哈尔牺牲。

北平沦陷后，一些爱国学生组织社团出版进步报刊，如育英中学的细流社办有油印刊物《细流》，辅仁女中的读书会编印《读书周刊》，燕京大学附中秘密组织的萤火社出版过两期手抄本《萤火》，市立三中出有壁报《萤火》和《晶莹》，由 23 所中学、中专和大学组成的海燕社创办油印文艺刊物《海燕》等。这些刊物用曲折的笔法、隐蔽的方式传播抗日、进步的心声，在残酷的环境下，它们大多出版不久即被迫停刊。

天津沦陷不久，便出现了二十多种小型抗日报刊，如《炼铁工》《匡时》《记事报》《北方》《前哨》《突击》《抗战》《火线》《后方》等，除了《匡时》是铅印的以外，其余都是油印。在敌人统治下来创办这些报刊是非常危险、困难的。但爱国的新闻工作者甘于冒险犯难，想方设法编印出版和发行。如假借高仲明个人名义出版的油印《记事报》，秘密收录国民党中央社的广播发稿，虽然遭到三次查抄，但仍坚持出版了两年，共出版七百多期，它的主要负责人是原天津《大公报》的编辑顾建平。《炼铁工》是几个粗通文墨的工人创办的，其他都是爱国学生创办的。虽然报纸编辑粗糙，错别字很多，但内容是抗日爱国的，文字是十分朴实的，受到了民众的欢迎。

沦陷区地下进步报刊出版时间都比较短，但此起彼伏，绝不放弃，其坚贞不屈的爱国主义精神将永耀后人。

综观战时中国不同区域的抗战传媒发展状况，我们可以看到，在中国共产党抗日民族统一战线的指引下，中国各民主党派、各社会阶层爱国人士、各个新闻传媒团体，万众一心，众志成城，在各自的新闻战线上宣传抗战、团结人民，为推动中国人民的抗日战争胜利做出了不可磨灭的贡献。

第四节　独树一帜引领跨越发展：战时桂林传媒发展概况

继东北、华北和华东等地的重要城市相继沦陷，1938 年 10 月，广州、武汉也宣告失守。随后，大批新闻工作者和进步文化人士，陆陆续续从外省来到桂林，桂林成为国统区抗日救亡宣传运动和抗战文化运动的中心。这些新闻工作者和进步文化人来到桂林后，着手创办各类报纸杂志，建立新闻机构，出版种类繁多的图书，积极致力于抗战传媒活动开展，桂林文化城抗日新闻宣传活动轰轰烈烈，桂林传媒事业取得了跨越式发展。

一、新闻人士和文化名人荟萃

"抗战文化城"时期，大批名人云集桂林，其中新闻界人士和文化名人为数众多，有郭沫若、范长江、夏衍、巴金、华嘉、司马文森、冯英子、艾青、艾芜、以群、王文彬、王鲁彦、王西彦、于逢、马国亮、华嘉、刘思慕、杨刚、吴紫风、戈宝权、谷斯范、宋云彬、陈迩冬、邵荃麟、杨刚、林山、林林、廖沫沙、茅盾、欧阳凡海、周立波、周刚鸣、郑拾风、胡愈之、柳嘉、欧外鸥、洪遒、秦似、高汾、高灏、黄药眠、盛成、彭燕郊、葛琴、韩北平、曾敏之、楼栖等等。这些新闻界人士和文化名人来到桂林，积极开展抗战文化宣传活动，有力地推动了桂林抗战传媒事业的发展。

二、报刊新闻机构数量激增

抗战时期，桂林的报刊出版业发展迅速，新闻机构数量剧增。报刊方面，有中共中央创办的机关报刊《新华日报》以及《救亡日报》《国民公论》《群众》等。有进步文化人士创办的报刊《半月文萃》《十日文萃》《知识世界》《时代中国》《野草》《文艺生活》《中国农村》《力报》等。有国民党主办的《中央日报》《扫荡报》《阵中日报》《广西日报》《桂林晚报》《西南青年》《广西妇女》《阵中画报》《基层建设》《前锋》《抗战时代》等。还有许多抗日救亡团体创办的刊物，如广西省学生抗敌后援会编辑出版的《歼敌》《学生岗位》，广西建设研究会主办的《建设研究》《时论分析》，中华全国文艺界抗敌协会桂林分会主办的《抗战文艺》，广西各界抗敌后援会主办的《克敌》，中华全国木刻界抗敌协会主办的《木艺》，广西省学生抗日救国联合会主办的《广西学生》，中华全国漫画作家抗敌协会和中华全国木刻界抗敌协会主办的《漫木月刊》。有宗教界人士主办的报刊，如伊斯兰教的刊物《月华》，佛教学会主办的《狮子吼》。还有国际友人主办的报刊，如日本作家鹿地亘主办的《人民之友》，朝鲜义勇队的《朝鲜义勇队通讯》。^①就报刊的出版形式而言，报纸有周刊、三日刊、日刊，期刊有季刊、双月刊、月刊、半月刊、旬刊、周刊、三日刊、日刊、特刊、不定期刊等。如报纸的周刊有《星期导报》，三日刊有《小春秋》，日刊有《广西日报》《新华日报》《力报》《桂林日报》《救亡日报》等。期刊中的季刊有《广西统计》《广西教育》，半月刊有《世界知识》《国民公论》，周刊有《全面抗战》《国际新闻通讯》，旬刊有《十月文萃》、三日刊有《前导》，不定期刊有《广西文献集刊》《现代艺术》等。^②另外，当时设在桂林的新闻机构也有十多个，有国际新闻社、中国青年记者学会桂林分会、战时新闻社、中央通讯社桂林分会、西南通讯社、民众通讯社、南方通讯社以及广西摄影通讯社等。

三、图书出版事业兴旺发达

抗战时期，桂林文化城的出版事业十分兴旺，内容覆盖面非常广泛，涉及哲学、历史、地理、法律、政治、军事、文化、教育、语言，经济，科技等诸多方面。当时桂林文化城出版发行了许多重要领导人及爱国人士的文章讲话，比如毛泽东的《新民主主义论》、周恩来的《如何粉碎敌人的阴谋》、叶剑英的《现阶段游击战和正规战》、冯玉祥的《抗战哲学》、李宗仁的《焦土抗战的理论与实践》等。出版发行的有关抗战理论方面的书籍，有《论战争》《抗战与教育》《战时宣传纲要汇编》等。还出版发行了许多宣传抗战的通俗读物，如《民众如何抗战》《战时民众读本》《怎样对付敌人》《好男儿要当兵》等。尤其是出版发行了大量宣传抗战的文艺书籍，小说有巴金的《火》、艾芜的《山野》、司马文森的《一个英雄的经历》等，诗歌有艾青的《他死在第二次》、臧克家的《呜咽的云烟》、彭燕郊的《战斗的江南季节》等，戏剧有田汉的《黄金时代》、欧阳予倩的《青纱帐里》、夏衍的《心防》等，音乐歌曲有张曙的《我们要报仇》等，美术有赖其少的《抗战门神》等。

---

① 魏华龄、刘寿保：《桂林抗战文化研究文集》（五），广西师范大学出版社，1997年，第395页。

② 魏华龄、刘寿保：《桂林抗战文化研究文集》（五），广西师范大学出版社，1997年，第396页。

表2-1　抗战时期桂林出版发行图书种类数量一览表

类别	哲学	法律	军事	文教	史地	政治	语言	经济	文艺	科技	综合
数量	57种	33种	73种	201种	135种	331种	87种	152种	1051种	71种	32种

资料来源：根据抗战时期桂林文史资料整理。

四、书店出版社林立

抗战期间桂林文化城的书店和出版社，犹如雨后春笋。据不完全统计，当时的桂林，各类书店、出版社共180多家，当时整个桂西路(今解放西路)两旁，几乎全是书店，成了名副其实的书店街。此外，中南路(今中山中路)、太平路、环湖北路(今榕湖北路)上也有不少书店。当时在桂林开设的书店、出版社，有生活书店、新知书店、开明书店、建设书店、合众书店、青年书店、武学书店、科学书店、大千书店、白虹书店、黎明书店、华华书店、时代书局、前导书局、世界书局、北新书局、中华书局、上海杂志公司、大华杂志公司、新生图书公司、东方图书公司、文化供应社、三户图书社、南方出版社、文献出版社、石火出版社、读书生活出版社、今日文艺出版社等80余家，印刷厂30多家，出版了150多种杂志。① 在这些书店、出版社当中，中国共产党直接领导和影响下的《新华日报》桂林营业处、生活书店、新知书店、读书出版社、文化供应社、南方出版社等进步书店和出版社，对进步文化事业发挥了重要作用，它们的出版物对广大读者产生着极大的影响。当时，国民党、三青团以及一些反动分子也办了一批书店，如正中书局、拔提书局、建设书店、国防书店、青年书店、前导书局、中国文化服务社等。这些书店虽然也打着"服务"抗战的招牌，实际上却贩卖反动货色，它们的读者不多，门可罗雀，影响十分有限。可以说，抗战时期，桂林文化城出版事业的主导力量是中国共产党领导和影响下的进步书店和出版社。

五、印刷业长足发展

抗战以前，桂林的印刷厂不到三十家，大部分都是手工印刷，没有专门印

---

①　钟文典：《广西通史·文化志》，广西人民出版社，2000年，第1081页。

制书版的印刷厂。抗战以后，据统计，桂林已有大小印刷厂109家。其中，从事书版印刷的大型印刷厂有八家，分别是科学印刷厂、西南印刷厂、建设印刷厂、三户印刷厂、国光印刷厂、中新公司印刷厂、侨兴印刷厂、青年印刷厂，书版兼彩印的六家，书版兼杂件的十二家，彩印的五家，铸字的两家，装订的三家。设备方面比较齐全，每月生产用纸达到一万令到一万五千令，排字生产每月可达三千万到四千万字。[①] 印刷业的长足发展，是桂林抗战传媒事业跨越式发展的一个重要标志。

六、无线电广播开始播音

1933年12月，新桂系曾在南宁中山公园内建成南宁广播电台，但一度停播。省政府北迁桂林后，新桂系决定在桂林筹建无线电台。电台于1938年底建成，1939年元旦开始试播，呼号为"桂林广播电台XGOE"，发射功率10千瓦，周率720千周，波长416米。

当时电台设置的节目比较多，属宣传方面的有：一般宣传、对外宣传、党义宣传、建设宣传、施政宣传；属教育方面的有：抗战教育、民众教育；属新闻方面的有：新闻类述、本省新闻、特别消息、记录新闻；属于文艺方面的有：音乐、戏剧等。电台还专门开设了领袖言论及特别演讲节目，技术设备也颇具规模，设有电力室、水汽室、煤气发生室等。[②]

抗战时期的桂林报刊新闻机构数量猛增、图书出版事业兴旺、报社出版社林立、印刷事业长足发展、无线电广播开始播音，各种各样的媒体一应俱全，种类丰富，形式多样，相较于战前，取得了跨越式的发展。

小　结

随着全面抗战的爆发，在"抗日救亡"口号的感召下，广大文化工作者、文学艺术家纷纷走出课堂、走出书斋、走出象牙塔、走出小剧场，一起汇聚到

---

① 洗文：《桂林市的印刷工业》，《中国工业》，1934年9月第19期，第23页。
② 陈万金主编：《声屏轨迹——桂林市广播电视十年（1984—1994）》，漓江出版社，1994年，第134页。

"抗日救国"的抗战文化洪流之中。地处祖国大西南的桂林，更是以其声势浩大、波澜壮阔的抗战文化运动，成为大后方"抗战文化城"。当时，桂林抗战文化运动有声有色、轰轰烈烈，新闻传媒、文学、美术、诗歌、戏剧、音乐、教育、科技等文化活动全面发展。其中，抗战传媒尤以其特有的传播方式和辐射式影响，成为桂林"抗战文化城"抗战文化活动的重要组成部分，并在这一过程中取得了跨越式的发展。桂林的抗战传媒揭露了日本帝国主义的罪行，唤醒了中华民族的觉醒，鼓舞了广大人民的斗志，极大地团结了广大民众，在中国人民伟大的抗日战争中发挥了重要作用，为中国抗战文化和中国新闻传媒事业书写了光辉的一页！

第三章　天地人和：桂林抗战传媒生态环境分析

桂林抗战传媒之所以能够取得跨越式的发展，与其所处的媒介生态环境息息相关。大众传播理论认为："新闻生态指在一定社会环境中新闻各个构成要素、新闻之间、新闻与其外部环境之间相互良性制约而达到的一种相对平衡的结构。是实现'受众—新闻—政府—社会'这一复合生态系统整体协调而达到一种稳定有序状态的动态过程。"[①]

抗战时期的桂林，传媒生态状况非常优越，当时的桂林以其独特的政治、人文历史、地理交通等诸多因素，汇集了大批的新闻工作者、新闻机构以及进步文化人士，开展了丰富多彩的传媒活动，共同推动了中国的抗战文化宣传运动。"媒介与个人之间的互动构成了受众生态环境，媒介系统与社会系统之间的互动关系构成了媒介制度与政策环境，媒介与媒介之间的相互竞争构成了媒介的行业生态环境"[②]，再加上桂林独特的历史地理文化风貌，历史文化生态环境、政治生态环境、行业生态环境和受众生态环境四个方面共同构成了桂林抗战传媒生态环境的主要方面。

第一节　历史文化生态环境

桂林可谓得天独厚、占尽先机。底蕴深厚的历史文化传统，多姿多彩的民族艺术文化，包容开放的地域文化品质，独特优越的地理环境风貌，使位于大后方的山城桂林成为中国文化抗战的重要战场，弘扬中华民族精神的物质载体，

---

① 孙彦泉、蒋洪华:《生态文明的生态科学基础》，山东农业大学学报，1999(4)，第52页。

② 崔保国:《媒介是条鱼——理解媒介生态学》，中国传媒报告，2002(1)，第25页。

培育中华民族精神的宏大熔炉。

一、底蕴深厚的历史传统

作为广西最早与中原有文化交流的地区，自秦始皇统一中国，设置桂林郡，开凿灵渠，沟通湘江和漓江，桂林便成为南通海域、北达中原的重镇。公元前111年，汉武帝平定岭南叛乱，设始安县，筑汉城于今桂林兴安县境内作为县治，距今已有2100多年。从此，桂林被中原文化深刻影响两千多年，吸收了源远流长的华夏文明，创造了颇具特色的地方文化，积累了丰厚的传统文化，成为南方地区文化水准较高的城市之一。唐宋时期，文人骚客旅桂的山水诗词便镌刻在群山之间、崖壁之上；有清一代，岭西五家、杉湖十子开近代广西文学鼎盛新局面，桂林"临桂词派"独领风骚，太平天国革命的风雷滚滚、影响深远；清末民初，广西官方书院与民间私塾并行发展、竞相生辉，在宣传新思想、传播新文化的启蒙过程中，马君武、白鹏飞等先进知识分子沐浴着欧风美雨，奔走呼号在救国救民的征途上；抗战前夕，桂林办有几所著名的高校，曾聘请陈望道、施复亮、杨东莼、千家驹、夏征农等知名学者前来任教或者讲学，进步文化得以广泛传播。这一切，对于地区文化水准和民众文化素养的提高，起着极为重要的作用。世世层累、代代相因的历史文化，滋润了淳朴的民风，孕育了睿智的民众，激发了务实的民情。深厚的历史文化素养一旦被民族兴亡的契机所激活，其空前的能量便会喷薄而出，以排山倒海之势冲向前方。

二、多姿多彩的艺术文化

广西是各族人民共同生活、共同居住、共同劳作的聚居地。在桂林这块美丽而又神圣的土地上，各族人民团结友爱、和睦相处，用自己的勤劳勇敢创造着美好的生活，孕育出了多姿多彩的艺术文化。桂剧有着悠久的历史，清朝中叶便传入广西，流传于桂北一带，在与其他戏剧的相互融合中，形成了以弹腔为主的高、昆、吹、杂等五种声腔艺术相容的地方戏曲，极富生活气息。彩调剧俗称调子、彩调、彩灯，清乾隆、嘉庆年间传入广西的湖南花鼓戏，因吸收桂北民歌小调而逐渐丰富，形成了源于花鼓戏又有别于花鼓戏的用桂林官话演唱的彩调剧，是桂林最具民俗文化特质的民间艺术。广西文场简称"文场"，清朝乾隆年间，江苏、浙江一带的时调小曲传入广西，在流传过程中与桂林的方言相融合，并受当地民歌戏曲的影响，逐渐形成了用桂林方言演唱且具有桂北地方特色的优美典雅的广西文场。"零零落"起源于宋朝、元朝时期穷苦人的乞食词"莲花落"，清朝道光年间臻于成熟，其曲调自由轻快，所叙故事比之渔鼓简单，比之文场复杂，富于喜剧色彩。广西素称"歌海"，有着数量众多的民歌、山歌，如笛篙歌、龙船歌、贺郎歌、伴郎歌、婚礼歌、哭嫁歌，还有一些民间小调和歌谣等。这些民歌、山歌曲调简单朴实、节奏自由，在农村和山区广为流行，深受老百姓的喜爱。多姿多彩的民族民间艺术文化，不仅为桂林这片美丽的土地增添了无穷的魅力，也使得桂林始终拥有包容博大的人文襟怀，在漫长的历史发展过程中，不断吸收、接纳、融合不同地域、不同民族、不同风格的各种艺术文化，丰富了桂林本土文化的内涵，推动了桂林抗战文化和抗战传媒的发展。

三、包容开放的文化品质

广西的历史文化历来具有开放的民族文化意识，宽容的民族文化心理，坚韧的民族文化品格，这些文化品质在桂林历史文化中表现尤为突出，这就是善于学习外来文化，善于接受先进文化，善于包容异质文化。如前所述，自秦汉始，桂林即处在百越文化与中原文化的交汇点，特殊的地理位置决定了桂林文化在其生成发展进程中极具开放性。两千多年来，大批汉人南迁八桂大地，带来了先进的经济文化。与此同时，桂林绮丽的自然风光与丰厚多彩的物产民俗，也吸引了大批文人墨客、官宦名士、民族志士、清官贤吏、工商人士等，前来游历、经商、从政、讲学。桂林一地居住着数以百万计的汉、壮、苗、瑶、回、侗等各族人民，来自中原和江南的汉人与桂林的土著居民以及各少数民族人民，世世代代和谐相处，团结合作，互相学习，共趋先进。在桂林文化中，山水自然景观与历史文化景观和谐统一，中原文化、江南文化与岭南文化和谐统一，各民族文化和谐统一。毫无疑问，这些特点为桂林人民的和谐相处构建了良好的人文环境，为桂林抗战传媒的发展营造了浓郁的文化氛围，为战时中华民族精神的形成发展提供了必要的历史文化基础。

四、独特优越的地理风貌

桂林的地理位置十分优越，其地处广西东北，西通云南、贵州、四川等地，东连广东、江西、浙江、安徽、江苏，北接湖南、湖北、河南，南达香港。当时，不但由重庆到香港、东南各省、新四军根据地东江游击区要经过桂林，就是由东南各省前往重庆、昆明以至西安、迪化和革命圣地延安，也需要经由桂林中转。1938 年 10 月，武汉、广州相继失守，华北、华东、华中、华南等沦陷区的大批党政机关、大中小学、厂矿企业和工作人员等，都是先行撤退至桂林，再逐步西退。桂林也是连接东南、西南和华中的交通枢纽，铁路方面有湘桂线通粤汉线，连粤湘和东南各省；有湘黔线，延至贵州独山镇。公路方面，有桂黄线，通湖南；有桂柳线，连桂东、桂南；有桂八线，接广东；1940 年，桂林到贵州三穗的区间公路也修通。水路方面，珠江、西江、漓江、湘江、长江连为一体，畅通无阻，"南宁—桂林—梧州—广州"一线成为黄金干线。空运方面，有"桂林—重庆""桂林—香港"两条航线，特别是 1944 年随着豫湘桂战役的推移，郑州、洛阳、长沙、衡阳等中国机场相继陷落，桂林秧塘机场作为中美空军的前线基地，成为捍卫大西南后方的坚强屏障和迎接全国大反攻的前哨阵地。桂林的喀斯特岩溶地貌更是独具一格，七星岩、芦笛岩、伏波山、南溪山、虞山、老君洞、叠彩山等，到处都有大小不一、风格各异的天然洞穴。如果说桂林四通八达的交通便利了南来北往的匆匆过客的话，那么奇特的喀斯特地貌和迤丽的自然风光，则吸引了五湖四海的抗日仁人志士和大批文化人士，他们的到来，不仅壮大了桂林抗战文化队伍，还带来了不同地域、不同特色、不同风格的艺术文化，促进了桂林抗战文化与抗战传媒的繁荣发展。

悠久的历史积淀养成了桂林文化的独特品质，秀甲天下的奇山秀水孕育了桂林文化的特有韵味，在两千多年的历史长河中，正是这种自然景观与人文景观的相互融合，铸就了桂林文化无所不有、无所不在的包容、吸收、创造精神。在抗击日本帝国主义侵略的伟大民族解放战争中，深厚的历史文化渊源和优越的地理环境影响，成为桂林抗战传媒勃兴发达的重要基础条件。

第二节　政治生态环境

媒介的政治生态环境主要体现为政府相关职能部门对新闻媒介的监管状况，而政府监管的科学性与合理化是营造理想媒介制度与政策环境的前提和保证，"每当政治昌明，媒介运作就显得轻松自如；一旦政治不稳、社会动荡，媒介立即就会躁动不安。"①

1938 年 10 月，继北平、上海陷落之后，广州、武汉也相继失守，中国人民的抗日战争进入了战略相持阶段。随着抗战局势的转变，桂林的战略地位也变得日益突出，并逐渐成为祖国西南政治、军事、文化的重心。"在战火纷飞的抗日战争岁月里，桂林这座仅有七万人的南方小城，成为一个拥有三十多万人口、数千家报刊、上千文化人聚集活动的战时大后方的重要的文化城。"②桂林独特的政治环境，为抗战传媒的发展奠定了良好的基础。

一、中国共产党的领导与推动

抗战爆发后，中国共产党通过对桂系上层的统战工作，以及在桂林新闻、出版、文艺等单位建立党组织、加强党的领导等多种方式，积极开展抗日救亡的新闻宣传活动，成为桂林抗战传媒发展的根本原因。

抗战初期，在"发展进步势力、争取中间势力、反对顽固势力"的策略指导下，中国共产党对新桂系的上层人物和广大文化人做了大量的统战工作，以争取新桂系对抗日救亡文化运动的支持，为桂林抗战传媒的发展创造了有利的政治环境；同时中国共产党还争取了大批进步文化人来到桂林，从事抗战文化活动，使桂林传媒的编辑、作者队伍不断壮大。

毛泽东同志曾对中间势力中的地方实力派做出分析，认为"地方实力派的领导成分也多属大地主大资产阶级，因此他们在抗日战争中虽然有时表现进步，不久仍然反动起来；但又因为他们同国民党中央势力有矛盾，所以只要我们有

---

① 邵培仁:《传播生态规律与媒介生存策略》，新闻界 2001(5)，第 27 页。
② 魏华龄等:《桂林抗战文化研究文集》(六)，广西师范大学出版社，2001 年，第 146 页。

正确的政策，他们是可能在我们同顽固派斗争时采取中立态度的"。^①在抗日民族统一战线思想的指导下，中国共产党方面对新桂系上层做了大量的统战工作，以争取其对抗日救亡运动的支持。1936年7月，中共中央曾派云广英作为红军代表到南宁拜谒李宗仁，转达中国共产党对两广事变的态度和建立抗日民族统一战线的主张。毛泽东还亲自致函李宗仁、白崇禧，呼吁"当前急务，在于全国范围内停止内战一致对日。贵我双方订立抗日救国协定，实属绝对必要"。"中华民族之不亡，日本帝国主义之驱逐出中国，将于贵我双方之协定开其端矣。"^②之后，中国共产党将新桂系作为抗日救国的重要对象，周恩来、李克农等亲自出面对新桂系上层开展统战工作。1938年10月下旬，周恩来从武汉撤往长沙途中，与白崇禧相遇同行，二人一路长谈十分融洽。周恩来鼓励白崇禧坚持抗战，"当民族英雄"，建议他多用外省有才能的人，注意"招贤纳士"，并就中国共产党拟在桂林设立八路军办事处一事，希望白崇禧予以支持。周恩来明确表示，共产党不会挖桂系的墙脚，建立八路军办事处是为了支持广西抗战，"只要广西坚持抗战，我党是愿意与你们合作互相支持的"。^③周恩来的渊博学识、大度胸怀与坦荡真诚打动了白崇禧，他当即表示同意八路军在桂林设立办事处，并就"八办"的设立及安全事项，专门向警备司令部作了交代，促成了八路军桂林办事处的建立。程思远日后回忆这段历史时指出："桂林能够发展成为全国闻名的'文化城'，是由于周恩来总理实行中国共产党的抗日民族统一战线的结果。"^④八路军办事处主任李克农也做了很多有卓成效的统战工作，在国民党员民主派人士陈此生的陪同下，李克农曾拜会广西省政府主席黄旭初，当对方问及广西有没有共产党时，李克农一语双关地回答道："有是有的，可是不会找你们的麻烦，若说没有共产党，那就是骗你，我就是嘛！"^⑤李克农的真诚和坦率，在一定程度上消除了黄旭初的顾虑。八路军桂林办事处建立以后，中

---

① 毛泽东：《目前抗日统一战线中的策略问题》，《毛泽东选集》第2卷，人民出版社，1991年，第743页。

② 《致李济深、李宗仁、白崇禧》，《毛泽东书信选集》，人民出版社，1983年，第70页。

③ 谭肇毅：《桂系史探研》，中国文史出版社，2005年，第288页。

④ 程思远：《桂林在抗战时期中的特殊地位》，《桂林文化城纪事》，漓江出版社，1984年，第648页。

⑤ 盘福东：《抗战时期广西地方政府文化政策的形成及其特点》，《桂林抗战文化研究文集》（三），广西师范大学出版社，1995年，第217页。

国共产党人真诚承诺"不挖友军墙脚"的方针策略，遵循中共中央关于在沦陷区城市和交通要道党的地下组织实行"隐蔽精干，长期埋伏，积蓄力量，以待时机"的方针，撤销了广西省工委，改设桂林、梧州、南宁三个特支，旨在更好地处理统一战线中国共两党的关系。通过对新桂系上层李宗仁、白崇禧、黄旭初等人的统战工作，中国共产党与新桂系建立了比较密切的合作关系，新桂系也表现出积极抗日的态度，对桂林的抗日进步活动给予了一定的支持。

在对新桂系上层开展统战工作的同时，中国共产党也与李济深、李任仁，陈邵先、陈此生等桂系民主派人士保持着密切的联系。这些人德高望重，有着广泛的社会关系，政治态度举足轻重，对新桂系上层影响极大。八路军办事处主任李克农经常到广西建设研究会拜会李任仁、陈邵先和陈此生等人，通过他们的特殊地位和社会关系，扩大抗日民族统一战线的影响。对民主党派的统战工作也是如此，1942年9月，中国民主政团同盟桂林小组成立，其大部分成员被聘进广西建设研究会，在中国共产党的统战政策引导下，广西建设研究会成为开展抗日救亡活动的合法平台。救国会部分成员来到桂林后，在中国共产党的帮助下，亦通过参加广西建设研究会和各种文化团体，宣传抗日救国，发挥积极作用，文化供应社的创办与广西宪政协进会的成立，便是中国共产党在救国会开展统战工作的重要成果，中国共产党卓有成效的统战工作，不仅团结了新桂系上层、桂系民主派，以及广大进步文化人士，而且为中国共产党通过统一战线实现对桂林抗战文化的领导，奠定了必要的思想基础和组织基础。

1938年11月到1941年1月，桂林抗战文化主要在八路军桂林办事处的直接领导下进行。这段时期，周恩来曾三次来到桂林，对统战工作和抗日文化宣传工作做了重要指示和具体部署，强调要在文化队伍里建立党的组织，发展党员，培养干部。当时，桂林的党组织包括外来党组织和广西桂林地方党组织两个系统。八路军桂林办事处直接领导的文化宣传机构有：《新华日报》桂林分社、《救亡日报》社国际新闻社、新知书店、生活书店、读书生活出版社、文化供应社、生活教育社、新安旅行团、中山纪念学校、广西地方建设干部学校、抗宣一队(后改为演剧七队)、抗宣五队(后改为演剧九队)以及汉口基督教女青年会战时服务团等10多个支部。原来由中共广西省工委领导的广西、桂林地方党组织的20多个支部亦归"八办"党组织领导。此外，军委会桂林行营政治部第三科的张曙、林路等，都在八路军桂林办事处的领导下开展抗战文化宣传活动。1941 年皖南事变后，八路军桂林办事处被迫撤销。同年冬，中共中央南方局派李亚群来桂林工作，同时由邵荃麟、张锡昌、狄超白组成党的文化工作小组，继续领导桂林抗战文化宣传运动。在中国共产党的领导下，各类文化团体、文化机构的党组织以及党的文化工作者，在桂林抗战传媒以及整个抗战文化中发挥了极其重要的作用，成为推动和影响桂林抗战传媒发展的主导力量。

中国共产党对抗战文化运动的领导，更多的是通过抗日民族统一战线实现的，是一种政治上、思想上的领导。为加强党对抗战文化运动的领导，中国共产党选派了一批多年从事文化艺术工作、在文艺界颇有威望、善于做统战工作的党员干部，到桂林文化艺术界开展工作。遵照周恩来"要学会交朋友"的指示，这些共产党员、革命文艺工作者以职业化、社会化的方式，进入各个文化机构、文化团体和群众组织，通过统一战线的方式，即与广大民主人士、进步文化人士交朋友的方式，组织发动开展了形式多样的文化艺术活动，领导着桂林抗战文化运动。如胡愈之、刘季平、张志让、林路、张曙、沈同衡、盛特伟、周令钊、宋云彬、王鲁彦、张铁生、夏衍、范长江、杨东莼、邵荃麟、田汉、欧阳予倩等，都是武汉撤退时周恩来从政治部第三厅中留出派到桂林工作的党的文化工作者。国民政府军事委员会政治部第三厅是国统区抗战文化运动的指挥部，在周恩来的直接部署下，组织了 10 个抗敌演剧队和 5 个抗敌宣传队，深入广大民众宣传抗日，努力使艺术"真正成为唤起大众、组织大众的武器"。武汉陷落后，军政部剧宣四队、剧宣五队、剧宣七队等中国共产党领导下的文艺团体，先后来到桂林开展抗战文化宣传活动，成为桂林抗战文化运动的生力军。中华全国文艺界抗敌协会桂林分会是中国共产党领导的桂林文艺界统一战线组织，在对敌斗争方面发挥了重要作用。文化城时期，文协桂林分会经常有计划地组织文艺工作者深入前线、工厂、农村，宣传抗日；开展多种形式的文艺界联谊活动，增进文艺工作者的团结与合作；引导文艺界进行积极的学术探讨和思想争鸣，促进文学艺术创作的繁荣，推动着桂林抗战文化的健康发展。

通过报刊直接参与新闻宣传工作。《青年生活》是在桂林"八办"亲切关怀下创办起来的一份刊物，受到广大青年的欢迎，发行量从每期的 3000 份增至10000 多份，发行范围遍及两广、湘、赣和云、贵、川等地，在教育广大青年积极投身抗战方面起了巨大的作用。《广西妇女》杂志则是由共产党人参与编辑的，大量进步文章的发表对广西妇女界产生了很大的影响。此外，党的新闻工作者还拿起笔做刀枪，以进步报刊为阵地，同危害抗战传媒的错误言论做斗争，对"艺术至上""反对作家从政"以及公然宣扬法西斯的"战国策"派等思想主张展开批判，保证了桂林抗战传媒始终朝着正确的方向发展。

中国共产党还主动在生活上关心帮助新闻人士及文化人士。中共中央南方局积极支持中华文艺界抗敌协会改善作家经济状况的要求，并多次表示支持文化界争取取消原稿审查法、改善作家待遇等要求。另外，对一些贫困新闻工作者和作家，中共中央还及时拨款救济，或通过桂林文协等文艺团体发动募捐帮助他们。1944 年桂林疏散时，《文艺杂志》主编王鲁彦病逝，已撤到外地的邵荃麟、司马文森等人冒着生命危险返回桂林，刊登讣告，撰写悼文，发起募捐，救助遗孤，并在战火中举行了追悼会。远在重庆的中共中央南方局书记周恩来亲自发来唁电，慰问家属，嘱咐有关人员"善抚遗孤"，并请冯雪峰转送抚恤费 10000 元（法币）给遗媚覃英。湘桂大撤退时，中共中央还及时拨来救济款，交由邵荃麟用于接济艾芜等一批贫困作家，帮助文化人士顺利撤退。

中国共产党是桂林抗战文化城的缔造者和领导者。在桂林抗战文化的发展进程中，中国共产党高举团结抗日的旗帜，坚持抗日民族统一战线，对桂林抗战文化和抗战传媒的发展进行了正确的思想政治引领。正是在中国共产党的领导下，广大新闻工作者、进步文化人士与桂林社会各界民众团结奋进，并肩战斗，开拓进取，共同创造了桂林抗战传媒跨越发展的历史现象。

二、新桂系对抗战新闻传媒的支持

为了加强广西社会建设，增加新桂系自身实力，进一步推动全民抗战，广西当局很重视新闻传媒事业的发展。

作为国民党地方实力派，新桂系是当时政局中一支举足轻重的力量，长期以来，同蒋介石集团存在矛盾，以致几度兵戎相见。为了摆脱蒋介石集团的控制，新桂系就提出了"建设广西，复兴中国"的口号，积极推行"三自"政策和"三寓"政策，开展政治、经济、军事、文化四大建设。"三自"政策，即"自卫、自治、自给"。所谓"自卫"，就是在全省推行民团制度，对青壮年进行军事训练，以维持省内的治安和抵御外来的侵略；所谓"自治"，就是建立健全县级以下的基层政治组织，强化对广西的统治，抵制蒋介石的势力插手广西的政务；所谓"自给"，就是设法增加收入，不依靠国民党中央政府的补助，不需要向外借债，使广西在经济上能独立。"三寓"政策，即"寓兵于团、寓将于学、寓征于募"。所谓"寓兵于团"，就是广西正规武装力量的兵源来自民团，民团中分为常备队、预备队和后备队，他们的成员是由在广西居住两年以上的青壮年组成，常备队的壮丁训练期满后即编入预备，战时应征入伍，成为正规武装力量，即可开赴前线参加作战；所谓"寓将于学"，就是广西正规军的干部来源由各级学校培养，实行文武合一、二位一体。所谓"寓征于募"，就是以募兵制代替征兵制，用募兵的手段来达到征兵的要求。

"七七事变"后，在举国上下同仇敌忾、团结抗日潮流的推动下，新桂系以民族利益为重，实行坚决抗战方针，组建部队奔赴抗战前线，提出和实施了一系列比较民主的战时政策。

主张政治民主，放开言论自由。随着中日战争局势的变化，新桂系意识到只有实行政治民主，"以抗日民主与蒋介石比进步"，进而团结民众，才能最终消灭日本帝国主义，也才能真正达到"保卫广西，复兴广西"的目的。1935年11月18日，李宗仁向国民党第五次全国代表大会发出"巧"电，从内政、党务、民众三个方面论述了实行民主与抗日救亡的关系。"六一事变"后，新桂系紧紧抓住抗日旗帜，主张开放集会、结社、言论、自由等民主权利，颁布了一系列法令法规，解除取缔抗日救国运动的禁令。"西安事变"中，新桂系再次在政治上大造舆论，宣传抗日救亡思想，主张同中国共产党建立统一战线。1935年和1936年，新桂系两次派代表到西北与中国共产党进行接触，并与中国共产党签订了抗日纲领。1937年10月，在新桂系的授意下，广西民主派人士李任仁、陈励先等主持广西建设研究会工作，延揽大批进步人士，旨在促进广西抗战建国。1938年11月，新桂系协助中国共产党设立八路军桂林办事处。1939年1月，中共领导的《救亡日报》在桂林复刊，新桂系"表示支持，并答应资助复刊经费"。相对开明的政治主张，为广西抗战提供了必要的政治环境，一定程度上推动了抗日救亡运动的高涨。诚如美国作家史沫特莱所论："广西省与其他省份不大相同，仍旧准许言论出版集会自由，还是一个民主空气较为浓厚的省份。"①

主张军事民主，实行全民抗战。全民族抗战爆发之后，新桂系在全省范围内发起"国民抗战宣誓"运动，发布《国民抗敌公约》："不卖粮及一切用品给敌人；不为敌人带路；不为敌人做侦探；不为敌人筑路；不代敌人挑担；不买敌人货物；不用敌人纸币；不做敌人官员；不做敌人顺民。"此外，新桂系当局还颁布了《抗战建国纲领民运纲领》，旨在"发动全国民众，组织农工商学兵各职业团体，改善而充实之，使有钱者出钱，有力者出力，为争取民族生存之抗战而动员，加强民众之国家意识，使之能辅助政府，肃清反动，对于汉奸严行惩办，并依法没收其财产"。新桂系强调，"抗战必胜，建国必成的基础，建立于迅速完全而又普遍的民众动员"。②1938 年 10 月，李宗仁在《大家负起焦土抗战的责任》的演讲中指出："现在我们最重要的当前的任务，就是如何才能发动广大的民众参加抗战，如何才能使各方面的工作能够充分配合，如何才能尽量发挥各方面的工作效率，以达到持久战和消耗战的目的。"③1939 年 1 月，新桂系要员黄同仇在广西抗战动员大会上发表讲话时指出，民众动员是国家总动员的一部分，抗战最重要的就是民众动员，要把抗日和民主结合起来，"以抗战促民主，以民主保证抗战"。在中华民族面临生死存亡的危急关头，新桂系坚持打"民主牌"，在军事体制上放开禁区，实行全民抗战，推动了广西抗日运动的高涨，也为自己赢得了政治上的主动。

实行文化民主，感召民心民情。第一，书报审查制度。广西建设研究会文化部明确提出，书报审查应"由省党部遵守中央颁发的审查标准，以宽大态度，简单方法，敏捷手续办理"。④省政府主席黄旭初亲自训示省图书杂志审查委员会，"抗战期间应不与文化界发生摩擦"，强调"要使本省文化工作，与当前抗战任务相配合"。⑤白崇禧先后召见广西绥靖主任公署等部门官员，说明非经他本人批准，不准对桂林文化界进步人士和文化团体、报刊、书店进行搜查、干

---

① 刘寿保：《浅论抗战时期桂林国际文化大交流》，魏华龄等主编《桂林抗战文化研究文集》（三），广西师范大学出版社，1993 年，第 50 页。

② 《送别——勉广西学生军诸君》，《救亡日报》（桂林版）1939 年 2 月 14 日。

③ 李宗仁：《焦土抗战的主张与实践》，广西绥靖主任公署政治部编《李宗仁言论集之一》，1936 年，第 53 页。

④ 广西建设研究会：《广西之建设》，1939 年。

⑤ 桂林市地方志编纂委员会：《桂林市志》，中华书局，1997 年，第 2963 页。

扰，更不得私下抓人。① 相对宽松的书报审查制度，使得包括《救亡日报》等在内的诸多进步书籍、报刊得以顺利出版发行。第二，文化宣传工作管理政策。1938 年 11 月，广西省政府电发《抗战教育展览室组织简则征集展览品办法及项目》，规定《征集展览品办法》，当以含有宣扬抗战建国意义及富有民族意识为原则。第三，接收内迁团体组织政策。《广西省政府公告》第二五六期颁布了接收内迁团体组织的规定，要求有关部门"继续办理迁桂学术团体、机关调查表及迁桂学校调查表"，以便全面掌握内迁团体组织的"机关团体名称、现在住址、主持人姓名、现在组织及工作之实际情况如何、与当地政府教育学术机关文化团体之联系、对当地社会及文化事业的影响、当地民众对该机关团体之印象"等情况。② 新桂系不仅大量接收从沦陷区内迁的文化团体、出版社、报社、学校以及进步人士，而且还为进步人士安排工作，提供容身、立业之地，一些进步人士还被新桂系委以要职，如杨东莼、张志让、张铁生、胡愈之、千家驹、夏衍、邵荃麟、欧阳予倩、金仲华、范长江等大批中国共产党员和著名进步文化人士，先后被广西建设研究会聘为研究员。

1939 年 7 月 2 日，在桂林召开的一次时事座谈会上，广西省长黄旭初特别谈到办好报纸的重要作用，强调"报纸的价钱须很低使人买得起、运送报纸不迟滞避免新闻变旧闻，这两点是目前需要解决的困难"③。与此同时，在中国共产党抗日民族统一战线的感召下，新桂系实行联共抗日，在许多方面采取了相对进步的措施，执行了较为开明的文化政策，就新闻传媒而言，对于中国共产党和进步文化人士所出版的书报杂志，新桂系的态度是比较宽容的。如新桂系政府曾出资帮助《救亡日报》在桂林复刊，同时允许一批出版社书店注册开业，创办《抗战文化》等进步刊物，并倡导社会各界编印刊物、出版图书。省政府主席黄旭初还曾亲自批准当时在国统区颇有争议的两篇进步文章——万民一的《中国社会变革与建国前途》和千家驹的《抗战新形势和我们的任务》可以发表，不用送往中央政府复审。

正是由于新桂系当局重视广西传媒事业的发展，并对中国共产党和进步人

---

① 程思远：《政坛回忆》，广西人民出版社，1983 年，第 116、128—129 页。
② 《广西省政府公告》1938 年第 256 期。
③ 桂林建设研究会编：《桂林之建设》，1939 年 10 月 10 日出版，第 448 页。

士的新闻活动报以宽容的态度，使得桂林形成了一个有利于抗战传媒发展的良好氛围，为桂林传媒事业发展提供了一定的政治保障。新桂系颁布的一系列战时政治、军事、文化政策，为广西民众团结抗战，实现抗战建国，营造了比较开明的政治氛围，提供了相对宽松的政治环境。正是在这种形势下，革命新闻工作者、进步文化人与桂林社会各界民众，在桂林这片抗战热土上，同心协力，并肩战斗，书写着中国抗战传媒和抗战文化的不朽篇章。

三、国民党中央的战时新闻政策

抗战时期，国民党中央政府也颁布了一系列相对开明的新闻出版政策，在一定程度上推动了桂林抗战传媒的发展。

如《广西日报》(桂林版)1938年11月4日在第一版上详细刊载了中央社重庆3日电讯《国民参政会通过〈确立战时新闻政策〉案》，现将相关原文摘录如下：

> 第一，确立新闻报道的原则和办法。……
>
> 第二，宣传机构办法。(1)改善新闻检查制度，不能仅限于实施消极的检查工作，更应该推行积极的指导：①统一全国新闻检查机关，并由其统筹支配，务使政府确定之方针不受任何地方关系限制；②新闻检查人员之任用，应由全国新闻管理机关统筹支配，其资格必须有从事新闻工作两年以上的历史、学识和经验；③新闻检查机关应随时召集当地报社编辑人员参加谈话，共同商讨各种新闻报道之有关问题及法令等，以收切实领导之效，并接受报社贡献之意见；④订定新闻检查人员之奖惩办法，如新闻检查人员违反确定"报道原则"而滥施职权时，应加以严厉之惩处，以杜绝流弊保护合法之舆论。(2)扩充全国通讯广播事业。(3)扶助全国新闻事业。
>
> 第三，增进新闻记者工作效能办法。(1)提高新闻记者之技能，由政府设立战时新闻记者训练班，分别定期召集全国新闻记者实施军事政治等各种训练。(2)充实新闻记者之学术，在政府当局补助之下，由新闻界组合或由新闻学术团体举办战时记者训练班。(3)政府对于新闻记者，应予

以特别优待，通令政务机关军事当局，对新闻记者之工作尽量予以协助，并准享受交通上最大之便利。（4）对于新闻邮电，政府通令各军事当局，对于持有证明文件之新闻记者得予军事邮电递送之便利。①

这一战时新闻政策案的制定，是符合当时全国抗战形势需要的，为桂林抗战传媒的发展奠定了一定的法规性基础，也为桂林文化城各类新闻宣传活动的开展、各种新闻团体的成立以及各类新闻机构的组建，提供了一定的政治保障。

综上所述，在中国共产党的正确领导、新桂系地方当局较为开明的新闻政策以及国民党中央一定开明政策等多重因素的共同作用下，桂林的抗战新闻传媒力量日益加强，为抗战服务的新闻文化活动日益高涨，并成为大西南抗日救亡宣传运动的主要阵地和战斗堡垒。

第三节　行业生态环境

行业生态环境在媒体的发展过程中具有非常重要的作用。媒介的行业生态环境不仅仅体现为报纸、杂志、图书以及广播等不同媒介之间的竞争关系，而且还体现为各个媒介行业内部之间的竞争关系，以及一定的物质基础，这些都是传媒发展必不可少的生存条件。

一、行业内良性竞争促进传媒发展

抗战时期，桂林出版的报纸种类空前增多，从抗战前仅有的一些地方性的小报，一下子发展到几十种报纸。同时，当时桂林还有很多通讯社，可以为各大报社提供充分的稿件来源。怎样才能在众多报社中脱颖而出，这在客观上就要求各家报纸必须办出自己的特色。再加上经费的困难，各家报纸多要靠自筹经费的方式来解决出版问题，这也客观上要求各家报纸要走自己的路子，不落窠臼。鉴于此，桂林的各大报社之间展开了激烈的竞争，因为只有办好报纸，吸引读者，获得读者的支持与肯定，才有机会扩大销量，维持自身的生存与发展。可以说，各家报社在这些方面的竞争相当激烈，各大报纸纷纷根据自己办

---

① 《国民参政会通过〈确立战时新闻政策〉案》，《广西日报》(桂林版)1938 年 11 月 4 日。

报的理念，改进编辑方法，精心设计版面，尽全力组织和采写更好更多的新闻、通讯以及评论，开辟了各种各样的专栏，创办了形形色色的副刊、专刊和特刊，有些还特别聘请国内的名人、学者、专家提供稿件，以提高自己的知名度与影响力。行业内的良性竞争在客观上为桂林传媒的发展提供了内生动力，有力促进了桂林传媒朝着健康的方向发展。

二、传媒行业发展的物质条件

抗战时期，桂林传媒行业发展的物质条件十分优越。抗战爆发之前，桂林的印刷企业只有十几家，并且多是小手工业作坊。随着抗战的进行，桂林逐渐成为祖国大后方的文化中心，担负着全省乃至全国大部分图书和杂志的出版和印刷业务。这一时期，一方面是大批的外省印刷厂落户桂林开展业务，另一方面则是桂林本地的印刷企业如雨后春笋般出现。到1943年7月，桂林大小印刷厂以及印刷相关工厂共有104家。[①] 印刷业的繁荣发展，为桂林新闻传媒事业的发展提供了有力的物质保障。

这些印刷厂和相关工厂从印刷业务分，从事书刊印刷的有西南印刷厂、建设印刷厂、三户印刷厂、国光印刷厂、中新公司印刷厂、青年印刷所等8家；从事书刊兼彩印杂件印刷的6家；从事书刊兼杂件印刷的30家；从事报纸印刷的5家。其中主要期刊承印厂有：广西日报社印刷厂承印《抗战文艺》《音乐与美术》《种子》等；力报印刷厂承印《半月文艺》；青年印刷所承印《文学译报》《文学创作》等；三户印刷社承印《文学报》等，中新公司印刷厂承印《文学创作》《宇宙风》等；前进印书馆承印《太千》；华光印务社承印《战时艺术》等；科学印刷厂承印《工作与学习·漫画与木刻》《野草》等；中国科学公司承印《文艺生活》《野草》《国文杂志》等。此外还有装订厂3家，油墨制造厂2家，铸字厂2家，有手摇石62机的小规模印刷厂36家。[②]

其他一些原材料诸如机器、铸模、油墨、纸张等，桂林本地也都已经可以自己制造，比如华中铁工厂、六河沟机厂、广西大学机械系等制造的四开机及圆盘机，华光油墨厂、更生油墨厂、工合油墨合作社、新生活油墨厂等制造的

---

① 《抗战时期桂林出版史料》，《桂林文史资料》第38辑，第410页。
② 《抗战时期桂林出版史料》，《桂林文史资料》第38辑，第412页。

油墨，中元造纸厂、建国造纸厂、中国造纸厂、广西造纸实验所等制造的各种纸张，数量基本能够满足需要。另外，从外地运来的纸张，如湖南邵阳、浏阳以及广东南雄土纸，数量充足，价格适中，交通运输也十分便利。

印刷工业的飞速发展以及机器、铸模、油墨、纸张等原材料的充足供应，为桂林的书刊印刷和出版提供了极大的便利，它们共同构成了桂林新闻传媒事业繁荣发展的重要物质基础。

第四节　受众生态环境

受众生态环境主要体现为受众的数量和素质以及受众对新闻媒介的认知度和信赖感。一般来说，受众生态环境的好坏优劣取决于新闻媒介在受众当中的地位和影响。

一、受众底蕴深厚

如前所述，作为一座拥有两千多年历史的文化名城，桂林的历史文化资源相当丰富，底蕴深厚。千百年来，儒家思想、中原文化与岭南百越文化在这里相互交融、相互激荡，积淀了深厚的历史文化底蕴，创造了具有鲜明特点的历史文化。比如以甑皮岩遗址为代表的史前文化，以灵渠为代表的水利文化，以靖江王府、王陵、清贡院为代表的明、清藩王文化和教育文化，以摩崖石刻和山水诗文为代表的山水文化，以西山、隐山、叠彩山、伏波山的摩崖造像和开元寺、栖霞寺为代表的佛教文化等，无一不是桂林悠久历史文化的生动显现。[①]五四时期，一批著名学者和进步报刊相继出现，抗战前夕，也有很多文化界人士来到桂林，从事各项进步文化活动。这一切，对于桂林当地人民文化素质的提高，起到了非常重要的作用，为桂林传媒在抗战时期的发展奠定了良好的群众思想文化基础。深厚的历史文化底蕴，为桂林构建了良好的受众环境，也为抗战时期桂林传媒的发展营造了进步的文化氛围。

[①]　王福琨：《中国共产党在桂林抗战文化形成和发展中的作用》，广西人民出版社，第135页。

二、受众数量激增

媒体服务的对象是受众，受众是媒体生存与否的基本依托，没有了受众，媒体就失去了自身存在和发展的最基本前提。因此，受众数量的拥有与多寡，是衡量传媒发展水平和发展前景的第一指标和硬性标准。抗战时期，日本帝国主义的野蛮侵略使得沦陷区人民无家可归，纷纷内迁至西南大后方。作为大后方文化中心的桂林，前前后后接纳了大批内地逃亡的难民，尤其是1938年抗日战争进入相持阶段以后，随着广州、武汉的沦陷，大片国土的沦丧，越来越多的难民涌入到了桂林，使当时桂林的人口数量激增。桂林的人口一下由战前的七万多人猛增至三十多万人，增长的数量与速度都均为中国各城市少有的。从当时桂林的人口构成来看，俨然已经成为抗战爆发后国内流动人口与外来人口所占比例最高的城市之一。在这些外来人口中，既有受过高等教育的高学历与高收入人群，也有许多只有中等文化的低收入人群；既有深通中国传统文化的传统文人，也有不少受过西方文化熏陶的新型知识分子。这些人共同构成了抗战时期桂林传媒的受众环境，为桂林传媒的发展奠定了社会基础。

不同的社会阶层，不同的思想意识，不同的文化程度，对媒体的要求也就更高。即除了满足最基本的信息传播功能之外，受众群体还要求媒体应该有自身的品牌、自身的特色和自身的个性，以满足不同受众的需要，体现不同受众的品味。这所有的一切，无疑极大地刺激了抗战时期桂林传媒在各方面做出相应调整，桂林的传媒事业也在这一过程中取得了长足发展。

三、受众素质提高

二十世纪三四十年代，是新桂系统治广西时期，其治理下的广西素有"模范省"的称号。其时，以李宗仁、白崇禧、黄旭初为代表的新桂系政府，为加强自身实力，同蒋介石集团相抗衡，提出了"建设广西、复兴中国"的口号，招徕和聚集了国内众多知名的教育家和教育工作者，投身于广西的教育事业。在兴办国民教育和普及社会教育的过程中，桂林民众的文化素质得到了提高，这一定程度上为桂林传媒的受众素质提供了保障。

1931年，经省局初定，广西着手推行义务教育，颁布了《推行义务教育计划概要》，并规定自同年度起，以各县为单位，划定学区及校区，同时推进义务教育，务求普及。据1932年统计，当时全省已有省立中学校20所，县立中学校40所，私立中学校9所。[①]当时，广西教育比较引人注目的是1933—1940年在全省实施的普及国民基础教育运动，其与成人教育、学童教育于同一学校，以爱国教育和生产教育为主要内容。广西当局及教育家们之所以称这种教育为国民基础教育，是由它特定的内涵所决定。概言之，国民基础教育是"为组训国民之教育，亦即为培养国民道德基础及生活必需之基本知识及技能"之教育。其对教育对象和教学内容亦有明确规定："不仅包括学龄儿童之义务教育，且兼及年长失学者之补习教育，与训练壮丁之军事教育。实合学校教育与社会教育为一体。"[②]1933年，省政府先后颁布《广西普及国民基础教育五年计划大纲》（次年根据实际需要复修订为六年计划大纲）等四宗法案在全省施行，标志着广西国民基础教育运动正式展开。几年间，广西出现了大办教育的热潮，并取得了显著的成效。与此同时，省政府还创办国民中学，使之与普通中学制度并行，并同国民基础教育相衔接。1929年至1939年间，教育家雷沛鸿三度出任广西教育厅厅长，他提出"建设西江文明，复兴中华文明"的口号，在广西全省广泛开展扫盲教育、国民基础教育以及国民中学教育等内容。1938年11月，著名教育家陶行知来到桂林，成立了生活教育社和晓庄研究所桂林办事处，并创办了《西南儿童》《工作与学习》等刊物，对于推动抗战时期桂林的初等教育和中等教育产生了较为广泛的影响。

这一时期，桂林的各类教育得到空前发展，各类学校明显增多，同时教育科学研究、教育经验交流、教育会议、学术讲座等活动开展频繁，教育书刊数量繁多而且质量极高，呈现出兴旺繁荣的景象。据不完全统计，当时省级以上的教育会议、学术活动就有140多次，教育书刊有26种。

继续发展的国民基础教育。三十年代初期开始的广西国民基础教育运动，在抗战时期继续发展，基本上实现了每村街设一所国民基础学校，每乡镇设一所中心国民基础学校的计划目标。1943年全省国民学校有18302所，在校学生181万人。这不仅使得包括边远山村在内的广大儿童基本上能够走进学堂，而且使得暂迁桂林的机关企事业单位、大中专院校、文人学者的家属和子弟及难

---

① 李绍雄：《广西教育史料》，广西史地学社，1946年，第90页。
② 赖彦于主编：《广西一览·教育》，广西人民出版社，1989年，第29页。

童有书可读。即使在打仗的情况下也未曾停止上课。战时不能正常上课就采取综合编队的方式进行机动性的教育活动，利用野外和岩洞进行教学。这种在恶劣环境中坚持读书的岩洞教育颇具战时教育特色，曾受到陶行知等著名教育家们的由衷赞扬和极力推崇。

迅速发展的中学教育。抗战初期，广西省政府对中学教育进行调整，将全省划分为 11 个民团区，每区设一所省立中学，同时鼓励发展私立中学，至 1941 年全省中学共 129 所。桂林由于大批人口的迁入，原来的学校远远满足不了形势发展的需要，于是云集桂林的社会贤达纷纷出资，集资办学。如湖南会馆创办松坡中学、江西会馆创办文山中学、广东会馆创办逸仙中学等，还有外省迁来的南京汉民中学、江苏教育学院附中，为省军政官员子弟而办的中山纪念学校等。这一时期的中学均有一定的规模和档次，教育质量也较高。

发展较快的中等师范教育和中等职业技术教育。抗战时期是广西中等师范教育发展较快的时期，全省有名的中等师范学校，如桂林师范、百色师范、龙州师范、南武师范、柳庆师范等，都是在这个时期创办的。1944 年，省立师范学校增加到 9 所。此外，还有省立特种师资训练所和北京香山慈幼院迁桂后开办的幼稚师范学校。此间，广西的中等职业技术教育也得到较快的发展，抗战前广西只有几所不正规的中等职业学校，而且规模很小，抗战后，省内公私企业发展很快，需要各方面的技术人员，因此职业技术教育便迅速发展起来，到 1944 年日军全面进攻广西前，全省中等职业学校发展到了 24 所。

长足发展的高等教育。高等教育在抗战期间得到了长足的发展。广西大学是西南著名的高等学府，此间广西还建立了几所新的高等院校，如广西省立师范专科学校（后改名为广西省立桂林师范学院，继而改为国立）、西江学院、私立西南商业专科学校和私立桂林榕门美术专科学校。由于战事，江苏省立教育学院、上海同济大学、浙江大学等高校也曾先后迁到广西，对广西的教育发展起了促进作用。

积极推进成人教育。广西当局不仅重视普通教育，也积极推进成人教育，使抗战期间成人教育一度相当活跃。"成人教育年"是此期间广西教育施政的一次重大活动。据统计，在"成人教育年"活动中，全省共开办成人班 61354 班，入学的失学成人达 2154912 人。"成人教育年"活动提高了民众的民族意识，激发了抗战的爱国热情。

大量高素质受众人群的出现，为桂林传媒事业的发展提供了优越的受众环境，桂林抗战传媒亦得以迅速发展。

小　结

桂林抗战传媒跨越发展景象的出现，是当时桂林历史文化环境、政治环境、行业环境和受众环境共同作用的结果，而中国共产党抗日民族统一战线的正确方针则起着决定性的作用。可以说，中国共产党是桂林抗战文化城的缔造者和领导者，是桂林抗战文化运动的灵魂，也是桂林抗战传媒跨越发展的根本原因。在中国共产党抗日民族统一战线方针的指引下，中国共产党、新桂系以及进步人士团结合作，共同促进了桂林抗战传媒的巨大发展。

第四章 百舸争流：生机勃勃的传媒活动

抗战时期，桂林文化城的新闻界人士和文化名人，在"抗日救亡"旗帜的号召之下汇聚在一起，办报办刊、开办新闻机构、组织新闻宣传、展开传媒理论讨论，开展了丰富多彩的传媒活动，并积极与桂林文化城其他文艺活动相互配合，相互促进，共同推动了桂林抗战文化的发展。

当时桂林的各项传媒活动蓬勃开展，活跃在新闻战线上的优秀新闻工作者，以桂林为阵地，创办刊物，建立新闻机构，开展了许多卓有成效的新闻宣传活动，全力服务抗战宣传。

第一节 投向侵略者的利器：大后方舆论阵地的旗舰刊物

报纸是宣传"抗日救亡"思想的重要载体，为了更好地进行抗日宣传，新闻工作者们在桂林创办了大量报纸。

其中，外省迁来的报纸有《新华日报》《扫荡报》《小春秋日报》《国防周报》《扫荡简报》《救亡日报》《救亡日报星期刊》《自由报》《小战报》《桂林晚报》《力报》《自由晚报》《艺术新闻》《国民公论》《大公报》《大公晚报》《学生周报》《工商新闻》《前锋报》《文学报》《生活导报（桂林版）》《辛报》《正谊》《剧声报》《朝鲜义勇军通讯》《国际新闻周报》。桂林本地出版的报纸有《广西日报》《广西晚报》《广西导报》《广西日报副刊》《广西日报（昭平版）》《克敌周刊》《西南导报》《旦华半周刊》《战地周报》《戏剧日报》《民众通俗报》《民众报》《农民报》《西南青年》《乡村小日报》《民众晚报》《前导周报》等。

其中几家影响力很大的报刊，在大后方的新闻宣传中发挥了重要的作用，因此，特别介绍一下。

（一）《救亡日报》

《救亡日报》原是上海文化界救亡协会的机关报，报纸的主要负责人、编辑和记者，多是共产党员和进步知识分子。上海沦陷后，该报迁到广州，广州沦陷后迁到桂林，1939 年 1 月 10 日在桂林正式复刊。《救亡日报》的社长是郭沫若，总编辑是夏衍，经理是翁从六、张尔华，编辑、记者有林林、周钢鸣、彭启一、蔡冷枫、华嘉、高灏、高汾等，社址在乐群路 63 号，营业部在桂西路 26 号。该报先是委托文新印刷厂印刷，后由自己建立建国印刷厂印刷，日出四开四版一张，发行量由初期的三五千份增加到七八千份，畅销国内外。《救亡日报》是抗战烽火中诞生成长的一只"火凤凰"，用夏衍的话说，它是"由共产党领导的，党与非党联合，依靠进步人士办起来的统一战线性质的全国性报纸"，《救亡日报》虽然不是党报，却肩负着"宣传党的抗日救国主张、做好统战工作"的双重使命。周恩来曾明确指出《救亡日报》的办报方针，"这张报纸是以郭沫若为社长的上海文化界救亡协会的机关报，这一点就规定了你们的办报方针。办成像国民党的报纸一样当然不行，办得像《新华日报》一样也不合适。办成《中央日报》一样，人家不要看；办成像《新华日报》一样，有些人就不敢看了。总的方针是宣传抗日、团结、进步，但要办出独特的风格来，办出一份左、中、右三方面的人都要看，都喜欢看的报纸。"总之，要"通俗易懂，精辟动人，讲人民大众想讲的话，讲国民党不肯讲的，讲《新华日报》不便讲的，这就是方针"。[①] 直到皖南事变发生，《救亡日报》才被迫于 1941 年 2 月 28 日停业，总共在桂林出版了两年零一个月十九天。

（二）《新华日报》

《新华日报》是中国共产党在国统区办的一份公开合法的报纸。1938 年 1 月在汉口创刊，同时在广州设立分馆，同年 10 月由汉口、广州，迁入重庆、桂林。桂林分馆设在桂西路 35 号，12 月 7 日开始翻印从重庆航空运来的纸型，出版后向广西、广东、湖南、福建、香港与南洋等地发行。据时人回忆："航空版时印时辍，形势好时，国民党反动派不扣压我们的纸型，我们就照印，扣压

---

① 夏衍：《巨星永放光芒》，《夏衍杂文随笔集》，生活·读书·新知三联书店，1980 年，第 713—714 页。

时就停印，由重庆直接寄报纸来。从分馆开办到 1944 年桂林大撤退都是如此。印印停停、停停印印。"[1]

（三）《力报》

《力报》是一家民营报纸，其以"中间偏左"的姿态出现，于 1940 年春从湖南邵阳迁到桂林，同年 3 月 10 日正式出版，日出对开一大张，发行人为张稚琴，总编辑先后由欧阳敏讷、冯英子担任。担任《力报》主笔和负责撰写社论的人，先后有沈光曾、刘实君、冯英子、邵荃麟、杨承芳、储安平等，并特约杨东莼、宋云彬、傅彬然、张铁生等写过一些专论。该报的社址在东郊社公岩，城内西华门十号设有一个营业处，主要办理广告和发行业务。《力报》的新闻电讯主要来源于中央社所发的电讯稿，但也经常采用国际新闻社的通讯稿，特别是战地通讯，这也是当时读者最关心的内容。《力报》每天都有社评，主要内容为当时的国内外战事、形势和战局，以及人民群众关心的热点问题，针对这些问题，该报发表自己的见解，坚持抗战、团结的原则。1944 年 9 月桂林紧急疏散时，该报宣告停刊。

（四）《大公报》

《大公报》由英敛之创办，1902 年始于天津创刊，先后有天津版、上海版、武汉版、香港版以及桂林版。1941 年 3 月 15 日，桂林版《大公报》创刊，馆址设在市东郊星子岩，日出对开一张，受重庆《大公报》总管理处的领导，王文彬为发行人兼副经理，蒋荫恩任编辑主任。1942 年 12 月，太平洋战争爆发，香港《大公报》撤至桂林，由徐铸成任《大公报》总编辑。创刊初期，社评主要靠重庆《大公报》、香港《大公报》寄来，徐铸成任总编后，社评主要由其执笔，故而更加及时，也更具动员性和战斗性。桂林《大公报》的通讯报道也颇有影响，其在国统区均有特派记者，编辑部还配有外文翻译，因此往往比同业见报早，且常常有独家新闻。桂林《大公报》的长篇特写和报告文学格调、品味都很高，深受读者青睐，如曾敏之记述欧阳予倩、田汉、熊佛西的《三杰传》，描写艾芜、田汉、欧阳予倩、巴金、千家驹、金仲华的《桂林风雨与文人》，都曾经轰动一时，不仅鼓舞了进步文化人士和广大军民群众，也有力地揭露了国

---

① 张鸿胜：《明灯照滴水，新华傲雪霜——〈新华日报〉建立桂馆的斗争始末》，《桂林抗战文化研究文集》（二），广西师范大学出版社，1995 年，第 289—290 页。

民党的文化专制政策。

（五）《广西日报》

《广西日报》是新桂系的机关报，1936年10月，广西省会迁至桂林后，将桂林原来的《桂林日报》改为《广西日报》。1937年4月1日创刊，是桂林最先出版的对开大报。《广西日报》的报社长由韦克成、黎蒙等桂系少壮派先后出任，报社经费由国民党广西省党部、广西省政府、广西绥靖主任公署等桂系党、政、军部门分摊，报社的社址位于桂林环湖北路。《广西日报》先后聘请了韩北屏、陈芦荻、莫乃群、张洁、陈说、艾青、胡愈之、张铁生、李四光等一批著名进步人士，担任编辑、副刊编辑、主笔、记者等职位。从《广西日报》的言论态度来看，虽然"皖南事变"前后，新桂系追随蒋介石反共，一度政治转向，但总体来看，该报对新闻报道比较真实客观，保持了一定程度的开明，有时还敢于从抗日救亡的立场说几句话。该报办有副刊《南方》（后名《漓江》），编辑先后为艾青、陈芦荻，主要内容为新诗，不但诗文质量好，而且大多富有思想性和战斗性，在桂林新闻界颇负盛名。1944年9月桂林大撤退时，《广西日报》迁到桂东昭平出版，暂时维持。

（六）《扫荡报》

《扫荡报》系国民政府军事委员会机关报，是蒋介石国民党在新桂系地盘上唯一的宣传工具，该报原由国民政府军事委员会南昌行营政训处创办，1935年春迁至汉口。1938年1月改隶于国民政府军事委员会总政治部。1938年10月武汉撤退，报社大部分人员撤往重庆，小部分人员由易幼涟、钟期森带往桂林。1938年12月15日，桂林《扫荡报》复刊，易幼涟任社长，钟期森任总编辑，日出对开四版大报，并出有副刊《文史地周刊》，发行量达两万多份。《扫荡报》早期虽然为"剿匪反共"做宣传，但抗战以后有所收敛，经过中共桂林党组织的统战工作，《扫荡报》由反共反人民的立场转向揭露敌伪、宣传抗日，在宣传团结抗战方面做了许多有益的工作。总编辑钟期森是一位热心的抗战音乐人，故该报在推动抗日救亡歌咏运动方面的作用尤其显著。《扫荡报》的副刊极具特色，不仅丰富多彩，还带有一定的知识性、趣味性、娱乐性。主要副刊有《瞭望哨》（每日刊）和《抗战与建国》《抗战戏剧》《野营》《文艺周刊》《抗战音乐》《新闻记者》（双周刊）及《抗战儿童》《健康园地》《伤兵之友》《现代

战争》《现代政治》《现代文艺》《现代经济》等。①曾供职于国民党中宣部的程
其恒在《战时中国报业》一书中，对桂林版《扫荡报》副刊如是称道，"它仍保
持着在武汉出刊时的作风，外埠专电、通讯……特别多，编排的技术等等，也
都不亚于今日的广西日报。"尤其是《瞭望哨》，其"内容多系杂感、随笔，及
通讯等短小精悍的文章"，是"最受一般平民爱读的"。②许多进步文化人士如
欧阳予倩、黄药眠、杨朔等，都在该报副刊发表过文章。

　　据不完全统计，整个抗战期间，在桂林出版的影响比较大的报纸有 30 余
种。现将主要报纸整理列表如下：

表 4-1　抗战时期桂林报纸一览表

报　名	负责人或发行机构	在桂林创刊时期	终刊时期	刊　期	地　址
《广西日报》	韦永成	1937.4	1949.11	日刊	桂湖北路 5 号
《广西晚报》	韦永成	1937.9.15	1949.11	日刊	桂湖北路 5 号
《中央日报》	徐永平	1938.11.10	1949.11	日刊	中正西路 39 号
《新华日报》	邝达芳 陈晃	1938.12	1939.1	日刊	桂西路
《扫荡报》	易幼涟	1938.11.20	1944.9	日刊	华东路 27 号
《救亡日报》	郭沫若 夏衍	1939.11	1941.3	日刊	太平路 12 号
《自由报》	国际新闻社	1939	1941.6		
《旦华半周报》	李焰生	1939.4.1	1939.7		
《战地周报》	龙资荣	1940.1			
《力报（桂林）》	张稚琴	1940.3.10	1944.9.11	日刊	西华街
《中国青年》		1940			
《自由报晚刊》	宋琪仁	1940.8.1	1944.9		太平路 17 号
《小春秋》	程晓华	1940.9.18	1949.11.	三日刊	贡后街 23 号
《阵中日报》	程晓华	1940.12	1943	三日刊	贡后街 23 号

---

①　参见《本报副刊日程表》，《扫荡报》1939 年 3 月 9 日。
②　程其恒：《战时中国报业》，铭真出版社，1944 年，第 92—93 页。

续表

报　名	负责人或发行机构	在桂林创刊时期	终刊时期	刊　期	地　址
《民众通俗报》	张若达 欧阳伯		1941		
《大公报》	王文彬	1941.3.15	1944.9	日刊	正阳路西巷 1 号
《工商新闻通讯》	张人	1941.3.15	1942	日刊	太平路 12 号
《戏剧日报》	钟墨农	1941.5		日刊	
《民众报》	张若达	1941.5.1	1946.3.10	日刊后改为三日刊	
《国防》	钟其森 程晓华	1941.5.4	1947.7.30	周报后改为日报	
《大公晚报》	王文彬	1942.4	1944.6		正阳路西巷 1 号
《学生周报》	龚怒潮 王坪	1942.5.9			
《前锋报》	徐祝君 邝萌原	1942.6.7		三日刊	
《芊报》		1942.7			
《星期导报》	王其文	1943.1.1		周刊	
《辛报》	王其文	1943.3		周刊	
《文汇周报》				周报	
《生活导报》		1943.7.25	1943.8.17	周刊	太平路 12 号
《剧声报》	严梦	1943.7.25		周刊后改为三日报	中南路好莱
《正谊》	卜绍周	1943.9.21	1944	周刊	桂东路 154 号
《国际新闻周刊》		1943 年初	1944.1		
《民众晚报》	张雄飞	1943.9.5	1944.9.1		
《青年时报》		1945.8.16	1945.11		桂西路 30 号

资料来源：本表根据《桂林文化大事记（1937—1949 年）》与《广西新闻史料》编辑而成。

除了报纸以外，抗战时期桂林还创办出版了各类杂志，数量达到 200 余种。仅以政治期刊而论，即有《国民公论》《建设研究》《时论分析》《敌国舆情》

《新道理》《正气》《抗战时代》《战时文摘》，以及延安出版的《群众》等。现将几个主要杂志介绍如下：

（一）《国民公论》

《国民公论》是国统区影响较大的"批判的建设的综合刊物"，1938年9月创刊于汉口，同年10月在重庆、桂林分别编辑出版，编辑有千家驹、胡愈之、张铁生等人，主要刊登国内外政治、军事、经济等方面的述评和通讯报道，对抗战运动产生很大影响。

（二）《时论分析》

《时论分析》是由广西建设研究会编译室编辑，1938年9月在桂林创刊，该刊设有国际外交、政治、经济、文化等栏目，以每月重大问题或事件为中心，介绍国内各党派意见和报刊评论，摘引报刊资料十分广泛。

（三）《敌国舆情》

《敌国舆情》是一份译自日本报刊有关侵华战争言论以及战时日本政治、经济等情况的内部刊物，1938年创刊，由广西建设研究会编译室编辑，旨在了解更多敌国情况，服务于抗战建国。

据不完全统计，整个抗战期间，在桂林出版的影响比较大的杂志有四十余种。现将主要杂志刊物整理列表如下：

表4-2　抗战时期桂林杂志一览表

刊名	出版者	在桂林创刊时期	终刊时期	刊期
《旅行杂志》	上海中国旅行社	1941年11月	1944年3月	原为季刊，后改月刊
《中国工业》	中国工业月刊社	1942年1月25日	1944年5月	
《半月文萃》	半月文萃社	1942年5月5日	1944年6月	半月刊
《青年文艺社》	青年文艺社	1912年10月10日	1944年4月	文学月刊
《新文学》	新文学杂志社	1943年7月15日	1944年5月	文学月刊
《木艺》	中华全国木刻界抗敌协会	1940年12月	1941年	
《文化杂志》	桂林文化供应社	1941年8月10日	1943年5月	

刊名	出版者	在桂林创刊时期	终刊时期	刊期
《诗创作》	诗创作月刊社	1941 年 6 月	1943 年	
《旅行杂志》	上海中国旅行社	1927 年	1944 年 3 月	原为季刊，后改月刊
《中国工业》	中国工业月刊社	1942 年 1 月	1944 年 5 月	
《科学知识》	开明书店	1942 年 3 月 15 日	1944 年 6 月	
《半月文萃》	半月文萃社	1942 年 5 月	1944 年 6 月	
《国文杂志》	国文杂志社	1942 年 8 月	1944 年 5 月	
《青年文艺》	青年文艺社	1912 年 10 月	1944 年 4 月	文学月刊
《文学译报》	文献出版社	1942 年 5 月 1 日	1943 年 9 月	月刊
《实业之友》	实业之友社	1943 年 1 月	1944 年 6 月	
《自学》	自学杂志社	1943 年 4 月	1944 年 4 月	
《艺丛》	集美书店	1943 年 5 月	1943 年 7 月	月刊
《大千》	大千书屋	1943 年 6 月		文艺月刊
《新文学》	新文学杂志社	1943 年 7 月	1944 年 5 月	文学月刊
《翻译杂志》	翻译杂志社	1943 年 9 月	1944 年 6 月	
《当代文艺》	桂林当代文艺社	1944 年 1 月	1944 年 7 月	文学月刊
《文艺新哨》	文艺新哨社	1941 年 6 月	1942 年 10 月	文艺月刊
《冬夜》	桂林三户图书社	1943 年 5 月		小说集
《耶稣之死》	重庆作家书屋	1943 年 6 月初版		短篇小说集
《破戒草》	桂林创作出版社	1940 年 8 月		杂文集
《文学报》	文学报社	1942 年 6 月 20 日		文艺月刊
《文学批评》	文学批评社	1942 年 9 月	1943 年 3 月	
《戏剧春秋》		1940 年	1942 年 10 月	
《顶点》	桂林新诗社	1939 年 6 月	1939 年 9 月	诗歌月刊
《西南儿童》	生活教育社	1939 年 6 月	1943 年 8 月	
《逸史》	逸史社	1939 年 5 月		半月刊
《宇宙风》	宇宙风社	1942 年 9 月	1944 年 8 月	月刊
《国民公论》	桂林国民公论社	1938 年 12 月	1941 年 1 月	
《现代英语》	三户图书社	1943 年 1 月	1944 年 3 月	

刊名	出版者	在桂林创刊时期	终刊时期	刊期
《战时描集》	广西省立艺术馆	1940 年 5 月		小画集
《西南青年》	西南青年社	1939 年 12 月	1944 年	青年半月刊
《桂林文献》	桂林文献出版社	1941 年 5 月		杂文集
《创作月刊》	现代出版社	1942 年 3 月	1943 年 1 月	
《人世间》		1942 年 10 月	1944 年	
《正谊》	正谊周刊社	1943 年 9 月		周刊
《狮子吼》	广西佛教会	1940 年 12 月		月刊
《万方》	万方月刊社	1943 年 5 月		月刊
《建设研究》	广西建设研究会	1939 年 3 月	1944 年 6 月	
《明日文艺》	明日出版社	1943 年 5 月	1944 年上半年	
《青年生活》	青年生活社	1940 年 10 月	1944 年 6 月	月刊
《新工人》	新工人月刊社	1941 年 6 月		月刊
《音乐知识》	桂林立体出版社	1942 年 1 月 16 日	1944 年 4 月	月刊
《每月新歌选》	新知书店	1939 年 10 月	1941 年秋	
《新音乐》	立体出版社	1939 年 12 月	1943 年	

资料来源：根据《桂林文化大事记（1937—1949 年）》与《广西新闻史料》编辑而成。

各类报纸及众多刊物的创办，为桂林战时新闻传媒开辟了文化抗战的前沿阵地。作为争取民族解放冲锋路上的思想尖兵，桂林新闻工作者以忘我敬业的工作态度，实事求是的专业精神，明确坚定的思想立场，把版面当成枪炮，将铅字化作子弹，为抗战而撰写，为抗战而思辨，为抗战而呐喊，鼓舞着万千民众携手奋进向着民族解放的道路迅跑。

第二节　战地黄花分外香：屹立在大西南的战时新闻机构

为了更好地开展抗日救亡新闻宣传活动，新闻工作者在桂林创办了一批新闻通讯社，有中国共产党领导的国际新闻社总社、国民党中央通讯社桂林分社、中国青年记者学会、战时新闻社、西南新闻社、工商通讯社、广西摄影通讯社、艺术新闻社、民众通讯社等。现将几个主要的新闻机构介绍如下：

（一）中国青年新闻记者学会

中国青年新闻记者学会（简称"青记"），是中国共产党领导下的青年新闻记者群众组织。1938 年 3 月 30 日，中国青年新闻记者学会全国总会在汉口成立，范长江、陈同生为主要发起人。武汉陷落后，"青记"迁到重庆，1939 年初，设立桂林南方办事处，开始由陈侬菲负责，后由王文彬、孟秋江等人主持。该会主编了《新闻记者》月刊、双周刊，分别在《救亡日报》《广西日报》和《扫荡报》刊出。抗战时期，"青记"向华北敌后派出大批战地服务队，并在重庆、成都、长沙、桂林、韶关、香港、延安和中条山、吕梁山等地建立分会，拥有会员近 2000 人。当时，出入各战区采访的记者多为"青记"会员，他们冒着生命危险，将前方的军情战报传回后方，以满腔热血记录前线可歌可泣的英雄事迹。1941 年"皖南事变"以后，"青记"桂林南方办事处被迫停止一切活动，总会和国民党统治区各分会亦被国民党当局查封，只有香港、延安和抗日民主根据地各分会仍继续坚持活动。

（二）国际新闻社

为了打破国民党中央通讯社对战时新闻的封锁和垄断，在周恩来的指导下，1938 年 9 月，以中国青年新闻记者学会骨干为基础，在武汉成立国际新闻社，负责人为范长江，1938 年 11 月 21 日国际新闻社总社在桂林成立，另在香港设立分社，社长为范长江、经理为孟秋江、编辑为张铁生，正式向国内外供稿，成为全国性的通讯社。1939 年 2 月胡愈之亲赴香港办理桂林国际新闻社与香港国际新闻社的合并事宜，以桂林为总社，设重庆办事处，并在国统区和敌后抗日民主根据地建立通讯网，国内通讯站总计 400 余个，国外通讯站 150 多个。国际新闻社所拥有的庞大网络，使其成为战时极具权威的新闻通讯机构——桂林国际新闻社总社负责向国统区各省报刊发稿，香港分社负责向海外和华侨报刊发稿，并向国内提供国际新闻稿件。由于国新社成员大部分是"青记"会员，所发稿件多系战地通讯，最受国内外报纸和读者欢迎。其特稿和专论，特别是一些国际问题专家如胡意之、金仲华、张铁山等人的文章，在读者中亦享有很高的声誉。在胡愈之的建议下，国新社通讯一般不标注"国新社供稿"字样，仅保留作者署名，为更多报纸采用稿件提供了便利。[①] 其时，国新社稿件为《新华日报》《救亡日报》以及国统区和海外华侨 150 多家报纸刊物所采用，[②] 成为除《新华日报》外，中国共产党在国统区最有影响力的新闻宣传机关。1941 年"皖南事变"后，桂林、重庆两社被迫关闭，香港社坚持到太平洋战争爆发后停止活动。

（三）国民党中央通讯社桂林分社

中国国民党中央执行委员会宣传部通讯社（简称中央通讯社）于 1924 年 4 月 1 日在广州创立，后迁至南京，在全国建有 35 家分社及办事处，另设有 4 处海外办事机构。全面抗战爆发以后，总社由南京迁至汉口再至重庆。1938 年 9 月，国民党中央通讯社桂林分社建立，主任为陈纯粹，外勤记者有沈九香等。抗战时期，中央通讯社成为敌占区报人获取外界资讯的重要渠道，爱国报人也主要依靠中央通讯社报道来开展抗日宣传活动。应该说，中央通讯社（包括桂林分社）为保持中国新闻业实力，宣传团结抗战、坚持抗战，发挥了一定作用。不过，由于中国地方报业采访能力普遍不足，严重依赖中央通讯社的新闻供稿，导致全国报纸信源单一，故有报人指出，"全国报纸凡中央社所能到的地方，地无论南北，报纸无论大小，新闻内容均是大同小异，千篇一律的'标准化'"。[③]1941 年初，国际新闻社被迫关闭，《救亡日报》被迫停刊，中央通讯社桂林分社取得桂林新闻界垄断地位。

众多新闻通讯机构的建立，不仅为桂林抗战新闻事业发展提供了重要的组织基础，也使桂林抗战新闻工作的开展有了一定的体制保障，尽管有些多是依托民间社团机构展开的运作体系，但大体理顺了通讯宣传报道关系，各个流程衔接相对顺畅便捷，新闻传播业务建立在比较科学的基础上。在团结抗战的旗帜下，桂林新闻工作者风雨同舟、齐心协力，以勇敢开拓的进取精神，通过新闻传播为民族解放而奋力呐喊。

---

① 陈荣力：《大道之行——胡愈之传》，浙江人民出版社，2005 年，第 196 页。
② 王文彬：《抗日战争时期桂林的新闻事业》，《桂林文史资料》第八辑，1985 年，第 148 页。
③ 刘豁轩：《中国报业的演变及其问题》，《报学》第 1 期，1948 年，第 7 页。

第三节　发出抗战呼声的基地：直击现场的广播电台

在桂林丰富多样的抗战传媒活动中，广播电台成为团结抗战的重要宣传阵地。国民政府军事委员会桂林办公厅主任李济深、桂林行营政治部第三科科长、中国共产党员张志让等曾多次在桂林广播电台发表演说，一些进步文艺团体和艺术家也经常应邀到电台演播文艺节目。

一、根据抗战形势不断调整节目设置

抗战时期，广播电台与报纸一样，成为抗战救亡宣传的主要阵地。随着形势的变化，桂林广播电台不断调整节目设置与播放时间表，以适应不断变化的抗战宣传需要。

1941年2月16日，桂林《大公报》刊登了桂林广播电台的节目时间表。新闻性的节目有：《新闻报告》《特别消息》和《记录新闻》；开设的专题节目有：《战时青年讲话》《日语报告》《敌情研究》《时事评述》《英语教授》《公民常识》；文艺节目设有国乐、西乐、平剧、抗战歌曲等。播音的时间是全天两次播音，共计360分钟；播音的语种除了用国语（即普通话）外，还有日语、英语和粤语。

1941年6月12日，桂林广播电台对节目内容进行了一次调整。这次调整根据实际情况，将播音时间改为全天一次播音，具体时间是18:09至23:30，共计330分钟，频率已改用650千周（1940年7月14日奉中央广播事业指导委员会命令而改）。所设置的节目有：《国语新闻类述》《粤语新闻类述》《国语简明新闻》《粤语简明新闻》《桂语记录新闻》《粤语记录新闻》《儿童教育》《卫生教育》。文艺节目除了本台合唱团的演唱之外，还安排了国乐、西乐、平剧等节目。

时隔三个月，桂林广播电台在新的节目时间表里又增设了几个新的栏目，文字方面的节目有《时论介绍》《防空常识》《青年讲话》；文艺节目中增加了《日本音乐》，还专门开设了教唱歌的节目，教唱《农歌》和《保卫广西》等歌曲。全天改为两次播音，第一次播音时间从11:00开始到13:00结束，第二次播音从18:00开始到23:00结束。

1942 年 5 月 31 日，桂林广播电台再次调整节目，新办的节目有：《民族英雄故事》《社会服务》《广西建设计划大纲讲解》，撤销了原有的《社会教育》《科学丛说》《省党部节目》等节目。

二、与文艺演播相互配合宣传抗战

抗战时期的桂林，文化人士云集，团体众多，据有关资料记载，有名有姓、到过和在桂林的著名作家有 150 多人、戏剧家有 120 多人，音乐、舞蹈、戏剧、美术社团有 200 多个，文化活动十分活跃。

当时，桂林广播电台经常举办一些时事报告会、学术讨论会、研究会以及各种讲习班，每周几乎都有各种形式的音乐会、展览会等，这些活动的开展极大地丰富了桂林广播电台的文艺节目。桂林广播电台建成开播之后，与市里不少文艺团体有着密切联系，不是文艺团体到台里演播，便是电台录播文艺团体演出的精彩节目，或者电台与团体共同举办各种音乐会、文艺讲座等等。以欧阳予倩为馆长的广西省立艺术馆建馆之初，便与桂林广播电台有着密切联系。当时的省立艺术馆分别设有美术部、音乐部、戏剧部，每个部每年都制订有自己的工作计划，其中音乐部的计划中有一项便是每周到广播电台演播一次，从而丰富了电台的文艺节目。

1943 年 8 月 3 日，桂林广播电台在乐群社草地上举办了一次音乐晚会，音乐部在晚会上演奏了《汨罗江边》《第三十六交响曲》等曲目。后来，音乐部又于分别于当年的 10 月和 12 月两次到桂林广播电台演播。12 月是桂林广播电台主办的特别音乐节目广播，音乐部的弦乐队演奏了《结婚进行曲》《陆军进行曲》等曲目。

1944 年 5 月 27 日，桂林广播电台主办特别音乐节目广播，邀请了途经桂林的"米卡奇夏威夷吉他乐队"参加演出。这个吉他乐队于 5 月到达桂林，曾经参加过军政部荣誉军人第九休养院凯风歌乐团举办的抗敌将士音乐会，他们在电台演播的节目有《夏威夷之爱》《火奴鲁鲁之日》《月亮下山了》《红河谷》等曲。

三、邀请名人做广播演讲宣传抗战

抗战时期，桂林文化城里聚集的大批文化名人，他们不仅在报刊上发表文章，在社会上作抗日演讲，也常常接受桂林广播电台的邀请，到电台的播音室发表演讲。据资料记载，从桂林广播电台开播到1946年6月，到桂林广播电台演讲的各界名人就有黄旭初、李济深、李任仁、张发奎、欧阳予倩、程思远、千家驹、李四光等。

1939年7月1日，桂林广播电台恢复试播。7月3日，电台主办时事广播演讲，第一位到电台演讲的就是爱国民主人士、《大公报》负责人王文彬。他演讲的题目是《满蒙空战与英日冲突》。在他之后，程思远、熊佛西、李任仁、李四光、黄朴心、欧阳予倩等各界名士先后到桂林广播电台演讲。1940年5月4日，程思远在桂林广播电台举办的广播讲座中做了一次题为《今后青年运动的方向》的演讲。1941年12月31日，电台主办广播讲话，由熊佛西主讲"抗战戏剧的新阶段"。

1941年8月，广西绥署为了阐述抗战国策，增强抗战必胜信念，决定每逢星期五的20:25至20:40，用15分钟的时间，在桂林广播电台安排一个抗战演说的节目。从8月8日起，先后到电台演讲的人士有张发奎、刘士衡、程思远等。1942年10月1日，李济深到桂林广播电台做了题为《饮食节约之要》的演讲，号召大后方人民开展战时节约运动，以艰苦奋斗的精神风貌和实际行动来支援前方将士。

第四节　传播信息的基地：星罗棋布的出版机构

1938年10月，随着广州、武汉的相继陷落，一批出版社、书店从上海、广州、武汉等沦陷区相继撤退到桂林。1941年12月，太平洋战争爆发，又有一批出版社、书店由香港迁徙至桂林。短短几年时间，桂林的书店、出版社林立，书刊种类，数量激增，出版发行空前繁荣，成为全国重要的文化出版发行中心。据不完全统计，战时桂林共有大小出版社、书店178家（民营的166家，政府行政部门12家，只有名称具体情况不详的几十家未计入内）。[1]众多的出

---

[1] 龙谦：《抗战时期桂林出版史料》，漓江出版社，1999年，第71页。

版社、书店，分布在桂林各主要街道，整个桂西路（今解放西路）两旁，几乎全是书店，成了名副其实的"书店街"。中南路（今中山中路）、中山路、太平路、环湖北路（今榕湖北路）、棠梓巷、阳家巷、福隆街等，也有不少书店、出版社。当时，大大小小的书店摆满各种书刊，读者络绎不绝，不少出版社自办书刊发行，很多书店还兼营文具和文教用品，出版发行盛极一时。诚如司马文森所言："桂林是全国两大文化城之一，它拥有广大的出版机构，它集中了全国文化人的三分之一。"① 著名出版家赵家璧忆及战时中国出版界状况，认为中国的"精神食粮——书，有80%是由它出产供给的，所以说桂林是文化城，不如说它是出版城更来得适当"②。现将抗战时期桂林的主要书店、出版社整理列表如下：

表4-3　抗战时期桂林主要书店、出版社一览表

名称	创办或迁入桂林时间	在桂林终止时间	主要出版物	地址
光明书局	1937年4月	1944年秋	文学和社会科学读物	太平路二十三号，1943年迁桂西路九十八号
立信会计图书用品社	1941年	1944年秋	立信会计图书及会计用品	环湖路13号
文献出版社	1941年春	1944年秋	文艺书刊，儿童读物	府前街14号
龙门联合书局	1941年10月	1944年秋	外文（影印）科学书刊	凤北路八十二号，1943年迁桂西路八十五号
中国书店	1942年5月12日		发行过《文学报》	中山北路八十九号之一
春秋书店	1942年7月1日			桂西路四十八号
良友复兴图书公司	1942年9月	1944年	文学读物	桂南路懋业大楼

---

① 司马文森:《扩大宣传周之后建议成立西南文抗》,《大公报》1944年6月21日。
② 赵家璧:《忆桂林——战时的"出版城"》,《大公报》1947年5月18日。

续表

名称	创办或迁入桂林时间	在桂林终止时间	主要出版物	地址
明日文艺社	1942 年	1944 年	出版《明日文艺》，以及"明日文艺丛书"	中山北路 119 号之二十三，1943 年迁太平路二十二号
作者书店	1943 年 2 月	1944 年	文学书籍	棠梓巷三十六号
创作月刊社	1942 年		出版《创作月刊》	
文苑出版社	1942 年	1944 年秋	文艺书籍	桂西路棠梓巷 22 号
春草书店·春潮社	1943 年 5 月 1 日	1944 年秋	文艺书籍	太平路 24 号
大地出版社	1943 年	1994 年	文艺读物	太平路二十二号
会文堂书局	1943 年	1944 年	政法书籍	桂西路九十四号
华联书报社	1943 年	1944 年秋	外文（影印）图书	桂西路五十二号
美学出版社	1943 年		专营出版业务	
秀峰书店	1946 年初	1946 年秋	出版进步书刊	桂西路
新时代书局	1943 年	1944 年	图书发行，兼营文具	中山南路 191 号
新大地出版社	1943 年	1944 年	文学作品	太平路二十二号
东南出版社	1944 年	1944 年	外国文学译著	三多路二十三号
水平书店	1943 年	1944 年秋	文艺读物	中山北路 229 号
今日文艺社	1943 年	1944 年	文艺读物	訾洲六十三号
南天出版社	1943 年		出版有七月诗丛	棠梓巷二十二号
锦章书局	1943 年 10 月	1944 年	历史书集	桂西路六十号
文华书店	1943 年 8 月 7 日	1944 年		太平路四十四号
大千书屋	1943 年 6 月	1944 年	出版《大千》杂志	乐群路四十二号
合众书局	1943 年 5 月 15 日	1944 年	书信尺牍、升学指导	桂西路二十六号
侨兴出版社	1943 年 3 月	1944 年	中国古典小说	棠梓巷三十六号，后迁桂西路二十号

名称	创办或迁入桂林时间	在桂林终止时间	主要出版物	地址
文光书店	1943 年 3 月	1944 年秋	文学、学校参考用书、工具书、小学教材	三多路二十三号，后迁榕城路三十五号
南光书店	1942 年	1944 年秋	中小学各科指导	太平路十二号
亚光舆地学社	1942 年	1944 年	主要发行"亚光"本版地图册集	六合路 260 号
河山出版社	1942 年	1944 年		三多路三十号
集美书店	1942 年	1944 年秋	文艺读物为主，同时总经售文艺期刊	桂西路 107 号
国光出版社	1942 年	1944 年秋		穿山村宝塔山下
育文山版社	1942 年		文艺读物	中山北路
文学编辑社	1942 年	1943 年	文学作品及翻译	东江福隆街 31 号
万有书局	1941 年	1944 年秋	实用书为主	桂林市桂西路 100 号
文汇书店	1942 年		文学作品的翻译	桂林市中山路 145 号
文人出版社	1942 年	1944 年秋	出版"文艺丛书"	崇善路十六号榴园
鹦鹉书店	1942 年 11 月 18 日	1944 年	文学读物	中山北路义学巷三号，1943 年迁太平路四十四号
艺术书店	1942 年 11 月 18 日	1943 年	画册、美术图书	太平路二十一号，后迁桂西路一百号
真实书店	1942 年 7 月 26 日	1944 年秋		桂西路一零五号，后迁三多路三十六号
新生书店	1942 年 1 月 25 日	1944 年		中山北路一八四号，后迁东旭路五十七号
草原书店	1941 年		文艺读物	太平路八号
新光书店	1941 年	1944 年秋	文艺读物	中山北路九十一号之四，1943 年迁太平路二十二号

续表

名称	创办或迁入桂林时间	在桂林终止时间	主要出版物	地址
时代书局	1941 年			桂西路三十二号
天下书店	1941 年	1944 年	尺牍、手册	太平路二十一号
立体出版社	1941 年夏	1944 年秋	音乐丛书	太平路二十三号，1942 年迁东华路二十号
实学书局	1941 年 12 月	1944 年秋	实用参考书	桂西路阳家巷一号。1943 年迁榕荫路二十七号
大公书店	1941 年 11 月	1944 年	进步图书	中山北路九十三号之三
白虹书店	1941 年 11 月 30 日	1944 年秋	文学文集文艺刊物	中山南路七十五号，后迁美仁路十六号
军民书店	1941 年 10 月 10 日	1944 年秋	军用图书	桂林市桂西路 56 号
世界书局	1941 年 9 月 10 日	1944 年秋	"世界"本版图书	桂西路
诗创作社	1941 年 7 月		出版《诗创作》月刊，一套"诗创作丛书"	桂林市建干路 17 号之九
大地图书公司	1941 年 6 月	1944 年夏	文艺读物	桂西路阳家巷一号，1943 年迁中山北路西一里二号
学艺出版社	1941 年 4 月	1944 年	世界文学名著	桂西路棠梓巷二十号，1943 年迁中山北路一一九号
远方书店	1941 年 4 月	1944 年秋	世界文学	府后街 20 号
中国图书文具社	1941 年 4 月 8 日			中山北路 187 号
中国文化服务社	1941 年 4 月 4 日	1944 年	《中国之命运》一类的小册子	桂林市桂西路 17 号
国防书店	1941 年 2 月 12 日		军事技术书籍	中山南路
华华书店	1942 年春	1944 年秋	教育、儿童读物	湖北路二十四号楼上

名称	创办或迁入桂林时间	在桂林终止时间	主要出版物	地址
读写出版社	1940 年	1941 年	经济、哲学	施家园五十八号之二
青年书店	1940 年	1944 年	国民党三青团主办的文化机构	中山南路一六五号，后迁桂西路一零七号
创作出版社	1940 年		散文，杂文，诗集	榕荫路四十六号
大时代书局	1940 年	1944 年	外文书籍影儿童丛书	中山南路一七九号
科学书店	1940 年 7 月	1944 年秋	文艺读物	八桂路十四号，1942 年元旦迁桂西路七十六号
文化供应社	1939 年夏	1944 年 9 月	通俗读物	桂西路三十五号太平路八号还有办公处
读者书店	1939 年 5 月 1 日	1940 年 2 月 14 日	新华日报社与读书出版社出版的图书杂志	桂西路十七号
建设书店	1939 年 4 月 7 日	1944 年秋	经售民团周刊社出版的书籍	桂西路九号
大华图书公司	1939 年 3 月 30 日	1944 年		桂西路二十四号
耕耘出版社	1939 年	1944 年秋	文学和历史书籍	八桂路十四号，后迁桂西路
南方出版社	1939 年	1941 年	出版《十日文萃》	大平路十二号
海燕出版社	1938 年底	1939 年冬	文艺读物	
军用图书社	1938 年底	1944 年	军用图书	桂西路
拔提书店	1938 年底	1944 年	国民党的宣传小册子	桂西路二十九号
正中书局	1938 年底	1944 年秋	课本和各科参考用书	桂西路七十号
生路书店	1938 年底	1942 年	中小学课本	中山南路一九二号

续表

名称	创办或迁入桂林时间	在桂林终止时间	主要出版物	地址
北新书局	1938 年底	1944 年秋	"北新"本版图书	桂西路廿六号，后迁太平路十二号
开明书店	1938 年底	1944 年秋	文学作品	环湖北路十七号
二西书店	1938 年	1944 年	古旧书籍	中山南路
文化生活出版社	1938 年冬	1944 年	文学创作和世界文学名著	东江福隆街三十二号之六，1943 年迁中山北路西一里六号
上海杂志公司	1938 年底	1944 年	文学、戏剧	桂西路八号
新华日报桂林营业处图书部	1938 年 12 月	1944 年秋	党的书刊，马列著作	桂西路二十六号
读书生活出版社桂林分社	1938 年冬	1944 年	发行总社在重庆出版的新书	西路阳家巷二号，后在桂西路十七号设立门市部
新知书店	1938 年 12 月 1 日	1941 年	政治理论读物	桂西路三十五号
生活书店桂林分店	1938 年 3 月 15 日	1944 年秋	社会科学和文艺读物	中山南路一八二号
中华书局挂林支局	1937 年冬	1944 年秋	课本和各类参考用书	桂西路五二号
商业印书馆桂林分馆	1938 年 7 月	1944 年秋	课本和各类参考用书	桂西路
强华书局	1937 年 4 月	1944 年	中小学课本	西华门，后迁中山北路
桂海书局	抗战前	1944 年秋	中小学课本	中山中路
三户图书社	1938 年 4 月	1944 年秋	总经售七大杂志，出版方面种类较多	中山北路一八六号，1943 年迁中山北路 107 号
前导书局	1937 年 6 月		出版有《前导》	中山南路一七八号
文源书局	1937 年 5 月		中小学课本	中山北路凤凰街口

续表

名称	创办或迁入桂林时间	在桂林终止时间	主要出版物	地址
唐文南书局	1931 年	1944 年秋	中小学课本	中山南路，1945 年底复业于十字广场

资料来源：根据龙谦、胡庆嘉《抗战时期桂林出版史料》整理。

从表 4-3 可以看出，这一时期桂林文化城的书店和出版社按照政治倾向，大致可以分为四类：第一类是中国共产党直接领导下的进步书店和出版社，以出版发行马列著作和进步书刊、传播革命思想为主要业务，对广大读者影响很大，是桂林文化城出版事业的主导力量。1939 年 3 月成立的生活书店编委会桂林分会，是西南地区的重要出版机构，主要出版物为社会科学著作、青年读物、抗日救亡读物及文艺作品。文化供应社是战时桂林最大的出版社，1939 年10 月正式创办，董事长是李任仁，社长为陈劭先，总务部主任兼秘书是陈此生，新桂系以股本形式拨给文化供应社资金，由胡愈之、张志让、邵荃麟等共产党员和进步文化人士负责编辑。这是一个集出版、发行于一体的文化机构，既编辑出版发行各种进步书籍和通俗读物，又代销国内其他书店出版发行的进步书籍，营销网络遍布大西南和西北部分地区。文化城六年，文化供应社出版了 15套丛书 500 余种图书，是出版书籍最多的地方出版机构，为传播进步文化、宣传抗战做出了突出的贡献。第二类是进步书店和出版社，为抗战宣传与文化传播做了不少有益的工作。第三类是中间性的书店和出版社，一般只经营书刊发行业务，主要出版中小学教学参考书和实用专业书、工具书等。第四类是国民党、三青团办的书店和出版社，主要出版发行国民党、国民政府军事委员会的文件，以及反共宣传材料或政府官员书籍、文章、讲话等。这类书店和出版社虽然数量不多，但是他们与进步力量争夺读者特别是青年读者，影响很坏。

第五节　传播孕育文化的温床：盛极一时的图书市场

抗战时期，桂林文化城的图书出版事业十分兴旺。从 1937 年至 1944 年间，桂林共计出版各类图书 2200 多种（包括重印品种），繁忙的时候，每月印刷图书用纸量达到 1 万令到 1.5 万令，排字月产量达到 3000 万到 4000 万字，每月平均出书 40 种，每种新书印数平均 3000 到 4000 册，期刊印数有的超过 1 万册。[①] 这些图书分类及主要品种如下：哲学和直接宣传抗战的图书，历史地理类图书，法律和军事类图书，政治、社会生活类图书，文化教育类图书，语言文字类图书，经济类图书，科学技术类图书。在各类图书中，文学艺术类图书最多，其中文学方面，长篇小说有近 30 部，中篇和短篇小说集出版了一百多部，另外还有诗集、杂文集、音乐舞蹈集、戏剧集、美术作品集。而综合类图书更是洋洋洒洒、气象万千，其中哲学 57 种、法律 33 种、军事 73 种，文化教育 201 种，历史地理 135 种，政治社会科学 331 种，语言文字 87 种，经济 152 种，文学艺术 1051 种，科学技术 71 种，综合类 32 种。[②] 这些图书多以宣传动员各阶层人民群众投身伟大的抗日战争为题材，体裁多种多样，既有通俗的宣传材料，又有理论阐述著作，既有文艺演唱小册子，也有小说、诗歌、散文、杂文、报告文学、戏剧、美术、音乐、评论等。抗战时期桂林主要图书信息见表 4-4：

表 4-4　抗战时期桂林图书一览表

书名	出版机构	书名	出版社
哲学类及直接宣传抗战的图书			
《大众哲学》	读书生活出版社	《科学的哲学》	生活书店
《唯物史观讲话》	新知书店	《通俗辩证法读本》	上海杂志公司
《中国古代唯物论研究》	读写出版社	《科学历史观教程》	文化供应社
《战时大众知识丛书》	生活书店	《抗战形势讲话》	文化供应社
历史地理类的图书			
《中国社会简史》	学艺出版社	《中国近百年史教程》	文化供应社
《中国近百年史十讲》	华华书店	《中国社会文教程》	文化供应社
《中国原始社会史》	文化供应社	《中国地理新讲》	实学书局
《二次大战史料》	科学书店	《中国疆域拓展史》	文化供应社
《中华民族发展史纲》	文化供应社	《抗战以来的广西》	胜利出版社

---

① 龙谦：《抗战时期桂林出版史料》，漓江出版社，1999 年，第 214 页。
② 龙谦：《抗战时期桂林出版史料》，漓江出版社，1999 年，第 216 页。

书名	出版机构	书名	出版社
《三十二国风土记》	开明书店	《李秀成传》	大千书屋
《名音乐家传》	立体出版社	《怎样研究历史》	文化供应社
法律和军事方面的图书			
《刑法概要》	广西省政府编译委员会	《法律常识》	广西省地方行政干部训练委员会
《最新契约大全》	南光书店	《现代战争理论与实际》	国防书店
《广西之寓将于学的政策》	广西省政府教育厅	《论战争》	世界兵学编译社
《战时救护》	开明书店	《游击战》	文化供应社
《国防地理》	青年书店	《兵学辞典粹编》	国防书店
《怎样做战地工作》	南方出版社	《十年来之广西民团》	西南导报桂林分社
《从欧战到世界大战》	白虹书店	《军民合作在广西》	广西省民政厅
文化教育类的图书			
《广西教育施政纲要》	广西省地方干部训练团	《广西之国民基础教育》	广西省教育厅
《广西国民中学教育》	广西省政府编译委员会	《国民学校教学法》	迈进生产合作社
《国民教育法令汇编》	广西省教育厅	《家庭教育》	华华书店
《科学教育》	文化供应社	《文化建设概论》	广西省教育厅
《战时民众读本》	广西省政府编译委员会	《青年自学成功之路》	科学书店
《劳动生产教育》	化供应社	《国民基础教育与广西建设》	广西省政府编译委员会
《怎样学习》	文化供应社	《学习手册》	科学书店
政治、社会生活类图书			
《帝国主义论》	新知书店	《政治建设概念》	广西省教育厅
《三自政策的理论与实践》	全面战周刊社	《社会大学》	实学书局

续表

书名	出版机构	书名	出版社
《社会常识》	广西省地方行政干部训练委员会	《抗战建国纲领浅释》	文化供应社
《中国建设与广西建设》	建设书店	《地方政府总论》	广西建设研究会
《新县制与训政实施》	民团周刊社	《三民主义辞典》	军民书店
《干部政策》	文化供应社	《动员纲领和动贝法令》	新知书店
经济类图书			
《农村建设概要》	广西省政府	《战时公路交通》	国防书店
《实用经济学大纲》	自学书店	《物价与物价指数》	文化供应社
《财务行政实践》	大时代书局	《中国直接税制度》	三户图书社
《经济建设概论》	广西省政府教育厅	《实用政府会计》	立信会计图书用品社
《基层经济建设之理论与技术》	科学书店	《中国租税制度及其改革》	广西建设研究会
《会计概要讲义》	广西地方行政干部训练委员会	《成本会计教科书》	立信会计图书用品社
语言文字类图书			
《学生字典》	新知书店	《学生小辞汇》	东方书店
《英汉常用字典》	科学书店	《初中模范作文》	文友书店
《模范国音学生字典》	科学书店	《国民字典》	文化供应社
《青年精读文选》	良友复兴图书公司	《国语文法》	乐群书店
《怎样写文章》	文光书店	《怎样作文》	青光书店
《中文英译法》	集美书店	《英语会话》	科学书店
《模范文选》	万有书局	《五用小辞典》	科学书店
科学技术类图书			
《明日的科学》	大时代书局	《实用百科辞典》	文化供应社
《化学小工艺制造法》	文林书店	《化学反应图解》	科学书店
《奇怪的动物》	健康书局	《奇怪的植物》	华光书店
《电》	科学书店	《健康常识》	文心书店
《生物的进化》	文化供应社	《自然与自然科学》	文化供应社

书名	出版机构	书名	出版社
《实用昆虫采集法》	科学书店	《流水式养鱼法》	广西省政府
《油漆制造法》	中国科学公司	《大众营养知识》	文献出版社
文学艺术类图书			
《霜叶红似二月花》	华华书店	《火》	开明书店
《雨季》	文献出版社	《铁苗》	文人出版社
《无名英雄》	椰风出版社	《新水浒》	文化供应社
《乡井》	三户图书	《幻灭》	开明书店
《伙伴们》	白虹书店	《乡下姑娘》	科学书店
《饥饿的郭素娥》	南天出版社	《战果》	学艺出版社
《大江》	良友复兴图书公司	《故乡》	《文艺杂志》连载
《姜步畏家史》	三户图书社	《动乱》	科学书店
《还魂草》	《文化杂志》创刊号	《泪眼模糊中的信念》	未明社
《转形》	文献出版社	《吴非有》	文化供应社
《希望》	国光出版社	《南线》	《国民公论》杂志连载
《胡蒲妙计收伪军》	《新道理》杂志连载	《飘零》	华华书店
《仇恨》	水平书店	《小鹰》	长江书店
《富良江的黑夜》	作者书屋	《杉寮村》	大地图书公司
《秋收》	读书生活出版社	《群力》	三户图书社
《春灯集》	开明书店	《一个英雄的经历》	生活书店
《蠢货》	文化供应社	《英雄》	文化供应社
《夏忙》	文化生活出版社	《磨坊》	耕耘出版社
《骷髅集》	文献出版社	《萧连长》	三户图书社
《荆棘的门槛》	白虹书店	《红灯笼的故事》	大地图书公司
《乔英》	文献出版社	《不愿作奴隶的人们》	文化供应社
《饥民们的橡树》	文献出版社	《翻译小说选》	文化供应社
《人鼠之间》	新知书店	《意外的惊愕》	文化供应社

续表

书名	出版机构	书名	出版社
《她死在第二次》	上海杂志公司	《黎明的通知》	文化供应社
《她也要杀人》	诗创作社	《给战斗者》	南天出版社
《呜咽的云烟》	创作出版社	《抗战诗歌集》	三户图书社
《鸥外诗集》	大地出版社	《冬天，冬天》	远方书店
《第一次爱》	文苑出版社	《春之颂》	耕耘出版社
《意志的赌徒》	南天出版社	《投枪集》	诗场社出版印行
《人民之歌》	前线出版社	《最强者》	白虹书店
《见闻杂记》	文光书店	《茅盾随笔》	文人出版社
《旅途通讯》	文化生活出版社	《过客》	文献出版社
《四月交响曲》	前线出版社	《海的遥望》	文献出版社
《美丽的黑海》	文化供应社	《突围记》	创作出版社
《山水人物印象记》	当代文艺社	《车厢社会》	良友复兴图书公司
《此时此地集》	文献出版社	《历史的奥秘》	文献出版社
《无题》	文化生活出版社	《长夜集》	文献出版社
《破戒草》	创作出版社	《高尚的忧郁》	文献出版社
《时恋集》	春草书店	《韩康的药店》	《野草》月刊刊载
音乐、戏剧、美术、综合类			
《战地歌声》	生活书店	《战地新歌选》	南方出版社
《创作新歌选》	立体出版社	《抗战二部合唱歌曲集》	歌曲刊行社
《抗战歌曲新曲》	国防艺术社	《大众歌曲集》	立体出版社
《新歌丛》	会文堂书局	《生产大合唱》	《新音乐》杂志刊载
《八百壮士歌》	《战时艺术》	《大明英烈传》	上海杂志公司
《妙峰山》	戏剧春秋社	《一年间》	生活书店
《上海屋檐下》	戏剧出版社	《孔雀胆》	戏剧春秋社
《话剧选》	文化供应社	《带他的人》	华华书店
《越打越肥》	远方书店	《小市民》	新知书店
《心防》	新知书店	《愁城记》	文献出版社

续表

书名	出版机构	书名	出版社
《再会吧，香港》	戏剧出版社	《忠王李秀成》	文化供应社
《大地回春》	文化供应社	《战争中的中国人》	科学书店
《近代十六个女名人木刻像》	晨风出版社	《世态画集》	文光书店
《老当益壮》	文化供应社	《我控诉》	艺群出版社
《漫画自选集》	读书生活出版社	《抗战必胜》	文化供应社
《牛大哥报仇》	实学书局	《苦难与新生》	国防书店
《漫画〈阿Q正传〉》	开明书店	《高尔基画传：童年》	文学出版社
《木刻新选》	白虹书店	《奎宁君奇遇记》	耕耘出版社
《实用国民年鉴》	文化供应社	《实用百科辞典》	文化供应社
《民众词典》	广西省教育厅	《抗战参考书目暨论文索引》	广西省政府图书馆编印
《日常百事顾问》	南光书店	《国民辞典》	文化供应社

资料来源：根据龙谦、胡庆嘉编著的《抗战时期桂林出版史料》整理。

抗战文化城时期，桂林出版了数量众多的图书，记述了广大军民抗日斗争的英雄事迹，歌颂了人民英勇斗争的精神，揭露了日本侵略者的侵华暴行，鞭挞了汉奸走狗投降叛国的卑劣行径，极大地激发了人民大众奋起抗日的热情，对中国人民争取抗战胜利，起了巨大的鼓舞、激励和教育动员作用。此外，桂林还出版了不少关于工农业生产技术、自然科学知识和日常生活实用知识等方面的图书，在宣传革命真理，传播科学文化知识，传承祖国文化遗产，弘扬中华民族优秀文化，丰富我国文化艺术宝库等方面做出了积极贡献。

小　结

抗战时期，桂林传媒开展各式各样的文化宣传活动，桂林的传媒工作者创作的具有强大思想性和战斗性的许多优秀的作品，成为投向敌人的投枪，刺向敌人的匕首，射向敌人的子弹，为宣传抗战、教育民众，推动抗战文化和抗战事业发展发挥了巨大的精神感召作用。

第五章　纲举目张：以抗战为中心的传媒内容

传媒的宣传内容是媒体的旗帜与灵魂，它直接表达了媒体的思想主张和政治立场，成为受众意识与社会舆论的导航。抗战时期，桂林各大媒体在宣传报道的宣传内容方面，紧紧围绕中国人民抗日战争这个主题，为号召广大民众投身抗战、支持抗战，建立巩固的抗日民族统一战线，坚决反对国民党顽固派，反对汪伪投降卖国行径等方面，发挥了重要的作用。

第一节　宣传抗战：号召广大民众投身其间

抗战时期，无论是桂林本地所办的报纸，还是从外地迁来桂林复刊或者创办的报纸，其在新闻、通讯、评论、专论，以及设置的各类专刊、副刊、专栏等发表的文字内容，基本上都能够做到紧紧围绕抗日战争这个主题，全力服务于中国人民的抗战事业。

一、揭露日本侵略者野蛮行径，激励民众抗战斗志

日本帝国主义在侵略中国期间，对中国狂轰滥炸，实行惨绝人寰的"三光政策"，企图摧毁中国人民的抗战意志。对此，桂林的各大媒体刊登了许多文章和作品，揭露日本帝国主义的残暴罪行。

桂林抗战时期的报刊大量刊登了各地日军烧杀淫掠的暴行，并配发社论、短评，主要评论当前抗战中发生的事件。社论一般以千字以内，短评为一百多字左右，观点鲜明，尖锐泼辣，切中要害。如《扫荡报》1938年12月25日第三版的短评《扑灭毒焰——敌机惨炸桂林，昨天是第三次了》（全文连标点在

内只有 187 个字）："十八个月来对倭战事中，敌人一而再，再而三而四……的惨炸我们的城市，可说是竭其摧残的毒手。然而我们可相信这毕竟炸不平我们抗倭的心火；反之同仇敌忾的情绪却因此而高度地燃烧起来。再者，昨天是圣诞节的前夜，可是敌机竟也不择手段地炸中美教会，死教师二人、伤教友八人。此种狂举，虽从前亦屡见不鲜，但于此我敬请世界人士注意：东方的日本强盗，不早日设法来扑灭他的毒焰，他必狂燃而肆无顾忌了。"[①] 该文既有叙述，又有评论，极富感染力。1940 年 1 月 18 日，《救亡日报》对桂南会战敌人惨败后日军的兽性进行了无情揭露："此次敌日本在上井、陆屋一带，遭我猛烈攻击，死伤过重，无力抵抗，向钦董溃退。因之兽性大发，所经各地，田会为墟，汪抢掠，到处皆是，新平、陆屋、上井各区，均付之一炬，陆屋附近抢掠民女，竟达数百，少女奸淫，老则枪杀，哭声载道，惨不忍闻。上井附近阵地发现我士兵死尸三具，头颅既砍，后又剖腹挖肠，更派多数便衣队刺探民情，杀我同胞，还有少数愚民为汉奸利用，而敌得知后，民遭惨杀。"[②] 1940 年 3 月 7 日，《救亡日报》刊登了一篇揭露日军在宾阳大肆屠杀我无辜同胞的文章，文中写道："好些被毁了的房子，只要走上一点便嗅到腐臭的气味，这是被日军杀害的同胞们的遗尸所发出的腐臭。许多人肚皮已经破了，花带子似的肠子拽了出来；许多人的脑袋臂膀留着血泊模糊的刀痕；有些眼球被挖了出来，只剩下了一丝血条系在眼眶，有的露出地上，绕着许多苍蝇，更有的年青的女同胞胸部留着两个赤血淋淋的凹坑，一看就知道乳部被割下了；有的心头四肢被钉在门板上拉扯成"土"字形（都是一丝不挂）；有一个尸旁还掉落一面徽章，是个女政工员，下部插着一株小竹枝，枝头悬着一面染红了的血的手旗，旗面上写着一串无耻的话……"[③]

对日本帝国主义侵略罪行的揭露，激起了中国人民对日本侵略者的满腔仇恨，激励着广大民众积极投身于轰轰烈烈的抗日战争之中。

---

① 《扑灭毒焰——敌机惨炸桂林，昨天是第三次了》，《扫荡报》1938 年 12 月 25 日。

② 《救亡日报》（桂林版）1940 年 1 月 18 日。

③ 《救亡日报》（桂林版）1940 年 3 月 7 日。

二、宣传持久战与抗战必胜理论，动员民众坚持抗战

面对日本帝国主义者日益扩大的侵华战争，国内各媒体发表了大量宣传抗战的文章，指出反对日本帝国主义侵略的战争，关系到整个中华民族的生死存亡，抗则生，不抗则亡，不管日本帝国主义有多么强大，我们都一定要打败侵略者，我们也一定能打败侵略者，取得最后的胜利。特别是毛泽东的《论持久战》一文，清晰明确地描绘了整个战争的发展过程，详细透彻地阐述了抗日战争的战略方针和取得抗日战争胜利的正确道路，更从政治思想上武装了全国军民，鼓舞了全国军民的斗志。

中国青年新闻记者学会和报社的从业人员，专门召开会议，就抗战精神总动员与新闻工作的关系问题展开了热烈的讨论。《力报》专门开辟了"全民总动员文化界宣传周特刊"，发表了大量介绍全民总动员开展抗日救亡的新闻事件和思想讨论。强调要达到国家总动员的要求，文化界必须首为倡率，因为文化界是"民众中的先知先觉者，是社会的柱石，国家的瑰宝"，要以其所有的知识经验去贡献人类，教化人群，不要做那种"无济于时、无补于世道人心而醉生梦死的自鸣得意者"，因为这种人"可以说是时代的渣滓"。文化人要在国家总动员的意义下站起来，千万不要堕落，沦为末路的江湖知识分子。①《救亡日报》在1939年的五四青年节之日，登载了梁寒操的《我国青年所负之历史使命》一文，写道："现在是中国存亡生死的最后关头，凡中华民族，不论男女老少，都有牺牲其身家性命，贡献国家的义务，而尤其要一致起来担负这种特殊使命的，还是我们一般青年。"文章号召青年学生"拿热血奔腾的勇气，去完成他们历史的使命。中国的唯一出路，在当前自然是抗战和建国"。②《救亡日报》在1939年三八节前夕，登载了士心的《发动回教妇女参战》一文，文章写道："今日中华民族所遭受日本帝国主义者之侵略屠杀，我国人民之痛苦，敌人之行为，一再给我们证明，其惨杀的对象，无分回汉，何论男女？故我国人民应在中央政府领导下，抱定必死之决心，……全国动员，效忠国家。我回教妇女，同属国民，自负有一份抗战救国之天职，犹如其它妇女。"③其他如《扫荡报》，也登载

---

① 《力报》1942年2月17日第4版。

② 梁寒操：《我国青年所负之历史使命》，《救亡日报》(桂林版) 1939年5月4日第3版。

③ 士心：《发动回教妇女参战》，《救亡日报》(桂林版) 1939年3月7日第3版。

了郭德洁的《广西妇女赶快起来》等文章。总之，各大报刊总在合适的时机，利用各种节日来动员各阶层的广大民众。

这一时期，桂林出版的各种报纸，对全国各地坚持抗战的活动和抗战理论宣传都极为重视，刊载了许多这方面的文章。比如《扫荡报》1938年12月21日第三版上，刊登了郭沫若所写的《抗战新阶段的前途》[①]，全文如下：

> 抗战经过了1年5个月，表面看来我们失败了，但实际上我们是胜利了。日本以为用两个师团3个月即可灭亡中国，那知东战场（按：应指淞沪战役）一开，就打了3个月。徐州在李宗仁、白崇禧两将军领导之下，消耗了日本许多兵力与军火，得了胜利，他们速战速决的计划被粉碎了。武汉会战5个月的结果，击沉了日本100多艘军舰、500多架飞机（连以前的200多架飞机，共700多架飞机），兵士死伤了40万。我们打消耗战持久战得到了大成功。敌人想在武汉把我们包围歼灭，那知我们把主力撤退，"用大圈把他们包围了，使他们的歼灭战成了泡影"。敌人已用了35个师团，但这仅是"战争的开始"，他们的兵力不敷分配，已成了致命伤。第一期（即：敌之战略进攻、我之战略防御的时期）抗战是敌人主动，我取守势，现在我主动，敌被动，四面八方挨打。估计日本对华战费，每月要5亿元，耗费很大，速战速决不可能，持久战又不能维持，胜利一定属于我们。

1939年11月，日寇大举南侵，先后占领北海、钦州、南宁等地。桂林的许多报纸纷纷发表社论，明确地指出日军的军事行动包藏着极其险恶的用心，这就是以强大的军事进攻迫使中国妥协，使中国成为帝国主义的附庸，转向德意反苏战线，认为中国必须坚持抗战，"我们必须坚定抗战到底的立场，不怯不骄……加强团结，整齐步伐"，必须给日寇以"严重的打击"，"即使南宁沦陷还不足以征服中国，我们在此要认清敌人的诡计，坚定必胜信心，再接再厉，抗战到底"。1944年4月初，日军进攻湘桂全线，衡阳守军坚决抵抗，桂林处于紧急状态。面对局势的危急，众多媒体纷纷撰文，激励大家不要害怕，坚强起

---

① 郭沫若：《抗战新阶段的前途》，《扫荡报》1938年12月21日第3版。

来："问题是在于我们如何更坚强起来，以迎接胜利之早日到来！我们对战局决不悲观，但亦不宜过分乐观，'坐待胜利'的观念必须代之以'争取胜利'，这样才能挽回危机，使战局根本改观"。①1942年6月14日，桂林广播电台邀请美国合众社记者爱泼斯坦参加纪念"联合国日"的招待茶会，他发表演讲指出："如果全世界的弱小民族都像中国一般坚强地不怕一切苦难和侵略者战斗，那么，纳粹的末日就会到临。"②

正是由于各种抗战理论得到了广泛深入的宣传，使得人民对于抗战的持久性和抗战必胜的信念大大加强，为动员全国人民万众一心、共同抗日起到了极大的促进作用。

三、及时报道前方战事，增强民众抗战信心

当时，桂林各报对前方战事的报道评论，数量篇幅之多、版面地位之显著，远远超过其他任何内容。总的来说，这些前方战事的报道，一般多是刊登在一二版或二三版（有的报纸一版为广告），且都是放在头条或二条的位置上。以《力报》为例，1942年1月27日的《力报》出对开四版，第二版采用中央社电讯30条，其中27条为战讯，第三版还有8条战讯；至于《扫荡报》《扫荡简报》为军委、军队出版的报纸，主要刊登战事新闻，更不必多说了。整体而论，桂林抗战报纸对于中国抗日战争、世界反法西斯战争的重大事件、重要问题，以及战事进展和战争的全部过程，均给予了高度重视，尽量全面反映、全面报道，并用自己的立场、观点和方法进行评述。

1938年10月，日军从广东西进逼近广西，广西前线告急，士气民心面临考验，鼓舞斗志成为当时新闻媒体的迫切任务。1939年4月6日，《救亡日报》编发了《台儿庄胜利纪念专刊》，连续报道了台儿庄大捷的喜讯和战地新闻。1939年5月12日《救亡日报》又刊登了署名"斐"的通讯，报道了周恩来在八路军桂林办事处谈妇女营杀敌的消息。1940年5月，李宗仁指挥的豫鄂会战又获胜利，该报立即发表社论《祝福西大别山英雄》，极大地鼓舞了民心与士气。此外，国际新闻社及进步刊物也经常报道八路军、新四军的抗日事迹。又

---

① 《衡战一月》，《大公报》1944年7月24日第2版社评。
② 颜邦英总纂：《桂林市志》下册，中华书局，1997年，第2914页。

如《救亡日报》1940年1月8日对前线战事报道称："左翼我军，清理梅坑战场，发现敌军于败退时，发现敌军官兵尸体达七八百具及大炮机枪弹药甚多，可见其败溃时之狼狈情形"。[①] 针对国内前线发生的战事，其他各大媒体都予以集中报道，报道的内容主要有：

1937年8月13日，日寇进攻上海，国民党军队顽强抵抗，至11月22日沦陷。

1937年12月，日寇占领国民党中央政府所在地南京，屠杀军民30万人以上。

1938年4月，李宗仁领导的军队，在台儿庄对日寇作战取得大胜利。

1938年5月6月，日本飞机对广州狂轰滥炸。10月初日军在大鹏湾登陆进犯广州。21日广州沦陷。

1938年10月25日，武汉沦陷。在此之前，我国军队在武汉外围赣北、鄂东南等地与日寇展开了长达3个月的"武汉大会战"，使日军20多万人伤亡，大大消耗了侵略者的有生力量。此时报纸都为"保卫大武汉"而宣传。

1939年2月10日，日寇进窥海南岛。1939年3月，南昌失守，为日寇所占领。

1939年11月25日，南宁沦陷于日寇之手。报纸评论呼吁保卫大西南，抗战到底。

1940年7月9日、10日，广西将领钟毅于第五战区前线壮烈牺牲。各报纸先后发表悼念文章。

1941年1月7日，国民党反动派制造了皖南事变，震惊中外。17日，国民党军委发布命令污蔑新四军"叛变"，取消其番号，并进行围歼，使军长叶挺被俘，军政委项英阵亡，死伤官兵几万，破坏国共两党合作。

1944年9月中旬，桂林大疏散大撤退。

1945年8月15日，日本天皇发表敕令，接受投降。

1945年9月2日，日本在美国战舰米苏里号上，正式签字投降，宣告第二次世界大战结束。

除了对国内战场的报道之外，桂林的媒体也十分关注国际战场的情况，例

---

① 《我军克服连江》，《救亡日报》（桂林版）1940年1月8日。

如，1945 年 4 月，德国战败投降，《广西日报》（昭平版）就发表了多条电讯进行报道，现摘录如下：

> （三藩市 3 日广播）经过 12 日激战后，苏军已于 2 日下午 3 时将柏林城内所有德军有组织之抵抗完全消灭。苏德两方面都认为柏林的激战乃历史上最惨烈的血战……
>
> （伦敦 3 日路透电）柏林昨日已向苏军投降，守军及其将领已放下武器，7 万名俘虏已于德京为苏军擒获。德国各地之抵抗，现正趋于混乱。纽约广播称：前德军西线总司令伦德斯特已于昨日被俘，据渠对擒者称："战斗之于德国，已无裨益。"
>
> （莫斯科 2 日路透电）斯大林今夜手令称：德军在柏林南部被围，科尼夫元帅及朱可夫元帅共俘德军 12 万人。
>
> （三藩市 2 日广播）星期二（即 5 月 1 日）汉堡广播电台宣布："希特勒已不在人间。"但这消息仍未得到盟方充分的证实。汉堡广播电台报告希特勒是死在柏林总理府内，其职位已由希特勒本人指定了的继任人杜尼兹接任。杜尼兹对德国人说："要继续抵抗苏军，要在苏军侵犯中救出德国。"①

综上所述，在抗战时期，桂林的各大媒体为了增强民众抗战信心，及时对国内和国际上发生的重大事件予以报道，起到了积极的宣传动员作用。

第二节　团结抗战：巩固抗日民族统一战线

在全民族抗战的大氛围中，桂林的各大媒体大力宣传中国共产党的抗日民族统一战线思想，批判国民党反动派的分裂破坏统一战线的行径，坚持抗战，坚持团结，坚持进步。

一、宣传中国共产党抗日民族统一战线思想

抗战时期桂林的各大媒体连续发表中国共产党领导人的文章，大力宣传坚

---

① 《广西日报》（昭平版），1945 年 5 月 3 日第 2 版。

持抗战、坚持抗日民族统一战线的思想。

作为桂林抗战传媒的旗舰，中国共产党领导下的《救亡日报》《国民公论》等刊物，发表了大量宣传中国共产党抗日民族统一战线的文章和报道。比如毛泽东同志 1939 年 9 月 14 日在延安干部大会上的讲演《第二次帝国主义战争讲演提纲》，周恩来同志 1939 年 4 月 18 日、19 日在南岳的报告大纲《中日战争之攻略与战略问题——一个报告大纲》，叶剑英同志的《广州武汉陷落后的抗战局势》等重要文章，均相继在该报刊出。1942 年 5 月 30 日，《救亡日报》刊出了叶剑英同志日前在桂林储才学校举行的桂林第十八次实事座谈会中的演讲稿《积小胜为大胜》，该文指出，"抗战初期不得不以空间换时间，因此抗日战争是持久战，是最终积小胜为大胜的战争"，并就如何积小胜为大胜，提出了"用全力求小胜、以大力打小仗"的战略战术思想。[①]1939 年 6 月 5 日，《救亡日报》发表了周恩来应中宣部国际宣传处之邀，向中外记者所做的演讲《二期作战之敌我新战略》全文。在演讲稿中，周恩来指出，"一期作战，我之战略系以空间换时间，将敌引诱至有利地带，以待时机，实施反攻。二期作战之战略，仍需变敌后为前方，积小胜成大胜"。[②]与此同时，《救亡日报》《国民公论》等还发表了许多中国共产党文艺工作者和进步文化人士撰写的抗战文章，如胡愈之的《变侵略战争为反侵略战争》、张志让的《第二期抗战与民众运动》、陈此生的《第二期抗战之三大原则》等。

为了更好地宣传马列主义、毛泽东思想和抗战进步思想，桂林的一些出版发行机构还积极出版印行毛泽东及中国共产党领导人的著作文章。其中，生活书店、新知书店、读书生活出版社、文化供应社等，除了大量发行《国家与革命》《列宁主义问题》《共产党宣言》外，还大量印行毛泽东的《论持久战》等抗战文章，并发行于桂林和省内外。生活书店桂林分店和西南管理处还向国内其他地区提供上述书籍的纸型，以供各地大量翻印。1942 年 10 月，文化供应社排印了延安出版的《解放》杂志第 98、99 期发表的《新民主主义论》的单篇本。此外，受中国共产党的委托，桂林秦记西南印刷厂秘密排印了毛泽东的《在延安文艺座谈会上的讲话》一书。还有一些期刊社则印行了周恩来、叶剑英

---

① 《积小胜为大胜》，《救亡日报》（桂林版）1942 年 5 月 30 日。
② 《二期作战之敌我新战略》，《救亡日报》（桂林版）1939 年 6 月 5 日。

等中国共产党领导人的讲话和文章，如周恩来的《二期抗战寇我新战略》《如何粉碎敌人的阴谋》，叶剑英的《现阶段游击战和正规战》《积小胜为大胜》等书。

这些文章的发表和书籍的出版发行，对宣传中国共产党的抗日民族统一战线思想，鼓舞广大人民坚定抗战信心，团结一心、共同战斗、共御外侮，起到了积极的宣传作用，桂林抗战传媒也在这一过程中不断得到发展，很好地发挥了抗战宣传的号角作用。

二、刊登国民政府要员抗战言论

除了发表中国共产党的重要文论以外，《救亡日报》也刊登了不少国民党方面的抗日言论。如蒋介石的《抗战第二周年纪念告全国军民书》《抗战二周年纪念告友邦书》，为《救亡日报》创刊二周年的题词"精诚团结"，关于英国背信弃义、屈从日本要求停止缅甸至中国运输线的谈话等，都在《救亡日报》上登载过。此外，冯玉祥的《团结抗战粉碎日汪协定》《如何把日寇驱出中国去》，陈诚的《东北是我们的——"九一八"八周年感言》和为纪念抗战第二周年写的文章，孙科为《救亡日报》创刊二周年的题词"屈服必遭宰割，抗战乃能救亡"，宋庆龄的《真正实现中国之独立——孙中山先生健在时对汪精卫之失望》，宋美龄的《自湘北前线归来》，以及于右任、邵力子等人的文章，均为《救亡日报》所刊载。在《东北是我们的——"九一八"八周年感言》一文中，陈诚高呼"每当九一八纪念日，总是增加无限的痛感，使我们更深切的怀念东北的同胞，同时也加深了对于我们的期望，东北是我们的，我们对抗战的最大要求，就是要收复东北失地，使东北父老兄弟重见天日。"[①]言语情真意切，鼓舞人心。其他如李济深、李宗仁、白崇禧、黄旭初、李任仁、黄琪翔、张发奎、郭沫若等人的文章、题词、诗作等，也大量地发表在《救亡日报》上。1939年4月6日出版的《台儿庄胜利纪念一周年专刊》，特别发表了白崇禧的题词——"台儿庄的胜利是在战术上运用游击战运动战配合阵地战的战果"[②]。10月初，李宗仁从前线回到桂林，《救亡日报》特别发表社论《英雄颂——迎李司令长官》，对

---

① 陈诚：《东北是我们的——"九一八"八周年感言》，《救亡日报》（桂林版）1939年9月18日。

② 《台儿庄大胜利周年纪念专刊》，《救亡日报》（桂林版）1939年4月6日。

李宗仁指挥的台儿庄之捷与随枣会战给予高度评价。

针对一些人的反共阴谋,《救亡日报》社论刊登了白崇禧的讲话:"在国内提出反共的口号……说抗战到底是为迁就共产党,这种歪曲事实的汉奸理论,难免没有一小部分人为他所愚弄,我们要扩大宣传,揭破他的卖国阴谋,暴露他的无可追之罪。"①

当有人借口反对马克思主义来反对共产党的时候,《救亡日报》发表了广西省国民党党部和政府委员、广西省临时参议会议长李任仁先生亲自撰写的文章:"不同的学术思想存在,相互竞争,才容易进步"。"有些人一听见学校里讲马克斯学说,便认为大逆不道,非铲除不可,仿佛有了马克斯学说,三民主义便不能立足似的。这可谓对于总理的三民主义毫无认识,毫无信仰。如果三民主义是这样的脆弱,还能够成为建国的最高原则吗?""总理研究过各家的社会主义……总理曾这样的说:'现在研究社会问题的人,没有哪一个不崇拜马克斯做社会主义中的圣人。''至于马克斯所著的书,和所发明的学说,可说是集几千年来人类思想的大成。所以他的学说一出来之后,便举世风从,各国学者都是信仰他。好像卢梭发明了民权主义之后,凡是研究民权的人,都信仰卢梭一样。'我们试想,这样重要的马克斯学说,在世界的学术地位上,至少也和达尔文的'物种由来'一样有价值。如果不准讲论,还谈得上文化建设吗?"②

除报纸外,桂林传媒方面还经常注意通过广播电台发表抗战言论,鼓舞广西民众的抗战精神。1940年7月13日,李济深到桂林一个月后,即应桂林广播电台邀请,前往电台发表广播演说,以《纪念国父诞辰》为题,宣传收复桂南失地意义。10月10日,桂林广播电台再请李济深到电台演讲,号召全体民众咬紧牙根,忍受艰难,精诚团结,有钱出钱,有力出力,将日寇赶出国土之外。1942年7月,李任仁亦在桂林广播电台做题为《我们应以贡献的力量祭慰阵亡战士》的演讲。同年10月11日,广西省主席黄旭初在桂林广播电台做题为《纪念国庆是提倡国防科学》的演讲。

国民党要员的抗战言论,为民主合作和抗日民族统一战线的巩固创造了条件,在宣传动员全民抗战方面也起到了巨大的推动作用。

---

① 《讨汪与肃奸》,《救亡日报》(桂林版)1939年8月26日.
② 李任仁:《文化建设与言论自由》,《救亡日报》(桂林版)1940年4月20日第2版。

三、批判国民党反动派制造分裂破坏统一战线的行为

随着抗战形势的变化，针对国民党当局在日本帝国主义诱降下消极抗战、积极反共、制造分裂的严重倾向，桂林媒体刊载了大量文章对国民党的反动倒退政策进行严厉批判，痛斥国民党的反倒退动政策，正中日本帝国主义妄图分裂中国的阴谋，呼吁各派政治力量坚持团结坚持抗战，指出只有团结一致，才能彻底打败日本侵略者。

以中国共产党领导的报刊为主阵地，反对妥协，促进国民政府坚持抗战。1939 年 2 月 10 日，《救亡日报》时论专栏刊载了李克农的《对第三届国民参政会的希望》一文，重申了中国共产党的抗日民族统一战线主张，坚持抗战，驳斥了所谓的"防共赤祸""共同防共"等谰言，呼吁"要在抗战中表现我们的统一，加强我们的团结"，[①] 希望这届政府做出团结、反对妥协的决议，并请政府明令通缉叛逆汪精卫，引起了社会各界的广泛关注和热烈反响。

1941 年"皖南事变"后，国民党反动派的第二次反共高潮达到顶点，桂林的情况也不例外。其时，《救亡日报》《国民公论》相继被迫停刊，生活书店桂林分店被限期停业。一时间，桂林的政治形势变得险恶莫测。面对这种情形，揭露国民党反动派假抗日真反共、制造分裂、破坏团结的真面目，成为桂林抗战传媒的重要战斗任务。

创刊于 1940 年 8 月的杂文刊物《野草》，极力适应这一时期的斗争特点，"我们的办法是不明骂，不赤膊上阵"，[②] 在险恶的政治形势下坚持开展抗战新闻宣传活动。生活书店桂林分店被查封后，《野草》杂志旋即在 1941 年 4 月出版的第 2 卷第 1 期、第 2 期合刊上，发表了聂绀弩的《韩康的药店》，以恶霸西门庆封闭韩康的药店企图独霸一方的故事，影射国民党反动派压制民主、扼杀抗日进步文化事业的行径，"使大家认清了西门庆们的面目"，[③] 在反对国民党反动派的斗争中，发挥了特殊的战斗作用。

除此之外，桂林的传媒工作者还利用各种形式与国民党反动派的分裂行径展开斗争。1941 年 11 月 19 日，《文艺生活》编辑部主持召开了"一九四一年

---

① 李克农：《对第三届国民参政会的希望》，《救亡日报》(桂林版) 1939 年 2 月 10 日。
② 秦似：《野草杂忆》，《广西日报》1962 年 10 月 30 日。
③ 夏衍：《宿草颂》，《夏衍散文》，浙江文艺出版社，2000 年，第 187 页。

文艺运动的检讨"的座谈会,邵荃麟、司马文森等人在座谈会上相继发言,指出当前文艺运动走低潮的原因是"政治朝低潮走,文艺运动自然也免不了受影响"①,将斗争的矛头直指以蒋介石为首的国民党顽固派,愤怒谴责他们挑起第二次反动高潮,破坏抗日民族统一战线、破坏抗日进步事业,甚至不惜做出亲者痛仇者快事情的罪行。

这些文章的发表和会议的召开,深刻揭露了国民党政府压制进步文化活动的反动行径,坚定了广大人民群众与反动派坚决斗争的信念,进一步巩固了抗日民族统一战线。

四、批判汪逆反动卖国行径

1938 年底,在全国人民团结抗战、坚持抗战的关键时刻,曾任国防最高会议副主席、国民党副总裁、国民参政会议长的汪精卫,公开投降日本帝国主义,并于 1939 年底,与日本帝国主义秘密签订了旨在灭亡中国的《日支新关系调整纲要》,通过同日本帝国主义进行卖国交易,以出卖国家的领土主权为代价,换取日本对其成立伪政权的支持。1940 年 3 月 30 日,在日本帝国主义的支持下,以汪精卫为首的伪国民政府在南京成立,并发布"政纲"以及卖国宣言,成为日本帝国主义侵略中国、奴役中国人民的走狗和工具。一时间,全国上下各种媒体对汪精卫背叛国家民族利益,投靠日本帝国主义的卑劣行径,进行了声势浩大的揭露、批判和声讨。

(一)开辟专栏声讨汪逆投降卖国

面对以汪精卫为代表的卖国集团的分裂投降行径,全国各界掀起了一场声讨汪精卫等汉奸投降卖国行为的怒潮,桂林的各大报纸亦投入其间,并协同社会各界开展了声势浩大的讨汪舆论攻势。以《救亡日报》为例,1940 年 12 月 2 日,桂林《救亡日报》发表了题为《敌汪条约的实质》的社论,指出该条约的实质"就是把中国全盘出卖给日寇",强调"中国只能有一条路就是坚持抗战"。②1940 年 3 月 30 日,桂林《救亡日报》以大量篇幅揭露汪逆行径,号召

---

① 《邵荃麟在座谈会上的发言》,《邵荃麟评论选集》(上),人民文学出版社 1981 年版,第 44 页。

② 《敌汪条约的实质》,《救亡日报》(桂林版)1940 年 12 月 2 日。

全体人民团结起来，共同抗日。一版有社论《实行三民主义彻底消灭汪伪》；二版有张铁生的时论《打倒汪逆伪组织》；三版为"讨汪肃奸专页"，载有胡愈之、姜君辰、孟秋江等人的文章；四版以《我们的声讨》为题，发表了桂林文化界同仁声讨卖国贼汪精卫的文章：有艾芜的《把它当成一面镜子》、李桦的《要提防"文化进攻"》、宋云彬的《肃清变相汉奸》、周行的《除恶务尽》、林山《扑灭另一只狗》、周钢鸣的《铲除汪逆影响》、孟超的《怎样反汪》、黄药眠的《反对汪逆》、华嘉的《不仅打落水狗》、廖冰兄的《连狗狐蛇鼠都不如》等文章，共同声讨汉奸汪精卫的卖国行径。

（二）发表漫画作品批判汪逆反动行径

面对汪精卫等卖国集团的投降分裂行径，1940 年 4 月 1 日，《救亡日报》设立"讨汪肃奸专页"，与社会各界开展了声势浩大的"讨汪"舆论攻势。《救亡日报》的副刊《漫木旬刊》也积极响应，对汪伪集团的倒行逆施给予猛烈抨击。1940 年 1 月 2 日，《漫木旬刊》刊登了图画——《汪派汉奸大团圆全体登场》，22 日又刊登了《汉奸论调》等作品，以滑稽、讽刺的画面揭露汪精卫等汉奸的小丑嘴脸。为了更好地配合各大媒体和国内的"讨汪"浪潮，1940 年 4 月 1 日，《漫木旬刊》开辟了主题为"怎样对付汪逆伪组织？"的讨汪专页，发表了梁永秦、周令钊、李桦、黄新波、廖冰兄等漫画家和木刻家创作的《加紧反攻，勿让敌人养战》《加强团结，谨防汪逆离间》等作品。在《加紧反攻，勿让敌人养战》中，作者将汪伪政府刻画成一张方方正正的贼眉鼠目的哭丧大脸，并在正中央上方标有"汪伪府"三字，这张脸张开它硕大的嘴巴，并将其巨大的舌头伸出来，就像一个阶梯，诱惑人们走入它的嘴巴，这张大脸后面是日本帝国主义的"棍子"撑着的，但在中国人民的猛烈攻击下，这张大脸连同后面支撑它的日本侵略者被打得千疮百孔，轰然倒下。《加强团结，谨防汪逆离间》则向我们描绘了这样一幅画面：广大人民群众齐心协力，将"汪逆"紧紧地夹在打铁钳的嘴巴里，而且越夹越紧，表明"汪逆"的投降分裂阴谋不得人心。另外，梁永泰等人在《救亡日报》的《漫画旬刊》上发表组画《怎样对付汪逆伪组织？》，计有《加强团结，谨防汪逆离间！》《推翻伪组织，加速敌人溃灭！》《毁灭汉奸文化》《加紧反攻，勿让敌人养战！》《扩大游击战斗，促使汪倒台！》等画，通过强烈的黑白对照及漫画艺术，深刻地揭露了汪伪组织的实质，唤起了全民族对汪伪政权的憎恨和唾弃。

广大传媒工作者高举坚持抗日的爱国主义旗帜，猛烈地抨击汪精卫之流的卖国投降行径，愤怒声讨汪精卫"伪国民政府"的丑恶嘴脸以及日本帝国主义的险恶阴谋，从而将广大人民群众的讨汪浪潮推向了高峰。

第三节　颂扬抗战：讴歌革命英雄主义精神

抗战时期，桂林的各大媒体热情歌颂了广大军民英勇杀敌、血染沙场的英雄场面，也报道了后方人民大力支援前线的感人故事。

一、颂扬中国将士英勇杀敌的英雄场面

桂林各大媒体热情歌颂了同日本侵略者英勇战斗的中国军民的英雄事迹。如针对桂南战役，1940 年 2 月 18 日的《救亡日报》报道："桂南我追击敌寇大军正分途挺近，连克昆仑关九塘、八塘，先头部队已进占五塘、六塘，残敌望风溃窜。"[①] 又如《力报》报道："1942 年元旦，湘北长兴县东门外农民朱石根，见城内寇兵 3 人闯入本村抢劫，他乘机向敌寇献殷勤，以食酒肉为饵，引其入家放下武器，再引至旷地，即取出预藏之刀，向最近的一个砍去，敌应声头落。余二敌见状，急回取枪，他猛力劈杀，格斗半小时，终将赤手抵抗之敌一一砍死。朱石根割下首级，持步枪 3 支，呈献当地驻军，并参了军。"还有"长沙青山乡第七保麻林街附近农民向忠明，年仅 15，生性勇敢，在此次于当地我军围歼日寇的战斗中，血战数日，他乘机击毙敌人 3 名，于元月 18 日生擒敌一名，当即送到我军军部。军长除发给奖金 200 元外，并电请上峰嘉奖"；"在第三次长沙会战中，于长沙外围四次沿途包围歼击，克复新墙河，我军英勇事迹不胜枚举。其中某军李维扬领导的营坚守麻石山，全部殉难。该营在该山阻断日寇之援军，连续与千余之敌苦斗数昼夜，虽剩最后一人，仍坚守山头，不屈不挠。薛岳司令长官顷呈中央对该营予以特恤，藉彰忠烈"。[②] 这些对于前线军民英勇杀敌、血染沙场英雄场面的报道，真切感人，起到了动员群众的作用。

---

① 《桂南敌总崩溃，我已进逼南宁》，《救亡日报》（桂林版）1940 年 2 月 18 日。
② 《力报》1942 年 1 月 27 日第 2 版。

二、报道后方民众的支援前线的踊跃场面

1940 年 1 月 30 日，《救亡日报》对玉林人民积极开展抗日救亡活动进行了热情的报道："这些回乡青年最初组织了广州玉林学会回乡工作团，从事对民众的宣传培训工作，工作成绩大，政府和父老乡亲也就热心领导，工作团一变而为政府直接领导的战时工作团了……在宣传活动中，（遇到困难）灵活多变，如在乡买不到柴就自己上山采，买不到米自己磨（米）。（还）帮助老百姓种田收割，这一项工作在陆川做得比较普遍，尤其当敌在钦防登陆时，他们出动了800 名青年及发动了各乡分队下乡抢收，广大民众觉悟提高了。他们还经常用猪、牛、薯、芋去慰劳边境驻防的军队，替军队写信，并发动民众替军队补衣、洗衣、开联欢晚会等工作。"①

另外，各大媒体还争相还报道了广西各地蓬勃开展的抗日救亡运动，其中包括有几千名广西学生军到达桂东南，协助当地动员委员会和战工队动员、组织、训练民众，建立了歌咏队、识字班、儿童团、成人教育班、锄奸组、缉私组、游击队、军民合作站、文化救亡协会、敌后根据地等等，因而到处唱救亡歌曲，上演救亡戏剧，出版壁报战报，到处检查仇货，除奸，练杀敌本领、挖战壕……当时南路救亡运动最活跃的陆川县，特别是其组织的女游击队，《救亡日报》就曾多次报道过。

此外，各大媒体还积极报道国际反法西斯组织的相关新闻，阐明中国抗战不是孤立的，是世界反法西斯战争的组成部分。比如 1938 年 12 月，朝鲜义勇队到桂林，《广西日报》以《访问中国之友——朝鲜义勇队》为题，介绍了朝鲜义勇队，力扬撰写的《我们紧紧握手——致朝鲜义勇队同志》一文发表在《广西日报》，盛赞朝鲜义勇队，并阐明中朝携手，共同抗日。

第四节 服务抗战：开展新闻性质的探讨争鸣

在抗日救亡的大环境下，桂林的新闻界虽然形成了一个相对团结、融洽的氛围，但在政治思想上依然有很多不一致的地方，尤其是对于"新闻事业的性质""新闻工作者的任务"以及"如何做好新闻写作"等问题，大家都有不同的

---

① 《全省工作的模范，玉林区的救亡运动》，《救亡日报》（桂林版）1940 年 1 月 30 日。

认识和看法。桂林新闻界的同仁们在畅所欲言、以诚相见的前提下，开展了有益的学术争鸣，推动了桂林抗战传媒事业始终沿着健康的道路发展。

一、是什么：关于新闻性质的讨论

新闻性质是新闻工作的灵魂与精神。桂林传媒工作者围绕这一问题，各抒己见，畅所欲言，在学术交流中寻求共识。

如恽逸群认为，新闻报纸是政治的寒暑表，不管哪一个报社或通讯社，都必然有其一定的政治态度，赞成也好，反对也好，漠视也好，都不能不带有政治性。认为新闻报纸只有与政治相关联，才能与大众发生关系，成为"大众的组织者、大众的教育者、大众的耳目、大众的喉舌"。如果现实的政治环境剥夺了新闻纸作为大众耳目、口喉的性能，新闻事业绝不会有什么发展的。因此，无论何时何地，新闻事业的兴衰是"测验政治好坏的寒暑表"。[1] 黄药眠则认为"新闻事业是政治斗争的利器"，政治斗争是中国社会一般的演变法则，中国的新闻事业自然也不能脱离这个法则，"不管是官办的报纸或商办的报纸都是如此"。而那些买办气味浓厚的商业化报纸，由于较多地脱离了中国社会的政治现实，"说起话来，很难看得出他们是在代表中国人说话"。[2] 还有人认为报纸是"抗战建国宣传的重要工具"，是"文化企业"，也是"训练工作干部的教育机关"，[3] 认为报纸是"教育群众的工具，它是负有教育民众的使命的"。[4]

以上这些关于报纸性质的论述，既有一般问题的论述，亦有重大理论问题的思考，但始终都没有离开全民抗战、抗战建国的时代主题，尤其是强调了报纸和通讯社的政治性、宣传性、战斗性，对桂林抗战传媒活动开展起到了巨大的推动作用。

二、做什么：围绕"新闻工作者任务"的争鸣

围绕抗日战争是中国最大的政治中心这个问题，桂林传媒工作者展开了热

---

① 恽逸群：《三十年来之中国新闻事业》，《救亡日报》1941 年 1 月 6 日第 4 版"新闻记者"专刊。

② 黄药眠：《我们要研究的三个题目》，《扫荡报》1939 年 3 月 9 日第 4 版"新闻记者"专刊。

③ 陈聆明：《地方报纸的建立与发展》，《扫荡报》1939 年 3 月 9 日。

④ 周振纲：《零论办报》，《克敌周刊》1938 年 5 月 21 日第 11 期，第 16 页。

烈的讨论。

如范长江提出，新闻工作者当前最迫切的三大任务是："（1）发扬舆论权威，坚持正义。即要以真实的新闻报道，来粉碎敌人的谣言攻势，提高全民族对抗战胜利的信心，去克服困难，打击那些对抗战动摇的分子；（2）发展地方新闻事业。由于目前交通困难，若干具有全国性的报纸，客观上将逐渐变为地方性报纸。因此，我们要在大后方尽量兴办地方报纸，发展地方新闻事业。由于敌后广大地区内抗日游击战争的展开，在敌后我们更应该创办许多具有战斗性和指导性的小型报纸，这些报纸将与敌伪报纸作"短兵相接"的斗争，成为团结敌后军民坚持抗战的有力武器；（3）培养新的新闻干部。由于敌人加紧封锁，交通时生阻滞，战争使许多地区成为隔离分割的状态。所以，我们要以最大的力量来发展地方报纸和敌后报纸，这就需要大批有知识，有能力，而且能刻苦耐劳的新闻干部，来从事于此种伟大而艰苦的工作。因此，我们不仅要团结富有新闻工作经验的原有的新闻干部，而且要在各地培养许多新的新闻干部，以适应各地的需要。"① 冯英子认为，新闻工作者肩负着双重任务：一方面要反抗日本帝国主义的侵略；另一方面要在战争中建立一个近代化的强大中国，完成这双重任务是非常艰苦的，而新闻事业就是这双重艰苦任务进程中的"号角"。②

还有的报纸则具体地谈到了自己的工作和任务，如《救亡日报》1939 年 1 月 10 日于桂林复刊时，便以报社同人的名义发表了《为巩固华南文化的堡垒而坚持奋斗》一文，认为"《救亡日报》是应全面抗战要求而产生的，它自始便以团结文化人，坚持拥护抗战国策，发动抗敌救亡工作为任务。"③ 同年 3 月 26 日，《救亡日报》刊登了江川（即周钢鸣）所写的《论二期抗战中〈救亡日报〉之使命——关于通讯员的组织》一文，指出在抗战第一期时，《救亡日报》主要是民族抗战先锋队伍的活动舞台；而在抗战第二期时，《救亡日报》的任务则是要"从少数文艺工作者推广到所有的民族战士身上，因此交换各岗位的抗战经验，并使其活生生的教训化为全民族所有，这是今后的中心任务"。④

---

① 范长江：《提出当前最迫切的三大任务》，《时论分析》第 26 期，1940 年 10 月 1 日。

② 冯英子：《我们努力的方向》，《时论分析》1940 年 10 月 1 日第 26 期。

③ 《为巩固华南文化的堡垒而坚持奋斗》，《救亡日报》1939 年 1 月 10。

④ 江川：《论二期抗战中〈救亡日报〉之使命——关于通讯员的组织》，《救亡日报》（桂林版）1939 年 1 月 10 日。

通过对工作任务的讨论，桂林的新闻工作者对自己的工作有了更加明确地认识，这就是抗战报纸离不开抗战的大环境，而抗战同样需要抗战报纸的宣传与动员作用。

三、怎么做：对于"新闻写作问题"的探讨

关于新闻写作。主要观点认为新闻写作要大众化、通俗化，要写那些人民大众所关心的问题，让人民大众看得懂、听得懂，这样才能收到良好的宣传效果，并要经常倾听和接受人民大众的意见，正如萨空了在《推进中国报业刍议》一文中所指出的："宣传工作，一般人认为只是灌输什么给民众，殊不知接受民众意见也应是宣传工作之一部分；不了解民众心理而硬想对民众灌输什么，结果必然失败。"[①]

关于通讯写作。《救亡日报》1939年3月20日第四版曾刊载陈原所写的《写作通讯的导师——评〈新阶段中一般新闻采访工作要旨〉》一文，介绍该书"是一本通俗的通讯写作的指导读物。这里面告诉读者什么事实值得写，怎样去采访这些事实，有了事实（材料）怎样去处理它和怎样鼓励业余新闻工作者"。"并且在附录中提示了一般新闻采访的内容，也可以说是一般通讯的内容，搜集材料的基准"。[②]该文阐述了有关通讯写作的一些技术要领。

关于新闻通讯如何更好地完成报道任务。丁一认为，"第一，新闻机关要加派记者到海外边疆和敌后去采写；第二，新闻机关要大量造就通讯工作干部；第三，新闻记者要在各机关各部门发展业余记者；第四，现任的通讯工作者要加强学习，注意分工，必须把新闻现象的研究专门化；第五，通讯工作者要能说真话，抱定宣传真实的勇气，把现实、优点都毫无掩饰地指出来。"[③]这些原则对于战时通讯的采写，无疑具有很重要的指导意义。

关于通讯写作中的公式主义问题。林林认为造成这一现象的主要原因，是作者没有好好去观察和研究，不能把握要写什么、怎样去写，强调通讯写作不能鹦鹉学舌，不能抄袭，必须用脑子去思考，用眼睛去观察，加强写作方法修

---

① 萨空了：《推进中国报业刍议》，《文化杂志》第3号，1942年5月25日。

② 陈原：《写作通讯的导师——评〈新阶段中一般新闻采访工作要旨〉》，《救亡日报》（桂林版）1939年3月19日。

③ 《救亡日报》（桂林版）1941年1月22日第4版。

养，使自己成为社会的评论家和改善社会的革命者，"总之，就是政治实践的统一的人物……一个优秀的通讯员不能不具备有记者、政治家、文艺家的诸种条件"。文末丁一还引用苏联宣传鼓动家加里宁的话说："如果你想使你的通讯能感动人，那么必须把自己的血流一些进去"。①

关于新闻写作问题的探讨，在实践和理论上揭示了新闻写作的真谛，给桂林的新闻工作者上了生动的一课，大家对于新闻写作表现手法有了更多的了解，在写作技术与表现形式上也得到了很大的提高。

第五节　支持抗战：身体力行为抗战出钱出力

国民政府在《抗战建国纲领》中规定："发动全国民众，组织农工商学各职业团体，改善而充实之，使有钱者出钱，有力者出力，为争取民族生存之抗战而动员。"为此，桂林各传媒积极响应，进行了广泛的宣传动员。

一、开展献金运动，鼓励民众为抗战献力

抗战期间，桂林的各大报刊为了从物质上支援抗战，把自己出版的报纸卖出去，将所得的钱交给相关部门，这就是报纸义卖献金运动。1939 年 5 月，日本侵略者连续狂炸重庆。为救济陪都难胞，桂林《救亡日报》组织了义卖活动，仅仅一个月的时间就筹款达 4400 多元。郭沫若闻讯，欣然赋诗赞扬："纾难家宜毁，临危命可捐。人能明大义，何用惜金钱。"1942 年的《大公报》（桂林版）报道，"桂林市新闻界联合本市各中学举行文化劳军报纸义卖，参加义卖报纸有《大公报》《扫荡报》《广西日报》和《力报》，桂林市公私立中学的学生三百人，分成六十个义卖队。全市各界人士和街民群众热烈响应这一抗战义举。据统计，晨、晚报义卖计八万余元。"由于群众积极购买报纸、各报共计卖得 11 万多元献给抗战之用。广西各界还积极开展"七七献金运动"。1938 年 8 月 3 日《广西日报》以《八步各界踊跃献金，平乐区民团指挥部官佐以身作则》作报道："平乐区民团指挥部全体官佐，鉴于国难日益严重，非人人节衣缩食，卧薪尝胆，无以渡此难关，七七抗战建国周年纪念日，该部官佐特将平日节下之桂

---

① 《救亡日报》（桂林版）1939 年 4 月 2 日第 4 版。

钞六百四十三元，全数献捐，并在八步举行献金三天，得桂钞二万六千七百一十元三角四分，毫银六百九十一元四角……其它金银首饰，为数亦多。"①《广西日报》在当天就报道了二处献金的成绩。1941年3月5日《扫荡报》登载《桂市各界本日起展开出钱劳军运动，公共体育场举行大会仪式，桂东路十字街口竞赛献金》；3月6日继续用大标题报道《桂市出钱劳军大会》，李主任出席致辞，将士的血肉头颅使后方安居，尽力捐献才对得住国家民族，两文号召桂林市各界积极为前线将士捐款，只有"这样才算对得住国家民族，这样才算对得住祖宗，这样才算对得住子孙，这样才算对得住前方浴血将士，更这样才算对得住自己"。②桂林民众对于捐献活动也纷纷响应，"桂林市出钱劳军竞赛，献金台前，万头攒动，情形颇为热烈，全日所得在万元以上，银行界仅广西银行捐献二千元，……学校捐献竞赛，广西大学以一千三百三十四元余占先，桂中五百余元，可居亚军。"③1944年6月14日《大公报》以显要位置刊登了桂林文化界的倡议申明："号召一切为了胜利，一切为了前方，有钱出钱，有力出力，坚定战斗意志，组织起来，防止敌人进攻。"广西文化界人士积极响应，成立了广西文化劳军委员会，并开展了许多劳军义演等有益余抗战工作的事宜，桂林繁荣各大报纸经常予以报道，并号召民众参与。

1944年4月至5月间，日本侵略者占领长沙，逼近衡阳，桂林告急。在危急关头，桂林文化界的进步人士发起成立了桂林文化界扩大动员抗战宣传工作委员会，并决定开展动员抗战宣传周活动。由李济深、柳亚子、田汉、龙积之等人组成的"长老团"发起全民募捐，桂林各界人士和广大市民积极响应。桂林各报刊立马行动起来，为这次活动掀起高潮提供了不可替代的助力。首先，桂林各报刊大造舆论，发表了《国旗在呼唤你献金》《一条街一百万元》等报道，田汉先生在《桂林抗日大游行纪事》中写道："百万人民离不开，苍眉炯眼再登台。国旗到处金如雨，尽道西南长老来。"其次，各大报刊捕捉了许多感人的场面：身着烂衫的乞丐将一天乞讨来的钱如数捐出，擦鞋男孩和报童把一天辛苦挣来的钱投入国旗；一个人力车夫，揩着满头大汗，拉着车跑到国旗旁捐

---

① 《八步各界踊跃献金，平乐区民团指挥部官佐以身作则》，《广西日报》1938年8月3日第4版。

② 《桂市出钱劳军大会》，《扫荡报》1941年3月6日第3版。

③ 《最后一日情况》，《扫荡报》1941年3月9日第3版。

出了当天拉车的全部收入；漓江船上的烟花女也取下金戒指和金耳环做奉献。

再次，各大报刊也抨击了一些社会丑恶行径，比如桂林中学的同学们走进丽都餐馆去劝募时，却被斋嵩的餐厅老板当作叫花子赶出大门，引起了同学们和市民们的愤怒，《大公报》《广西日报》《力报》等报刊均以显著的位置发表文章，痛斥餐厅老板的丑恶行径。

二、开展征募寒衣及征兵运动

《救亡日报》于 1939 年 9 月出版了《征募寒衣特辑》《桂林各界代制寒衣运动特刊》，发表了《荣誉军人怎样过冬》《替荣誉军人添菜》的倡议信。1940 年 9 月 22 日《大公报》报道了画家关山月等捐画义卖，募资支前的活动。1940 年 9 月广西各界成立了征募寒衣委员会，《大公报》及时进行了积极的宣传报道。1940 年 12 月 15 日，《救亡日报》发表评论和读者来信，倡议各界人士为在抗战中伤残的军人添衣过冬和添菜过年，仅十多天的时间，便募集捐款 1600 多元。随后报社两次派出慰劳小组，将捐款的报社编印的慰问信分送给伤残军人，并发表了 3 篇特写，对慰问活动做了报道。1940 年 12 月 15 日，在《救亡日报》的积极倡议下，桂林新闻界联合组织义卖活动，捐献"记者号"飞机，当天便募捐 2300 多元。

号召人们踊跃从军，为抗日准备兵员。为鼓励民众从军，各大报刊上经常刊登各界从军的情形，以及军官培训的报道，比如《军校预备班，学员额满》《梧州学生救国会组织学生救亡先锋队》。[①]1936 年两广事变发生时，新桂系为了动员民众、显示学生军训的成果、表达抗日救亡的决心，组织大中学校的学生成立了学生军。全面抗战爆发以后，更是"积极发动第二期学生从军运动中，修正志愿服役办法"。广西当局以广西绥靖公署的名义公开在报上登载招考学生军的布告，决定依靠青年学生，动员广大民众支前作战，抵御日寇入侵，组织了第三次广西学生军。原定招考 1200 名，可消息一经登载后，广西青年学生报名投考的共 18000 余人，因而不得不改变计划，录取了 4200 多人，编为 3 个团，其中女生 400 多人。

---

① 彭继良：《广西新闻事业史》，广西人民出版社，1998 年，第 189 页。

三、为抗战提供物质基础

开展一县一机运动。即在全国范围内开展每县捐献一架飞机，以建立起强大的空军的活动。据 1943 年 9 月报道，仅一个月时间献机数目已达数百架，广西各地也开展捐款购买滑翔机运动，一四二师全体桂林官兵捐献 1 架，陆川县小学老师捐款 9300 多元，省政府还特传令嘉奖。

1941 年广西省政府通过了《广西省基层经济建设纲要》和《广西建设计划大纲》。桂林各报刊相继给予转载和刊载，如《广西合库通讯》《广西银行月报》《行政与训练》《国民教师》等，通过这一系列的宣传报道，使《广西建设计划大纲》之总纲"广西为中华民国之一省，广西省政府为谋领导全省官民，共同努力于复兴中国之任务，在整个建国计划体系之内，积极从事于本省之建设"等内容昭然天下，极大地鼓舞了广西民众建设广西的热情，推动广西经济建设取得了一系列的成就。

小　结

抗战时期桂林传媒在内容上紧紧围绕抗战这个主题，从动员广大民众投身抗战、巩固抗日民族统一战线、抨击汪伪投降卖国行径、颂扬前线军民英勇抗战、开展战时新闻性质的讨论、身体力行为抗战出钱出力等方面做了大量的宣传工作，极大地动员和鼓舞了广大人民的抗战热情和信心，为推动全民族抗战做出了巨大的贡献。

第六章　异彩纷呈：桂林抗战传媒特点探析

作为抗战文化城里的璀璨之花，桂林抗战传媒有着自己鲜明的特点和风格，无论是新闻的采写、编排和行文，还是宣传品的印刷、出版和发行，都燃烧着战火中的激情、热烈与跳荡，成为桂林抗战文化的精彩之笔。

第一节　英姿飒爽：引领前行的标杆人物

抗战爆发以后，许多新闻工作者和进步文化人士来到桂林，为了宣传抗战和争取民族独立，他们积极开展新闻宣传工作，为桂林传媒的发展做出了巨大的贡献。当时，桂林文化城里活跃着一大批新闻工作者和文化人士，他们站在时代潮流的前列，以忘我的工作精神和突出的工作业绩，成为引领桂林传媒发展的标杆人物。

一、桂林传媒界的"参谋长"胡愈之

胡愈之，我国著名的社会活动家、革命学者，早年曾创建世界语学会和文学研究会，1935年参加了上海文化界救亡运动。

1938年底，胡愈之来到桂林。在桂林期间，他热情忘我地投入到抗战传媒活动之中，足迹遍布桂林各项新闻活动与各类新闻机构。他先后出版了《国民公论》，组织国际新闻社，创办广西地方建设干部学校，组建桂林文化供应社，作时事演讲宣传抗日，在《救亡日报》《国民公论》等报刊发表《南行杂记》《回忆片段》，《抗战第三周年的世界与中国》《变侵略战争为反侵略战争》《用五四精神来完成抗战建国》等大量文章。

胡愈之在桂林的传媒活动与贡献，使他在桂林传媒界享有很高的声望，极大地鼓舞和激励着桂林的传媒工作者，为抗战事业团结奋进，他也因此赢得了"参谋长"的美誉，是桂林抗战传媒的重量级人物。

二、新闻与文学创作的完美结合者——夏衍

夏衍，我国著名的社会活动家、文艺评论家、剧作家、杰出的无产阶级文化战士。1938 年 11 月，根据党的指示，夏衍从广州辗转来到桂林，复刊《救亡日报》(桂林版)，任总编辑。在办报的同时，夏衍积极致力于桂林文化界的统战工作，担任了中华文艺界抗敌协会桂林分会的发起人之一，还担任了文协桂林分会的理事。在文协桂林分会举办的文艺习作指导组、暑期文艺习作研究班、文艺讲习班，以及"青记"桂林分会举办的新闻讲座等活动中，夏衍不仅热心为传媒工作者讲授新闻写作与文学创作问题，还亲自为文艺青年评阅文艺习作稿件。1940 年，夏衍又与宋云彬、秦似、孟超、聂绀弩等人一起创办了杂文月刊《野草》，开辟了桂林抗战文学的新阵地。在桂林期间，夏衍在《救亡日报》上发表了许多国际时论和政论文章，创作了大量的剧本、剧评以及杂文，出版了剧本《心防》、散文集《长途》、杂文集《此时此地集》，成为抗战新闻与抗战文学有机结合的典型代表。

三、文化城中的"新闻尖兵"——范长江

范长江是我国杰出的新闻家、新闻记者和社会活动家，抗战时期写作了大量出色的新闻报道，并担任着众多新闻机构的领导工作，是抗战传媒活动的杰出领导者。

范长江在桂林的主要工作重心是"国际新闻社"，这是他个人创立的第一个新闻机构。他曾宣布过三大信条：(1) 就新闻岗位为新中国之实现而战斗；(2) 促进新闻事业之改革；(3) 以生产合作社方式，谋全体社员之福利。[①] 通过"国际新闻社"和"中国青年记者学会"等新闻机构，范长江积极开展抗日救亡宣传活动，大力培养抗战新闻人才，成为抗战文化城中的"新闻尖兵"，为桂林的传媒事业做出了巨大贡献。

---

① 王文彬：《抗战时期桂林的新闻事业》，《桂林文史资料》第八辑，第 148 页。

除了上述标杆人物之外，当时桂林还有很多进步文化人士，他们在桂林有的出版原有报刊，有的创建新的报刊，成为桂林抗战新闻宣传运动的重要力量，其中代表人物有邵荃麟、邹韬奋、千家驹、金仲华、陈迩冬、马国亮、王文彬、冯英子等。

著名作家、文艺理论家邵荃麟，1940 年底至 1944 年 9 月，先后担任中共南方局文委桂林文化工作组组长、《力报》主笔、文化供应社编辑、《文学杂志》主编、文协桂林分会常务理事兼研究部副部长、理论组组长、广西建设研究会研究员等，并通过这些身份与职业，积极开展统战工作和文化宣传工作，实现党对桂林抗战文化的领导。

著名新闻记者、政论家、出版家邹韬奋，抗日战争期间曾经两次到桂林从事抗战宣传活动，1937 年 12 月，他由香港经梧州、玉林、柳州至桂林，为广西大学、广西学生军做抗战救亡专题演讲；1941 年 3 月，邹韬奋由重庆冒着生命危险抵达桂林，实地调查桂林生活书店的破坏情况，同国民党反动派展开了针锋相对的斗争。

千家驹于 1937 年 1 月经武汉抵达桂林，任广西大学经济系教授，后出任广西建设研究会会员，负责编辑《中国农村》《经济通讯》等经济刊物，并与胡愈之同志等一起主编了《国民公论》。千家驹撰写了不少有关经济、政治理论方面的文章。1944 年秋湘桂大撤退时，他先后到广西昭平、黄姚等地，同欧阳予倩、张锡昌等主办《广西日报》（昭平版），继续宣传抗战。抗战胜利后离广西赴港。

金仲华于 1942 年初来到桂林，为《广西日报》写撰写专栏文章，一度担任主笔，并参与该报的编辑工作。另外，在桂林的这段时期，金仲华还在《半月文萃》《中学生》《文化杂志》《建设研究》等诸多刊物上发表了许多关于国际问题的评论文章。1944 年 9 月，金仲华随《广西日报》社的部分人员一起撤离了桂林。

陈迩冬，抗战期间一直在桂林从事抗日文化宣传运动。曾任广西国防艺术社宣传部副主任、文协桂林分会理事，主编《战时艺术》半月刊、《拾叶》诗刊以及《大千》杂志，曾任《桂林日报》、桂林《力报》副刊编辑，出版诗集《最后的失败》、剧本《战台湾》、叙事诗《黑旗》、历史小说《九纹龙》等。于 1944 年 6 月离开桂林。

1942 年初，民盟成员马国亮因香港沦陷来到桂林，先后任《广西晚报》《广西日报》副刊主编，《人世间》杂志编委、主编。在桂林期间，他写作了大量散文在《广西晚报》《广西日报》上发表，后辑成散文集《人的声音》《春天！春天！》两书在桂林、重庆出版。1944 年秋马国亮离开桂林。

王文彬于 1939 年初抵达桂林，成立《大公报》驻桂林办事处。1941 年至1942 年，他先后筹办了桂林版《大公报》和《大公晚报》，任发行人兼副经理。王文彬曾任中国青年记者学会桂林分会理事、学术委员会委员、国际反侵略大会中国分会广西支会理事、桂林市新闻记者公会执行委员等职务。在桂林期间他积极参加各种抗战新闻宣传活动。1944 年秋桂林沦陷前，王文彬带领《大公报》部分职工撤往贵阳、重庆。

冯英子，抗战爆发后任《大公报》的战地记者，先后在湖南邵阳、桂林《力报》工作，任桂林《力报》总编辑和主笔。

其他如韩北屏、陈芦荻、莫乃群、张洁、陈说、艾青、张铁生、李四光、欧阳敏讷、刘虚、沈光曾、刘实君、杨承芳、储安平、杨东莼、宋云彬、傅彬然等人，都为桂林抗战新闻事业发展发挥了重要作用。

正是在上述新闻界领军人物的带领下，革命新闻工作者与进步新闻人士共同努力，桂林新闻出版业一改往昔的落后，从过去报纸刊物少，出版发行水平低，缺少专业技术队伍的状况，一跃而为西南文化重心，国统区最发达的抗日民主文化中心。

第二节　富于战斗性的采编风格

抗战时期，桂林的各大报刊从新闻的采写，到报纸的版面设计，再到文章撰写的风格，都体现了服务于抗战、服务于前线、服务于民众的宗旨，具有强烈的战斗性。

一、准确及时的采写

武汉沦陷以后，国统区内各省的报纸仅限于本省发行，媒体的传播受到了很大的限制。加之战事告急，一时间无力派遣记者到前线和后方各地进行采访，就连国民党中央通讯社也只能发布一些零星的消息。这种媒介信息传播状况，远远不能够满足读者们的心理期待，也不能够适应火热战争的需要。为了准确把握前方的战情，及时向抗战后方传递战事进展的最新动态，让广大读者及时了解瞬息万变的战场形势，桂林新闻传媒界派出了大批战地记者，奔赴抗战前线，记录下一幕幕前线将士英勇杀敌的动人事迹，书写出了一份份中国军民悲壮惨烈的报国情怀。如"国新社"曾组织进步青年记者赶赴前线和后方，采访第一手信息，撰写战地通讯，及时发往国内各地方报纸，以满足他们对战事资讯的迫切需要。在胡愈之的建议下，国新社的通讯一般都抄录五到六份，分别寄给五到六个省的报纸，并且不标注"国新社供稿"字样，仅保留作者书名，从而为更多报纸采用这些稿件提供了很大便利。当时，各报社纷纷采纳"国新社"的稿件，桂林新闻采写的影响于此可见一斑。[①]

除及时反映中国的抗日战争，关注国内战事外，桂林媒体还密切关注国际形势。近代著名编辑、国际问题研究专家金仲华曾指出："写国际问题文章，就是分析国际局势的发展动向，来帮助读者对变动中的世界加强认识。"[②]在日本成为亚洲战争的策源地后，德国法西斯逐渐成为欧洲战争的策源地。面对德国、意大利、日本等法西斯国家不断扩大的侵略战争，以英国、法国为首的西方国家却实行"不干涉"的政策，妄图"独善其身"。针对英国、法国等国的"绥靖政策"，《救亡日报》进行了猛烈的抨击。

正是由于桂林各大媒体及时迅捷的工作特点，使得战争进程、战场信息、国内外战局能够及时、准确地传递到广大民众中间，有力地推动了中国人民的反侵略战争。

二、不拘一格的编排

为了更好地吸引读者，获得广大读者的肯定与支持，桂林各大报刊纷纷根据自己的办报方针，积极改进编辑方法，精心设计安排版面，以期更好地开展抗战新闻宣传。

一般说来，这个时期的报纸不论是四开的小报，还是对开的大报，其版面

---

① 于友、胡愈之：《中外名记者丛书》，人民日报出版社，2000年，第235页。
② 金立勤：《金仲华的编辑生涯》，载《新文化史料》，1998年第3期，第26页。

的编排大多为：一版，报头在右上角，直排广告；二版，国内外要闻，评论（包括社论、短评、时事论文）；三版，本省本地新闻、文章；四版，副刊。二、三、四版均辟有一定数量的专栏、专刊，或在特别的日子出版特刊，其下部还有一些广告（许多县报没有广告）；一四、二三版之间的中缝有时刊有广告，有时刊有一些抗战的标语口号；标题使用的字号，与前期无多大差别。油印报纸刻写的一般是楷书或行书，工整的比较少，相当于四号字；由于经济、技术条件的限制，刊登照片极少，许多报纸根本没有刊登过，较多的是刊登木刻；版面绝大多数是白纸（或黄纸）黑字，连套红都很少，色调单一；文字是直排，从右到左；翻阅报纸从右至左，极少数是从左至右，等等。①

例如 1940 年 1 月 8 日《救亡日报》第一版，有 14 条新闻、一篇社论，头条新闻的标题是——

肩题：犯粤北敌续溃退

主题：我克复连江口

副题：良口之战毙敌伪军官多名

　　　曲江甚安逸　充满大捷气象

头条新闻由 4 条电讯综合组成，共 269 字左右，其中最长的一条 86 个字，最短的一条 48 个字，前两条为本报电讯，后两条是中央社来自韶关、粤北前线的电讯，请看原文：

〔本报七日耒阳电〕粤北敌溃退后，我军奋勇追逐，连克军事据点，昨（六）日晨我军又克复军事据点连江口。

〔本报七日曲江电〕粤北军大举反攻，敌军溃败，军心大振，我国攻良口吕田之役，斩获敌伪军颇重，并毙日顾问川田宣悦夫妇，日顾问濑田为男，伪大队长商增，火军轻机关枪及步枪、子弹众多。

〔中央社韶关六日电〕韶市充满大捷气氛，市内通街张贴"庆祝胜利""欢迎抗战将士""拥护最高领袖"标语，若干慰劳团，正奔赴前线劳军。

〔中央社粤北前线某地六日电〕左翼我军，清理梅坑战场，发现敌军于

---

① 彭继良：《广西新闻事业史》，广西人民出版社，1998 年，第 385 页。

败退时，发现敌军官兵尸体达七八百具及大炮机枪弹药甚多，可见其败溃时之狼狈情形。①

社论是《分进合击战术的破产》。

第二版：主要刊登综合新闻，多为国际新闻，有特载《国际现势与中国——在重庆三团体欢迎会席上演词》，作者孙科。

第三版：共有《潮汕的保卫战与华振中将军》《粤南海路线上的集中炮火的电白》《南路前线通讯——在邬墟的战工督导团》三篇文章，作者分别是于逢、罗国杰和巧妮。

第四版：文化岗位副刊，共有三篇文章，一是周钢鸣所写的《文艺与宪政》；二是苏红所写的《登青龙山记》；三是丫棵纳南柯的儿子（三）。

从以上材料我们可以看出，桂林版《救亡日报》不但不刊登任何广告，而且还改变了在上海、广州时那种杂志型报纸的编排，因为那时除了《文化岗位》固定在四版外，一、二、三版几乎全是适合知识分子口味的文章、通讯，新闻报道经常置于不甚重要的地位，甚至没有固定的版面。重新安排版面后的《救亡日报》，大体上一版为要闻、社论或时论；二版为国内外电讯和省市地方新闻；三版为特稿、通讯、参考资料；四版为《文化岗位》及其他副刊，大大增加了新闻的内容分量，使它能够发挥所有空间的最大能量和影响。应该说，这样的排版方式非常切合战争的需要，大战当前，加大新闻的分量，将与战场、战事、战局紧密关联的要闻、社论等放在重要版面，既方便了读者在第一时间了解当下最新的抗战信息，又突出了报刊为抗战服务的战斗性风格，同时大大强化了抗战报纸的宣传效果。

与《救亡日报》力求改变过去"杂志化报纸"的做法相反，《力报》则强调编排的杂志化。《力报》在其广告中强调，自己的特点是"报纸的杂志化，杂志化的报纸"，并说自己的"社评敏锐平直，通讯普通深入，专论邃深精辟，编排活泼齐整，译述正确流利，副刊生动隽永"，"各种文字均请国内名家执笔"②。《力报》除了一版全是广告之外，二版、三版刊登的新闻很多，比如1942年1

---

① 《救亡日报》（桂林版）1940年1月8日。

② 《建设研究》第6卷第2期。

月 27 日的第二版有 32 条中央社电讯，第三版有外地和当地新闻 14 条；社评，短评和时评每天都有一至二篇，所涉及的内容非常广泛，而配合当天新闻发表的短评亦非常及时、有力；第四版的副刊《蜜蜂》，设有《新垦地》《嗡嗡篇》《点将台》等专栏。《力报》的排版突出杂志化，旨在更好地吸引广大读者，并凭借着其杂志化的排版和丰富的副刊内容，赢得了读者的一致好评，《力报》也在这种编排生动、丰富多样的风格中，办出了自己的特色，在抗战宣传中发挥了战斗作用。

三、短小精悍的文风

在瞬息万变的战时环境下，为了更好地传播新闻，让读者能够更方便、更准确的了解抗战局势，各报在文章的篇幅上都力求短小精悍。《救亡日报》编辑部曾发表过一篇《为读者呼吁》的短文，提出"不必要的文章可以不写，写文章最好是五句话用两句话说完。"提倡写"蜜蜂式"的文章，形体小，有刺有蜜，"用最小的地位给语言，用最深广的地位给意义"。比如《救亡日报》的社论，每天有一篇，从抗战形势、国内国际大事，一直到社会风气、人民生活，无所不议，无所不论。当时《救亡日报》的社论主要由夏衍撰写，除非他生病或者出差，才由廖沫沙或其他人代写。为倡导短小精悍的战斗文法，夏衍首先给自己立法：社论不得超过 2000 字，从无例外。其他如《岗语》《小言》《今日话题》《街谈巷议》等言论专栏的文章，都只三四百字、二三百字、三四十字、二三十字，或单刀直入，或旁敲侧击，或借题发挥，或寓意隐义，或发弦外之音，嬉笑怒骂皆成文章。为读者提供了"轻松而不儇薄，多趣而不卑劣的材料"，做到"无毒而健康"。

又以《扫荡报》的社论和短评为例，其社论一般千字以内，短评多为两百字左右，观点鲜明，尖锐泼辣，切中要害。例如，1938 年 12 月 25 日第三版的短评《扑灭毒焰——敌机惨炸桂林，昨天是第三次了》，全文只有 187 个字（连标点在内）：

十八个月来对倭战事中，敌人一而再，再而三而四……的惨炸我们的城市，可说是竭其摧残的毒手。然而我们可相信这毕竟炸不平我们抗倭的心火；反之同仇敌忾的情绪却因此而高度的燃烧起来。

再者，昨天是圣诞节的前夜，可是敌机竟也不择手段的炸中美教会，死宣教师二人、伤教友八人。此种狂举，虽从前亦屡见不鲜，但于此我敬请世界人士注意：东方的日本强盗，不早日设法来扑灭他的毒焰，他必狂燃而肆无顾忌了。①

可见该报言论之短小精悍。

抗战时期，桂林的各大报纸通过准确及时的采写、不拘一格的排版和短小精悍的文风，用极富战斗性的采编风格，为读者传递最准确、最及时的信息，从而极大地激发了广大民众的抗战热情。

四、琳琅满目的专栏副刊

为了吸引和争取更多、更广泛的读者，把报纸办得有声有色，《救亡日报》一改过去报上名人大块文章多、政治议论多的做法，除了刊登必要的理论专稿、本报特写以及其他稿件外，增设了一些小型的、通俗的、更能适合普通读者不同口味的、综合性的专栏，即带有知识性、趣味性、娱乐性的专栏，努力做到寓宣传教育于谈天说地、三言两语之中。比如第二版，增加了一个小专栏《今日话题》，每日发文三、六、八则不等，内容从国际大事到时人行踪以至社会新闻，夹叙夹议，常有一针见血的警句，读来令人印象深刻。又如其创办的《星期增刊》辟有小副刊《草地》，其中有《小言》专栏，专门发表各种各样的小文章。尤其是第三版增辟的副刊《十字街》，虽然只占五栏版面，但要求每天至少要有七八个题目，补白不算，都是小文章。其中有个小言论专栏叫《街谈巷议》，侧重对社会现象发表议论，一事一议，连述带评，颇吸引人。此外，第四版副刊《文化岗位》亦辟有小言论专栏《岗语》，不过因为《岗语》的主要对象是文化人，谈的主要是思想问题，文笔也雅致得多。

《救亡日报》开辟的专栏还有很多：属于科技知识的有《数学趣味》《科学新闻》《科技趣味》《科学小品》《生活讲座》等；属于文教的有《文化电台》《我们的书橱》《影坛新讯》《学校风光》《学校新闻》《名人轶事》等；属于地方

---

① 《扫荡报》1938 年 12 月 25 日。

性的有《地方小志》《上海特讯》《地方风光》《桂林风光》《香港杂碎》《海外来鸿》《莫斯科特讯》《孤岛点滴》《倭国奇谈》等；其他方面的有《读者问答》《讽刺小说》《狗物志》《欧战谈奇》《小信箱》《小幽默》《读者论坛》《邮票猎奇》《小统计》《时事座谈》等，共有三十多个专栏；同时，轮流刊出的专刊有《漫木旬刊》《救亡木刻》（旬刊）、《诗文学》《音乐阵线》（旬刊）、《儿童文学》《儿童周刊》《介绍与批评》（评价中外文学名著为主）、《舞台面》（戏剧及其评论文章为主）、《青年政治》（由广西大学政治研究会主编）、《新闻记者》（先由中国青年记者学会南方办事处主编，后改由青年记者学会桂林分会主编，共出3期）；另外编发了一些重要的特刊，如《斯大林六十诞辰纪念》《讨汪（精卫）肃奸特辑》《香港文艺界声讨文化汉奸专页》《桂林文艺界同仁给苏联的书简》《民族歌手聂耳先生逝世五周年纪念》《桂林记者公会成立特刊》《桂林文协成立周年纪念专页》等等。

　　如果说《救亡日报》副刊的特点是专栏琳琅满目，那么《扫荡报》的特点则是副刊丰富多彩。从该报1939年3月9日第四版刊出的《本报副刊日程表》可以看到，当时的《扫荡报》，几乎每天都有副刊，有的为日刊，有的为周刊或双周刊，周而复始。

　　　　每日刊：瞭望哨

　　　　星期一：抗战与建国

　　　　星期二：抗战戏剧

　　　　星期三：野营（文艺周刊）

　　　　星期四：抗战音乐　新闻记者（双周刊）

　　　　星期五：抗战儿童

　　　　星期六：健康园地

　　　　星期日：伤兵之友[①]

　　除了这些，后来还开辟了《现代战争》《现代政治》《现代文艺》《现代经济》等副刊。

---

① 《扫荡报》1939年3月9日。

　　为了使各个副刊更加具有自身特点，得到更多读者的喜爱，《扫荡报》对各个副刊的内容都作有明确的规定。比如《野营》作为文艺副刊，主要是刊登诗歌、小说、短评、批评、译文等方面的内容；《瞭望哨》作为综合性副刊，主要刊登人物印象、地方印象、战时特写、时事杂志、文坛动态、书报评价、生活报道、时论短评、其他杂文、漫画图片等方面的内容。1939 年 12 月 16 日起，该报根据其军事报纸之特点，对《瞭望哨》副刊的各方面内容做了大致规定：抗战建国理论占 20%，军事及战地通讯（包括战史、战术兵器之研究、介绍）占了 30%，政治、经济（偏重国际形势分析与经济建设理论）占 15%，文化报道（包括文学、戏剧、音乐、电影）、评论（时评、书评、剧评及各种问题讨论）和杂文（游记、小品等）各占 10%。

　　除了编辑《瞭望哨》《野营》等副刊外，《扫荡报》还借助社会力量和其他团体编稿。比如由广西音乐会编的《抗战音乐》，桂林儿童座谈会编的《抗战儿童》，桂林卫生区、卫生事务所与广西省立医院合编的《健康园地》，广西伤兵之友社宣传组编的《伤兵之友》，中国青年新闻记者学会南方办事处编的《新闻记者》等等。同时《扫荡报》还四处向进步人士约稿，《新华日报》驻桂林特派记者、著名女作家白薇的长篇小说《北方女郎》，就在《野营》上连载；作家杨朔为朝鲜义勇队公演的话剧《朝鲜的女儿》写了文章，也在《瞭望哨》上发表；著名导演、戏剧理论家焦菊隐，以笔名"居尹"和本名写的《桂戏与抗战》等40 多篇文章，先后在《抗战戏剧》上发表；《新华日报》记者陆诒、国际新闻社记者邵宗汉均在《伤兵之友》发表过如何做好伤兵工作的文章。许多进步人士十分乐于利用这些阵地进行抗日宣传，而这反过来又提高了《扫荡报》在读者中的声誉。曾在国民党中央宣传部工作过的程其恒在其编著的《战时中国报业》一书中，对抗日战争时期桂林出版的《扫荡报》赞扬最多的也是副刊，"因为和实际的需要配合得很好，所以很受一般读者欢迎"，尤其是《瞭望哨》，其"内容多系杂感、随笔，以及通讯等短小精悍的文章"，是为"最一般平民爱读的"。他认为《瞭望哨》之所以使人爱看，"最大的原因是'敢说'，例如省立医院组织之欠健全，招呼病人之欠周到，《瞭望哨》都会瞭'望'出来了，因之省立医院也在改进着。其次是文笔之深入浅出，短小精悍，一般市民都能够看得懂，故更受欢迎"。"其实，《瞭望哨》也不尽是'骂'的文章，也有着长篇的速写、

通讯，有价值的考证等，因而并不逊色"。^①

第三节　书刊印刷耳目一新

自 1912 年广西省会迁至南宁以后，桂林的印刷工业一直没有很大的发展，直到抗战爆发前夕，桂林的印刷企业也仅有 10 余家，而且大多数为小手工业作坊。1936 年，广西省会迁回桂林后，桂林的印刷业得到较大发展，印刷厂发展至近 30 家，广西印刷厂也在桂林设立了分厂。这一时期，除了广西印刷厂桂林分厂设备较为齐全以外，其他大部分厂家依旧采用手工印刷，设备简陋，企业资金总额不到 30 万元。其中，除一家印制报纸，两三家排印机关、学校的公报、讲义、书本之外，其他均为印制一些杂件或者兼营文具纸张的印刷店，生产能力低下，全市印刷工人不足 300 人，绝大部分为湖南、广东、广西籍人。1938 年秋，广州、武汉相继沦陷，大批文化人士、文化团体以及出版印刷机构迁至桂林，抗日救亡文化运动蓬勃发展，桂林成为西南文化中心，承担着全省乃至全国大部分地区图书杂志的出版印刷业务。除外来印刷厂以外，这一时期桂林本地的印刷企业也如雨后春笋般出现，到 1943 年 7 月，桂林的大小印刷厂及印刷相关工厂猛增至 104 家。桂林印刷业的兴盛，为桂林文化城出版事业的繁荣发展提供了有力的保障。

一、印刷企业与业务：逐年递增，业务广泛

抗战开始后，广西省会迁至桂林，到 1938 年前，桂林具备铅印机器设备规模以上的印刷厂有 9 家，见下表：

表 6-1　抗战时期桂林印刷设施简表

厂名	机器设备	电气动力
广西印刷厂	铅石，橡皮机俱全	动力
广西日报社印刷厂		动力
许景泰印务局	四开机 2，圆盘机 2	

---

① 程其恒：《战时中国报业》，铭真出版社，1944 年，第 92—93 页。

厂名	机器设备	电气动力
华光印务同	四开机2，圆盘机1	
国文印务局	四开机1，圆盘机1	
典雅印务局	四开机1，圆盘机2	
启文印务局	四开机2，圆盘机1	
大观印务局	四开机2，圆盘机1	动力
生盛昌印务局	四开机2，圆盘机1	

资料来源：根据《抗战时期桂林出版史料》整理。

据不完全统计，1938年，桂林有华大、永源、三户、扫荡报等印刷厂相继开业。上海、广州、武汉沦陷后，上海科学印刷厂、中国科学公司印刷厂、汉口中国印书馆、国光印刷厂、鼎丰美术制版印务馆、衡阳岳南印刷厂、军训部印刷厂、陆军测量局印刷所等，于1939年陆续迁来桂林。1940年，又有青年印刷所厂、华成印刷厂、建设印刷厂、崇大印刷厂、力群印刷厂、自由晚报印刷厂、维林印刷厂、大同印刷厂等印刷企业相继建立。到1940年底，较大规模的印刷厂有20家。这些工厂中，拥有铸字机有9家，有订纸型设备的8家，备有动力的8家，利用外电的5家。其中广西印刷厂能印三色版，设备较为完善，可惜当时未能全部利用；科学印刷厂备有米勒卷筒机及自动铸字炉，生产能力相当大，但因卷筒纸来源缺乏，电力不足而放弃未用。除这20家印刷厂外，桂林还有小石印文具铺11家。

1941年，新开设的印刷厂又有大成、秦记西南印刷厂、力报印刷厂、艺林印刷厂、绍荣印刷厂、中央军校印刷厂、大达印刷厂、美昌生印刷厂、大荣印刷厂、中央电工厂印刷厂、中央无线电厂印刷厂、三户印刷厂等10多家，到1941年底桂林已有印刷厂50余家。

到1943年7月，桂林拥有印刷及相关工厂共计104家。从印刷业务来分，从事书刊印刷的有西南印刷厂、建设印刷厂、三户印刷厂、国光印刷厂、中新公司印刷厂、青年印刷所等8家；从事书刊兼彩印杂件的有6家；从事书刊兼杂件印刷的30家；从事报纸印刷的5家。其中主要期刊承印厂有：广西日报社印刷厂承印的《抗战文艺》《音乐与美术》《种子》等；力报印刷厂承印的《半月文艺》；青年印刷所承印的《文学译报》《文学创作》等；三户印刷社承印的《文学报》等，中新公司印刷厂承印的《文学创作》《宇宙风》等；前进书馆承印的《太千》；华光印务社承印的《战时艺术》等；科学印刷厂承印的《工作与学习·漫画与木刻》《野草》等；中国科学公司承印的《文艺生活》《野草》《国文杂志》等。

此外还有装订厂3家，油墨制造厂2家，铸字厂2家，有手摇石印机的小规模印刷厂（店）36家。战前至1943年7月，桂林印刷行业各种工厂的增加情况如下表：

表6-2　抗战时期桂林印刷设施

业务分类	战前（家）	1943年7月（家）	增加数（家）
书刊	—	8	8
书刊兼彩印杂件	1	6	5
书刊兼杂件	2	12	10
报纸	1	5	4
杂件	5	30	25
铸字	—	2	2
油墨制造	—	2	2
装订	—	3	3
小石印文具铺	10	36	26

资料来源：根据《抗战时期桂林出版史料》整理。

二、印刷设备与能力：设备先进，能力提高

桂林的印刷工业设备，就数量而言，1943年全市有对开机50余台，四开机60余台。就种类而言，有当时最新式的轮转机、全张米列机、三色平版机、五色橡皮机、印钞凹版机、汤姆森铸字炉、三面切书机等，各式铜版、各种字体及各种数理化公式符号、照相制版、烫金划线装订等也应有尽有。战前至1943年7月，桂林部分印刷设备增加情况见表6-3。

表6-3 抗战时期桂林印刷设备增减情况

设备名称	战前（台）	1943 年 7 月（台）	增加数（台）
轮转机	1	2	1
三色平版机	1	1	—
橡皮机	1	3	2
米列机	1	2	1
凹版机	—	2	2
汤姆森铸字机	—	1	1

资料来源：根据《抗战时期桂林出版史料》整理。

抗战时期原材料供应相当困难，特别是随着太平洋战争的爆发，香港沦陷之后更加困难。但经过努力，当时桂林的部分机器、原料如一些机器、纸张、油墨、铸模等已能够自制，比如六河沟机厂、华中铁工厂、广西大学机械系等制造的四开机及圆盘机；华光油墨厂、工合油墨合作社、更生油墨厂、新生活油墨厂等生产的油墨；中元造纸厂、中国造纸厂、建国造纸厂、广西造纸实验所等生产的各种纸张，数量基本能适应需要，唯质量仍待改进。

1943 年是桂林印刷业发展最为鼎盛的一个时期，全市每月可排字 3000 万至 4000 万以上，可印纸 1 万令至 1.5 万令。

三、印刷队伍与技术：人员充实，技术精密

据职业工会统计，1943 年桂林市印刷工人约有 1500 人，艺徒约有六七百人，工人总数较战前增加了五六倍。工人的工资最高额为 650 元，算上加班工资则可达 1200 元以上。因为物价上涨，工人的工资一般也增加 21 倍到 34 倍，甚至有的增加至 60 倍。

当时劳资关系还算比较融洽。桂林的工业界技工缺乏，招收工人比较困难，因此对工人不得不酌量提高待遇。中央主办的工厂，除工资外多有米津贴，且有抚恤等优待。小规模民营工厂大多供给食宿，或以分红的办法吸引工人。抗战期间虽然困难重重，但工人们多能从抗日救国的大局出发，艰苦奋斗，劳资冲突不多。工人待遇的不断提高和融洽的劳资关系，使得当时桂林的印刷企业

工人队伍数量充足，人员稳定。

抗战以来桂林市印刷工人队伍迅速壮大，印刷技术都有很大提高。"印刷工业特别繁细而富美术性，尤以排版、彩印、雕版为甚"，对工人的技能要求较高。战前桂林印刷工业落后，印刷技术水平较低，抗战以来，从出版印刷业发达地区迁来的工人数量大量增加，并且带来了先进的生产操作技术，对桂林本地工人的提携与相互间的竞争，使桂林的印刷技术提高到一个新的档次。特别是江浙籍工人，虽然在数量上居第三（当时湖南第一、广西次之），但技术及工作能力处于领先地位，他们的到来对桂林印刷技术的提高有很大的影响。

抗战时期的桂林印刷业，不管是在企业的数量与业务、印刷设备与能力，还是在印刷人员与技术等方面均取得了巨大的发展，印刷业的不断发展，直接促进了桂林文化城出版事业的繁荣兴旺，创造了战时大后方图书出版兴旺发达的壮观景象。

第四节　出版发行及时迅捷

抗战爆发前，桂林的出版机构只有省政府的几个编辑出版部门，没有民营出版社，民营书店也只有5个。由于抗战形势的发展，1938年以后，一批出版社、书店，从上海、武汉、广州等沦陷区相继撤退到桂林。1941年太平洋战争爆发香港沦陷，又有一批出版社、书店迁徙到桂林。短短时间内，桂林书店、出版社林立，出版发行书刊种类数量激增，出版事业空前繁荣，桂林成为全国重要的文化出版发行中心。

一、出版发行机构：星罗棋布，各司其职

据统计，抗日战争时期桂林的出版发行机构共有大小出版社、书店178家（民营的166家，政府行政部门12家，还有只有名称其他情况不详的几十家未计入内）。民营的166家中，其在桂林开业的时间为：1937年以前有5家，1937年有3家，1938年有21家，1939年有10家，1940年有5家，1941年有22家，1942年有23家，1943年有22家，1944年有1家。其余有名称、地址、出过书的有54家，开业、停业时间不详。政府行政各部门的12家都在1940年

以前开业。[1]众多的出版社、书店，分布在桂林各主要街道，当时的桂西路（现为解放西路）书店、出版社最多，人们称为"书店街"。此外，中山路、太平路、环湖路、中南路、棠梓巷、阳家巷、福隆街等也有不少书店、出版社。那时候，书店摆满书刊，读者络绎不绝，出版发行盛极一时。当时，出版社都自办书刊发行，也有少数书店出版图书，很多书店兼营文具和文教用品。在这些出版发行机构中，按政治倾向大体可分为四类：

（一）中国共产党领导下的书店、出版社

这些书店在中国共产党的领导下，出版发行进步书刊，以传播马列主义革命思想和科学文化知识为主要任务，有生活书店、读书生活出版社、新知书店、新华日报桂林营业处、南方出版社、文化供应社、学艺出版社、文学编辑社、远方书店、实学书局、新光书店、三户图书社、读写出版社等。

（二）进步书店、出版社

这一类书店，虽然不是在中国共产党的直接领导下，但是以进步文化人和党员为骨干，为适应形势需要，在党的影响下创办起来和开展工作，有白虹书店、华华书店、文化生活出版社、开明书店、科学书店、上海杂志公司、大公书店、作者书店、文献出版社、创作出版社、石火出版社、耕耘出版社、文人出版社、大时代书局、光明书局、春草书店、春潮社、良友复兴图书公司、集美书店、立体出版社、国光出版社、大地出版社、文光书店、盲文出版社、文艺出版社、前线出版让、文地出版社、今日文艺社、明日文艺社、春秋书店、艺术书店、立信会计图书用品社、学习出版社、北新书局等。

（三）中间性书店、出版社

这类一般只经营书刊发行业务，本身不出书或出书很少，有的只销售其总店发来的课本、教学参考书和实用专业书，这类书店、出版社占比重较大，但除商务印书馆等几家外，其余的多是小店，在出版发行事业中起不了左右局面的重要作用。具体有商务印书馆、中华书局、世界书局、侨兴出版让、南光书店、现代书局、新生书局、会文堂书局、锦章书局、强华书局、桂海书局、唐文南书局、文源书局、南国书店、中国书店、二酉书店、民强书店、天下书店、国粹书店、时代书局、兴华教育用品社、亚光舆地学社、大华图书公司、龙门

---

① 龙谦：《抗战时期桂林出版史料》，漓江出版社，1999年，第185页。

联合书局、华联书报社、中国图书文具用品公司、中国国书用品社、生路书店、真实书店、大千书店、文化书店、学友书店、荣记书店、新亚书店、大华书店、锦文书店、群益书店等等。

二、出版发行方式：服务群众，方便快捷

抗战时期桂林文化城传媒发行方式主要有四种：门市发行、批发发行、邮购发行、流动发行。

（一）门市发行

当时许多出版社、书店，在桂林设立书刊门市部，桂林的一些主要街道如桂西路、中山路等，图书门市部星罗棋布，书刊发行十分活跃，书店陈列讲究，书刊琳琅满目。每天门市开门以后，一批批的读者便簇拥入内，聚精会神地阅读选购各类图书，书刊的销售甚为火爆。各个图书门市还十分注重服务工作，努力提高服务质量。比如在营业时间上，多从方便读者的角度去考虑。如生活、读书、新知等书店的门市部，从早上8时营业至18时，有时还延长时间，一定等读者走完才关门。即便是节假日也不关门休息，采用内部派人到门市部顶班让门市人员休息照常营业。为了提高门市服务的工作质量，各书店都订有规章制度，比如"门市部要开架售书，任由读者自由选购；门市营业员对读者要热情、主动，有礼貌，不得怠慢读者，更不得和读者吵架；门市部实行站班服务制度，营业员不得坐着接待读者；门市部开门营业前，营业人员要把书台书架的书整理好，搞好清洁卫生；凡出售的书，不论多少，都要给读者包扎好"[1]。为了传播先进思想和科学文化知识，书店还主动关心照顾读者，如文化供应社，对一些很想看书但又因家庭穷困无钱买书的读者，特别是青年学生"到门市看书，一次看不完的，允许他折上书页作记号，下次再来看"[2]。不少门市部还设有出版动态、新书预告专栏，开办预约预订、缺书登记订购、书刊情况咨询等服务项目，满腔热情为读者服务。

（二）批发发行

批发发行，是由书店向本市或外地的大宗购书者批发销售的发行方式。当

---

① 《书店工作史料》第3辑，新华书店总店，1987年，第219页。
② 罗标元：《桂林旧事》，漓江出版社，1989年，第15页。

时，一些出版发行单位，比如华华书店、白虹书店、文献出版社等，虽然在桂林没有设门市部，但他们都积极开展批发、邮购发行，大量供应客户的需要，获得了很好的社会效益和经济效益。在桂林设有门市部的单位也很重视批发发行，一些在外地有分支机构或经销点、代销点的单位，批发销售量也相当大。生活书店桂林分店及其西南管理处向其在柳州、南宁、梧州、百色、玉林、桂平等地的分支店、代销处，以及广东、湖南、云南省的分支机构和客户批发发行。新知书店桂林分店及其总管理处向其在常德、金华、衡阳、襄阳、辰溪、贵阳、昆明、柳州、宜山的分支机构批发发行。建设书店的发行网点最多，省内有 65 个县城及乡镇分销店，并在四川、云南、福建、浙江、江西、陕西、甘肃等 12 个省有 130 多个经销、代销店。①

（三）邮购发行

邮购发行，是书店通过邮局来寄发书刊，跨越地域的限制来为读者提供服务的发行方式。其中生活书店拥有的邮购客户最多，共达八千多户，遍及全国及港澳等地。该店要求"生活同人，有信必复，有问必答，认真处理，毫不怠忽"。"有的读者所要数量并不多，甚至只一两册，都给读者及时寄去，从来没有耽搁过"②。"有时本店无此书，也千方百计到本市其他书店代买寄去，不收手续费，使读者感到非常亲切"③。

（四）流动发行

流动发行，是书店带书走出店门流动供应，主动送书到读者中去的发行方式。1939 年至 1940 年，由生活书店、新知书店、读书生活出版社三家书店联合发起，同时邀集开明书店、上海杂志公司等单位组成了"桂林市书业界联合流动服务队"，前往湖南衡阳，广东曲江、新会，广西平乐、八步等地流动供应书刊，收效非常好。另外，文化供应社也特别注意做好书刊的流动供应工作，经常派人带书到各个学校、机关去进行流动发行，"常去的有桂林两江师范、桂林师范学院、逸仙中学等 9 间学校"，"有一段时间还冒政治风险送书到中共桂北游击队去发行"④。

①　《桂政纪实》（下册），广西政府十年建设编纂委员会，1946 年，第 53 页。
②　广西社会科学院主编：《桂林文化城纪事》，漓江出版社，1984 年，第 104 页。
③　新华书店总店：《书店工作史料》，新华书店总店，1987 年，第 79 页。
④　罗标元：《桂林旧事》，漓江出版社，1989 年，第 87 页。

桂林文化城的出版发行，无论是在图书发行的数量和质量上，还是在发行范围的广度和深度上，都是在国民党统治区中数一致二的。广大出版工作者在中国共产党的领导下，克服重重困难取得的成绩，不仅鼓舞了广大人民群众的抗战热情，推动了抗战救亡运动的开展，同时还培养和锻炼了一批文化出版事业的业务骨干，为我国文化出版事业的繁荣发展做出了积极贡献。

第五节　管理运营各具特色

抗战时期，桂林各大媒体之间竞争激烈，为了能够在桂林的报业市场上取得一席之地，各报刊努力进行新闻改革，提高报纸质量，加强发行管理，扩大营销市场。

一、高度重视广告发行工作

《大公报》（桂林版）作为一份民营的综合性报纸，创刊后，凭借其出色的社评和新闻报道，数月之后，发行量便跃居桂林各报及西南各省之首，最高时可达 35090 份。[①] 随着桂林市面的不断繁荣，《大公报》（桂林版）的广告收入也随之逐渐增加，第一年勉强能够收支相抵，自 1942 年下半年起，收入大有起色，除去各项开支以后，每月还能略有盈余。虽然在经济上保持独立，但在"四不"，即"不党""不卖""不私""不盲"的办报方针的引领下，其广告还彰显了"以受众为中心""以公众利益为最高准则"的经营方针，其刊布的广告在当时的桂林亦独具特色。

《广西日报》（桂林版）除了拥有广西各级党政机关的订户，拿着省党部和政府的拨款之外，还积极开拓市场，运用各种手段筹集资金以此来发展和壮大自己。如《广西日报》（桂林版）1938 年 5 月建成的新馆，除了政府部分拨款外，大多是通过积极开拓市场，增加发行量，搞好经营等方式筹集到的资金。另外，《广西日报》（桂林版）既承担党政宣传工作，又满足市民对新闻信息的需求，并没有使它走向没落，变成一份没人愿意看的报纸。正是因为不断地开拓市场，重视读者受众的影响，才让《广西日报》（桂林版）更贴近民众，同时

---

① 周雨：《大公报史（1902—1904）》，江苏古籍出版社，1993 年，第 332 页。

也加速了新桂系政府各项政策的传播，使得民众能够积极支持和响应政府的号召。此外，正是由于前期的市场开拓，才使得《广西日报》（桂林版）能在日后与《大公报》（桂林版）等各大报纸的同台竞争中，占据一席之地。

《救亡日报》（桂林版）为了能在报业市场上站住脚，积极树立品牌意识，推出独有的新闻产品——"本报特稿"。该报通过利用上海文化界救亡协会的老关系，分别约请在桂林、重庆、昆明和香港等地的文化界知名人士撰写文章。为了引人注意，树立本报品牌，每篇文章的题目都加上一个"本报特稿"的标志，以示本报独有的新闻产品。这个独有的新闻产品的推出，为桂林各报所无，深受读者欢迎。不但提高了《救亡日报》（桂林版）的品位和质量，也迅速扩大了《救亡日报》（桂林版）的销路。此外，争取抢在《广西日报》（桂林版）、《扫荡报》（桂林版）等报出版之前出报，也是《救亡日报》（桂林版）争取在桂林报业市场站住脚的经营策略之一。为了能够做到这一点，他们严格规定了出报流程，密切了编辑部与印刷厂之间的衔接，通过一系列的措施，使《救亡日报》（桂林版）成了桂林报业市场上出报最早的报纸，促使报纸的发行量迅速上升。

二、推行灵活多变的管理制度

抗战时期，桂林传媒事业的繁荣还来自桂林各报在内部推行灵活多样的管理制度，提高了媒体运行的效率。

《广西日报》（桂林版）在管理方面采取的是比较开放和自由的管理模式，即"只管人，不管事"。该报三任社长对报社的具体事务都很少直接插手，尤其是对编辑部的事务，几乎不参与。广西日报社采用社长制，社长在报社拥有最高权力，而这三任社长中有两任是兼任，韦永成兼任社长时的职务是第五路军政主任，韦贽唐兼任社长时还任广西绥靖公署政治部少将副主任，后任广西财政厅厅长。据当时的记者楼栖回忆"社长韦贽唐（兼职），对编辑工作表面上不大管，连编辑部每周例会，有时他也不参加"①。黎蒙虽没有身兼其他职务，但却得到了李宗仁所给"办事和任人自主权"的承诺。该报记者谢落生曾这样回忆，

---

① 楼栖：《〈广西日报〉杂忆》，《桂系报史文存》，广西新闻史志编辑室（内部发行），1997年，第99页。

"黎蒙每天到报社批几张条子，处理一些事务，便回家接待朋友"①。

《救亡日报》(桂林版)为提高报纸质量，建立每日批报制度和定期召开编辑部民主会议。每天一早报纸印出来之后，先由总编辑夏衍校看一遍，包括版面安排到新闻内容、形式以及文字，如对当时新闻报道中常用的一些对读者不负责任的语汇，如说"云"、"云云"之类，一一用红笔划出来进行批点，再张贴出来让大家批点、议论，检查这些差错出现的原因，以便改正。或提出总编辑个人看法，征求大家的意见和看法，予以纠正。同时，《救亡日报》(桂林版)还确立每隔十天(有时半个月)召开一次编辑部民主会，检查这段时间的编报情况，有批评有表扬，并计划下一步编辑工作。每次会议集中解决一两个突出的问题。有关编报业务上的问题，也不是由总编辑一个人说了算，而由总编辑或者值班领导集思广益，以大多数人的意见为准。

《大公报》(桂林版)在管理制度上的特点是经理负责制，经理有人事权、财权和经营权。总经理秉承董事会的决策办事，各馆秉承总经理的意旨办事。总经理还与总编辑共商编辑业务，审新闻稿、撰写社评，事必躬亲。如抗战时期，胡愈之就往来于渝、桂、港、汉各馆指导工作。

三、多渠道引进专业人才

媒介因人而产生，因人而变化，人才资源是报社生存发展的第一资源。桂林各报十分重视人才工作，多渠道引进人才，充实报社的力量，以期在激烈的竞争中占据一席之地。

例如，《广西日报》(桂林版)在当时就采取了三种进人方式：第一种是社长所熟知的人，能胜任的留下重用，不能胜任的辞退。如韦永成先后将自己的下属蒋一生兼任编辑，后又调韦容生做总编辑，由于韦容生不能胜任，又调莫宝坚任总编辑。第二种是社长有朋友或者是熟人介绍来的，如莫乃群第二次进《广西日报》(桂林版)就是经过俞颂华等人的推荐。第三种是招聘考试进来的，如严杰人、陈子涛、陈如雪、陆田君四人就是通过1939年11月的招考进入该报的。无论哪一种引进人才的方式，都以个人的能力为标准。

---

① 谢落生：《简忆抗战时期的〈广西日报〉》，《桂系报史文存》，广西新闻史志编辑室(内部发行)，1997年，第97页。

《大公报》（桂林版）用人有方，众口皆碑。早在 20 世纪 30 年代，《大公报》就培养了范长江、萧乾等一批知名记者。《大公报》（桂林版）创办后不久，公开招考了一批编辑、记者，如罗承勋、陈凡、钱庆燕、黄克夫、曾敏之等。这些人在《大公报》（桂林版）的培养帮扶下，先后成为新闻界的领导者。如罗承勋是香港《新晚报》的总编辑，陈凡是香港《大公报》副总编，曾敏之去美之前是香港《文汇报》副总编。《大公报》（桂林版）的人员除自行培训而外，还有选聘的，有从投稿者中录用的。即使通过人事关系介绍进馆的，也要长期考验其工作能力后才放置适当位置。任人唯贤是其用人宗旨，不称职的人员随时辞退，对有用的人才则爱护备至，积极培养，使发挥其才能，放手让其工作，在工作中继续得到培养。另外，《大公报》（桂林版）任用的新人，大多是经过严格的考试甄别的，在工作中观察能力以便发挥其所长。王文彬做副经理，事必躬亲，对使用干部洞察力极强。当时《力报》有位记者写作能力较差，在《力报》工作期间一直郁闷不乐。后来转入《大公报》（桂林版）工作后，王文彬把他安排在经理部。有次他奉命派到邵阳去买土报纸，竟然雇了几十个人逐张检查，剔出破烂，向纸厂更换好纸。他到了《大公报》（桂林版）就大展所长了。① 另外，新闻社团和新闻理论的开展提高了桂林战时新闻工作者的业务技能。抗战爆发后，随着桂林一批新闻刊物应运而生的同时，一些新闻社团也得到一定的发展。

当时出版的报纸多，加之新闻人云集，桂林新闻界需要一个做联络协调团结工作的机构。在这种背景下，首先成立的新闻社团组织是中国青年记者学会南方办事处，该学会由秘书陈侬菲负责主持，筹备成立中国青年记者学会桂林分会。这个南方办事处利用交谊会、聚餐会、座谈会等形式组织新闻界人士举办了一些活动，做了许多有益的工作，促进了新闻界的团结。随后，中国青年新闻记者学会（以下简称"青记"）迁到桂林，加之中国青年新闻记者学会桂林分会的成立，新闻社团的作用立即显现了出来。

1938 年 11 月中旬，范长江带领"青记"和国际新闻社的成员从长沙撤退到桂林后，立即投入到进步新闻事业中去。范长江热爱新闻工作，精力充沛，

---

① 吴颂平：《桂林文化城的报纸综述》，《广西新闻史料》（第 22 期），广西新闻史志编辑室，1991 年，第 19 页。

富于号召力和感染力，很快就组织了桂林文化界、新闻界、文艺界的交谊会，自由讨论，交流经验的同时也举办一些文娱活动，参加者越来越多，"青记"很快活跃起来，成为凝聚爱国文化人士的中心团体。在"青记"的倡导下，桂林新闻界举行了多次联谊活动。如 1940 年 5 月 26 日，桂林新闻记者第九次交谊会在广西建设研究会举行，会上于斌以"世界大战与记者任务"，前方日报社社长王造时以"望远镜显微镜下的统战观"为题发表了讲话。

这些相继成立的新闻团体，不仅促进了桂林新闻界的沟通联系，还运用社团成员的实践和理论优势，强化了新闻理论研究与探讨。例如，为了培养新闻型记者，范长江要求"青记"创办了《新闻记者》《救亡日报》（桂林版）副刊等刊物。"青记"桂林分会还主办了多期（次）新闻讲座、研究会、时事报告会和新闻讲习班。当地报纸从培养人才、促进自身业务开展的角度出发，拿出版面，甚至开设专栏，积极刊发有关新闻理论探讨的文章，如《广西日报》（桂林版）、《救亡日报》（桂林版）都提供版面给中国青年新闻记者学会编发《新闻记者》《青年记者》等专刊。每逢 9 月 1 日的记者节，桂林各报还集中发表了许多有关论述新闻工作的文章。一些刊物如广西建设研究会编辑印刷的《建设研究》、桂林文化供应社出版的《文化杂志》等，也都积极为新闻工作者提供新闻思想理论研究的论坛。多家出版社推出了一批能反映当时研究水平的新闻学著作。比如桂林文化供应出版了柯天的《新闻工作基础常识》、艾秋飈（即萨空了）的《科学的新闻学概论》，开明书局出版了吴好修的《战时国际新闻读法》、章丹枫的《近百年来中国报纸之发展及其趋势》、铭真出版社出版了程其恒主编、马星野校订的《世界报社现状》等。这些著作在当时的中国新闻界具有一定的学术地位和影响。如此广泛、深入的新闻思想理论探讨活动，一定量的新闻学专著的出版发行，在广西历史上是前所未有的，即便放眼全国这种情况也是很少出现的。这在很大程度上促进了桂林新闻理论研究事业的发展与繁荣。

小 结

抗战时期，桂林各报在国共合作背景下利用桂林特殊的新闻生态，积极推行内部改革，不断宣传抗日，出色地践行自己的使命，在抗战时期新闻事业史乃至中国新闻事业史上具有重要地位和影响。桂林新闻事业的蓬勃发展不仅极大地促进了当时桂林乃至广西新闻传播事业和文化事业的进一步发展，而且有力地推动了抗日民族统一战线的形成，加速了日本帝国主义灭亡的步伐，为中华民族的抗战胜利做出了卓越的贡献。

第七章　互助互进：与其他文化活动的通力合作

桂林抗战传媒的跨越发展，不仅体现在自身的规模与形式上，其发展战略也与抗战之前以及战时全国其他地区有很大的区别，这一区别集中地表现为桂林传媒的发展模式，即十分注重与文化城中其他艺术活动的相互联系，相互促进，共同发展。

第一节　桂林抗战传媒与美术

伟大的时代造就英雄的人民，伟大的战争造就英雄的民族，桂林抗战传媒同美术活动一起奏鸣了中华民族伟大精神的英雄赞歌，在中国抗战文化史上留下了彪炳千秋的一页，在中华民族共有精神家园播下了永恒的火种。

一、抗战时期桂林美术发展概况

"美术不仅能够表现时代的精神，更能够推进时代，转移时代；不仅是政治的工具，更能够促进政治的改革，指引政治的方向。"[1] 作为抗战文艺战线上的"轻骑兵"，桂林美术运动独树一帜，成就斐然。桂林的广大美术工作者通过贴近生活、贴近时代的宣传内容，运用广大人民群众喜闻乐见的艺术形式，以开放的态势、广阔的视野、奔放的创作，谱写了全民族抗战的壮丽诗篇，绘制了民族解放战争的壮丽画卷。

（一）美术家云集

抗战时期，一大批美术艺术家先后来到桂林，将抗战救亡同新美术运动相

---

① 杨益群:《抗战时期桂林美术运动》，漓江出版社，1995 年，第 413 页。

结合，致力于美术运动的发展。

抗战时期桂林的美术运动，无论是广度还是深度，都可谓盛况空前，生机勃勃。其重要标志便是人才荟萃，力量雄厚。据不完全统计，当时在桂林较为知名的画家就多达250名，几乎集全国美术界高手于一地。其中，著名木刻家有：李桦、赖少其、黄新波、刘建庵、陈烟桥、温涛、杨秋人等；著名的漫画家有：叶浅予、廖冰兄、余所亚、丁聪等；著名国画家有：徐悲鸿、丰子恺、张大千、何香凝、关山月等；其他著名的画家有：李铁夫、艾青、林半觉等。这些进步美术家在中国共产党的领导下，结成美术界的统一战线，同舟共济，有力地促进了桂林抗战美术运动的蓬勃发展，为广西、中国以及全世界反法西斯斗争事业做出了卓著的贡献。

（二）美术团体建立

在中国共产党抗日民族统一战线旗帜的感召下，进步美术家和美术工作者组织了各种美术团体，开展抗战文化宣传活动，桂林的战美术运动呈现为博大开放的发展态势。战时桂林的美术团体，机构主要有：中华全国木刻界抗敌协会、中华全国漫画家抗敌协会、中华全国漫画家抗敌会桂林分会、广西美术会、中华全国美术会桂林分会、广西版画研究会、中国木刻研究会桂林分会、国民政府军事委员会漫画宣传队、广西省立艺术馆美术部、广西省立艺术师资培训班、初阳美术学院、桂林美术专科学校、私立桂林榕门美术专科学校、国防艺术社美术部、岭南艺苑桂林分苑、漫画教育社、广西省立艺术馆美术部、雅脱书画社、工商美术供应社、舞台美术社、力行广告社、秀峰补习学社、丽丽设计装饰公司、西南广告公司、中国工商社、美术供位社、象山艺苑、美术广告部、红叶画社、长城广告公司等。这些社团和院校，给中国抗战画坛输送了大量的新鲜血液，为我国美术教育事业立下了丰功伟绩。

（三）美术活动的开展

为了更好地宣传群众、教育群众、组织群众，桂林美术工作者开展了各式各样的美术活动，力图通过美术这一生动直观的文化传播方式，将抗日战争的伟大场景和中国军民的英雄风貌展现在国人眼前，将团结抗战、坚持抗战、争取民族解放的信念传递到万千民众心间。

形式灵活多样，内容丰富多彩，这是桂林抗战美术运动的一大特色。抗战期间，桂林美术界经常举办画展、讲座、研究会、交谊会、训练班，出版专刊、墙报等。最为活跃、最受欢迎的就是抗战画展。其中，规模较大、反响最强烈的当推 1939 年 10 月举办的《鲁迅纪念木刻展》和 1940 年 10 月举办的《全国木刻十年纪念展览会》，先后展出了全国各地美术作品 300 多幅和 524 幅，可谓盛况空前。《鲁迅木刻展》连展五天，观众达四万人次。从 1937 年 7 月至 1944年 7 月，短短的七年时间里，桂林共举办画展 230 多次，平均每年即办画展 30多次，几乎旬旬有画展，单 1943 年元旦，同时举办的画展便多达六七次。次数之多，实属罕见。

战时的桂林，街头画展普遍而又频繁。众多的美术机构和团体，如国防艺术社、木协、漫协、漫宣队、阵中画报社、省艺术馆美术部、广西省立艺师班、初阳画院等，都多次或单独或联合举办街头画展。如 1938 年五路军总政训处的"五月街头漫画木刻展"、国防艺术社的"街头漫画展"，1939 年木协的"街头木刻展览"，漫宣队的"街头漫画展"，1940 年广西省立艺师班的"抗敌宣传画流动展"，"木协"与《阵中画报》的"抗战街头诗画展览"等。在街头画展宣传中，有一支年轻的队伍引人注目。为了"联络南北战场文化，供应前线将士文化食粮，深入农村发动抗战文化运动"[①]，16 位年轻的美术家组成西安街头抗敌诗画长征队，发起二万里文化长征，决心"在光明与自由奔来之前，要走完祖国抗争的道路"[②]。1940 年元旦，他们背着行囊画架，带着 80 多块钱从西安出发，前往桂林。一路上，他们跋山涉水，忍饥挨饿，历时十个月，最后到达桂林时，已是衣衫褴褛。为了祖国的文化，为了民族的生死存亡，这些有志青年发出了豪言壮语："我们不怕任何的艰苦与牺牲，甚至死亡，我们要在祖国荒漠的文化田园里踏出一条荆棘的血路。"[③]遍及城乡的街头画展，以生动活泼的形式，将美术家们的抗战画作带向街头，带向广场，带向田间，人们到处都可以看到抗战的图画，听到抗战的故事，在团结抗战的旗帜下，中国军民齐心协力共御外侮，中华民族风雨同舟共度时艰。

独出心裁的圩镇画展。圩镇画展是桂林美术工作者在实践中创造的一种美

---

① 《从西北到西南——街头抗敌诗画展览会集体报告》，《广西日报》1940 年 11 月 16 日。
② 婴子：《奔走在祖国的道路上》，《救亡日报》（桂林版）1940 年 11 月 14 日。
③ 《从西北到西南——街头抗敌诗画展览会集体报告》，《广西日报》1940 年 11 月 16 日。

展形式。粤桂地区盛行"赶圩"，或五日一圩，或三日一集，平时看似冷落之地，圩日则摩肩接踵，人头攒动，热闹非凡。圩镇画展的布画大多是根据一些歌词绘制成连续画，如贺绿汀的《保家乡》、舒模的《一齐动刀枪》等，"当一张画报在一家乡村的角落里——茶寮、酒店、墟集或学校的附近——突然出现的时候，当许多画报雪片似的在一个群众的会场里散发着的时候，大家都会争先恐后的来看它，来要它，如果他们看懂了画报里面的意义，就会很高兴地讲述给旁边不懂的伙伴听，看不懂图画的人也会焦急的要看懂的人来给他解说，总之他们对一张画报的爱好决不单是画面的花花俏俏，而是有着一种强烈的欲望，想从画面里知道一些东西"。①

规模宏大的流动巡回画展。流动巡回画展是桂林抗战美术宣传的又一大亮点，其空间分布极广，从市区街头到周边郊区，从邻近县城到偏远乡镇，从桂林到南宁、柳州，乃至更远的湖南、广东等省。可以说，哪里有需要，那里就有流动巡回画展的身影。

二、传媒与美术的合作

在桂林的抗战文化之中，美术是一支十分活跃的力量，尤其是大批进步文化人士来到桂林后，桂林的美术救亡运动风起云涌、繁荣兴盛，在抗战美术的宣传活动中，媒体成为桂林抗战美术的桥梁，有力地推动了桂林抗战救亡美术运动的蓬勃开展。

（一）为美术传播创办刊物

为了更好地发挥抗战美术的文化宣传作用，桂林美术工作者创办了一大批美术刊物，开辟了抗战美术活动的重要阵地。主要刊物有《时代艺术》《战时艺术》《救亡日报》副刊《救亡木刻》《工作与学习·漫画与木刻》《木艺》和《救亡日报》副刊《漫木旬刊》等，此外，《阵中画报》《抗战画刊》《广西日报》副刊《漓水》《抗战时代》《音乐与美术》《漫画与木刻月选》《十日画报》《战时描集》《战时美术论丛》《收获》《艺术新闻》《新道理》《狮子吼》《国防周报》《西南儿童》《少年战线》《抗战儿童画报》《少年之友》《新儿童》《儿童漫画》等刊物，在当时都很有影响。

---

① 沈振黄：《战地的圩集画展·小型单页画报》，《木艺》第2号，1941年。

在众多美术刊物中，以木刻与漫画类杂志最为出色。《救亡木刻》乃《救亡日报》的美术副刊，创办于1939年2月，由赖少其主编，发表的美术作品题材广泛，形式多样，理论文章紧扣抗战时代主题，实事求是，很有分量。《工作与学习·漫画与木刻》创办于1939年5月，由黄新波、刘建庵、赖少其、特伟、廖冰兄等编辑，是一份图文并茂、独树一帜的综合性刊物，"开创我国出版物中两个互不相关联的刊物合而为一的先例"。文字版主要刊登漫画木刻理论、美术知识和文化动态方面的文章，图画版则发表了大量漫画、木刻作品，对动员民众投身抗战起了积极的宣传作用。该刊物还经常出版专辑，如《讨汪专页》《七七专号》《八一三专号》《桂林市民疏散宣传专页》等，有力地配合了抗战形势的需要，推动了桂林的抗敌斗争。1939年11月，《救亡日报》美术副刊《漫木旬刊》由"漫协"与"木协"联合主办，为其供稿的著名画家和木刻家有李桦、黄新波、廖冰兄、周令钊、梁永秦、张锷、汪子美、陈仲纲、刘建庵、黄茅、林林等。该刊内容丰富，图文并茂，生动活泼，尖锐辛辣，刊登了大量揭露日军侵华罪行、痛斥汪伪投降卖国、批判社会丑恶现象的作品，成为刺向敌人的锋利匕首。其漫画作品影响最大，不仅数量众多，而且题材新颖，风格独特；漫画组画或连环画更是幽默风趣，引人入胜；木刻作品则内容丰富，思想深刻。1940年1月，《漫画木刻月选》创刊，主要撰稿者有特伟、赖少其、温涛、刘建庵、黄新波、张光宇、李桦、叶浅予、陆志庠、廖冰兄、黄茅、周令钊、刘元等，所刊载的作品多选自《救亡日报》《漫画与木刻》《木艺》等刊物，堪称佼佼之作。1940年，黄新波、刘建庵主编"木协"机关刊物《木艺》，虽然只出版了两期，但明确倡导团结抗战、包容开放的文化精神，"名义虽取曰木刻艺术的意思，但它内容却包含有艺术各部门……一木难支大厦，还是团结好"①，发表了一批有价值的理论文章和富有时代气息的好作品。众多美术刊物的创办，为美术工作者开辟了艺术创作与文化交流的园地，借助这平台，桂林美术家们放飞思绪，激活想象，用色彩与线条表现着一个英雄民族的勇敢无畏，绘制着人民战争的壮丽画卷，谱写着民族解放的辉煌乐章，激励着广大民众同心同德团结抗战，争取民族的独立和解放。

《漫木旬刊》与抗战美术。1939年2月21日，《救亡日报》与木刻创作者

① 《卷头语》，《木艺》第1号，1940年第1期。

共同创办了《救亡木刻》。5月11日，《救亡木刻》改名为《救亡漫木》。为了更好地服务抗战救亡事业。1939年11月1日，在原《救亡漫木》的基础上，《救亡日报》与中华全国漫画作家抗敌协会和中华全国木刻界抗敌协会联合创办了《漫木旬刊》。作为《救亡日报》的副刊，《漫木旬刊》被安排在《救亡日报》的第四版，从1939年11月1日到1940年7月21日，共出版了二十五期，为其供稿的著名画家和木刻家有李桦、黄新波、廖冰兄、周令钊、梁永泰、张谔、汪子美、陈仲纲、刘建庵、黄茅、林林等。《漫木旬刊》以漫画和木刻为载体，刊登了大量揭露日军侵略罪行、痛斥汪伪投降行径和批判社会丑恶现象的作品，如黄新波的《送茶女》和《父子兵》、陈仲纲的《提防敌人的暗枪》、张谔的《坚不可破》等。通过这样的合作方式，美术与传媒融为一体，图文并茂，相互影响，相互促进，共同发展。

（二）为美术作品传播搭建平台

当时桂林的各大期刊为美术作品的传播提供了一个强大的艺术平台。正是通过这一艺术大舞台，桂林美术家创作的大量优秀作品为桂林民众所知晓，如钟惠若的《出征》、刘仑的《前进，中国革命的军人》、力群的《冲上前》、李桦韵《疯狂的杀人者》、唐英伟的《日本蛮牛的末日》、周令钊的《要抗战到底》、刘元《胜利的笑》、沈同衡的《中途岛的悲哀》和《放火自焚》、黄新波的《生的要为死的报仇》等。许多优秀作品在《救亡日报》《广西日报》等报刊上发表之后，鼓舞人心，反映强烈。广西绥靖公署政治部年轻美工黄超在沙场历练一个多月后，构思了一组《桂南战地见闻》，创作了几十张战地素描，并在木协、漫协的支持下举办了素描展。《救亡日报》特为此出版了画展专辑。这一时期，在桂林出版的美术专著方面有丰子恺的《艺术与人生》、张安治的《中国画理论研究》、张家瑶的《中国画法概说》、李桦的《木刻教程》《烽烟集》和《美术新论》。其他美术方面的图书还有《战争中的中国人》《近代十六个女名人木刻像》《世态画集》《老当益壮》《我控诉》《漫画自选集》《抗战必胜》《牛大哥报仇》《苦难与新生》《漫画〈阿Q正传〉》《高尔基画传〈童年〉》《木刻新选》《奎宁君奇通记》等等。这些美术期刊和美术专著，题材广泛，内容丰富，形式活泼，观点新颖，这些优秀的美术作品，不仅丰富了桂林美术创作，同时也极大地动员了广大人民群众的抗战热情，对全民抗战起到了极大的宣传动员作用，推动了桂林乃至全广西的抗日救亡事业。

（三）高度评价美术活动

1939 年 10 月 19 日至 23 日，由"木协"主办的"鲁迅纪念木刻展"在乐群社礼堂隆重开幕。展品共分为三部分：西洋木刻、中国古代木刻和现代木刻，共 400 多幅作品以及鲁迅照片多张，"题材范围之扩大以及中国化之尝试为此次展览之二大特点，较前二次全国木展会有显明之进步"。[①] 现代木刻是此次展览会的主要部分，作品近 300 幅，"在量来说，木刻作家这一年来的功绩是很值得称颂的！即使就质来说，一般说无论在题材范围的扩大和技巧的进步，这一次的作品都是较以前几次木展有了很明显的发展的"。[②] "鲁迅纪念木刻展"是对全国木刻运动的一次检阅，是当时极有影响的美展活动，"不仅是纪念鲁迅先生，而且是抗战宣传最好的办法"，[③] 前后参观者达四万人次，《救亡日报》还专门出版了"鲁迅先生逝世三周年木刻展览会特刊"。1939 年 6 月 25 日，广西美术会、紫金艺社联合举办济难募捐美展，展出书画、金石、木刻、摄影作品 200 幅，收入悉数上交救济难胞，桂林《扫荡报》副刊《战时美术》出版了《救济难民美术展览特刊》。为了更好地开展抗战美术工作，桂林美术界决定筹建美术工作室，并通过《救亡日报》向桂林文艺界各团体请求支援。1941 年 3 月 28 日，募捐美展在桂林乐群社礼堂举行，徐悲鸿、林索园、任中敏、张家瑶、关山月、刘元、徐根、张安治、陆其清、尹瘦石、刘建庵、李桦、陈仲纲、叶浅予等数十人多达二百多作品参展。包括木刻、油画、国画、水彩、粉彩、素描、漫画等，收入全部充作筹建基金。1939 年 3 月，黄茅、廖冰兄等代表漫宣队到广西全县举办漫画巡回展览，得到地方民众大力支持，在零陵三天的展览极为成功，成为轰动全零陵的创举，报刊对此高度评价"冰兄那套抗战必胜漫画好极了，又通俗，湖南佬看得直点头，口水也留下来了"。[④] 1939 年 5 月，由陆志庠、黄茅带队，漫宣队携美术作品 150 件及大批宣传品，到阳朔、平乐、荔浦、

---

① 《鲁迅纪念木刻展会——展期至 23 日止》，《救亡日报》（桂林版）1939 年 10 月 21 日。

② 华嘉：《全国木刻总检讨——鲁迅纪念木展会归来》，《救亡日报》（桂林版）1939 年 10 月 22 日。

③ 李桦等：《纪念鲁迅先生逝世三周年鲁迅木刻展》，《工作与学习·漫画与木刻》第 4 号，1939 年 7 月。

④ 黄茅：《巡回漫展在湘桂》，《救亡日报》（桂林版）1939 年 3 月 21 日。

柳州、桂平、藤县、贵县、梧州、南宁、宾阳各地，举办漫画流动展览。此次画展历时二月，所到之处受到民众热烈欢迎，报刊高度评价此次画展，称"漫画展在大中路口举行三天，全场占了整条马路二三十丈，人多聚集起来，好像一条悠长的人海"。[①]

桂林的传媒工作者同美术工作者一起，以满腔的工作热情，将抗战美术画作送到千万百姓身边，将团结抗战信念递到千万民众心中，鼓舞中国人民咬紧牙关克服困难，为争取国家和民族的光明未来抗战到底。

第二节　桂林抗战传媒与音乐

桂林抗战音乐波澜壮阔、气势磅礴，有如史诗般壮丽恢宏，桂林传媒在抗战期间积极同抗战音乐相互配合，努力将广大民众集结在团结抗战的旗帜下，风雨同舟、共赴国难，伟大的民族精神在时代主旋律中得到最好的诠释。

一、抗战时期桂林音乐发展概况

桂林的抗日救亡音乐运动始于"七七事变"之后。1938年冬，武汉、广州相继失陷，一大批进步音乐工作者张曙、林路、吴伯超、陆华柏等先后来到桂林，他们有的在艺术团队担任音乐指导，有的在各个学校担任音乐课程的教学工作，成为当时抗战歌咏活动的组织者和骨干力量，在他们的带动下，桂林的业余歌咏团队有如雨后春笋，音乐晚会经常举行，桂林的抗日救亡音乐运动进入了一个新的发展阶段。

（一）进步音乐家集结

抗战时期的桂林，活跃着一大批在国内享有盛誉的著名音乐家，尽管各自受教育的程度不同，所宗师门不同，艺术流派不同，但在团结抗战的旗帜下，他们义无反顾地投身到抗日救亡运动中，把自己的聪明才智献给了伟大的民族解放战争。1935年，满谦子从上海国立音乐专科学校毕业后，毅然放弃中央庐山训练团教官的职位，回到广西担任广西省教育厅音乐编审员、艺术专科视察员，成为第一个来广西从事音乐活动的专业工作者。1938年，著名音乐教育家

---

① 黄茅:《桂东南漫画流展小记》,《耕耘》(创刊号)1940年4月。

吴伯超来到桂林。吴伯超毕业于上海国立音乐专科学校，曾留学比利时，获得过皇家音乐院赋格写作与指挥二等奖，他一来到桂林，立即被广西省政府主席黄旭初任命为省参议员，并担任省教育厅国民基础学校音乐教本编委会常务委员、广西省立艺术师资训练班班主任等职务。1937年夏，著名作曲家陆华柏抵达桂林，先后任广西省立艺术师资训练班音乐教师、广西省立艺术馆音乐部主任。1938年底，著名男高音歌唱家胡然来到桂林。同年，著名指挥家严良望来到桂林。1941年，男高音歌唱家姚牧来到桂林。1941年至1943年，著名小提琴家马思聪三次来桂林演出。此外，还有歌唱家伍伯就、马国霖、梅经香等，都曾来到桂林从事抗战音乐工作。

进步音乐家是桂林抗战音乐阵营的重要力量，他们所接受的现代音乐教育，以及个人良好的音乐素养和丰富的音乐实践，在伟大的民族解放战争中迸发出无限的创造力，在中国共产党抗日民族统一战线的旗帜下，他们与革命音乐家荣辱与共、团结合作，以满腔热情书写着桂林抗战音乐的绚丽篇章。

（二）建立抗战音乐团体

为了扩大抗战音乐阵地，桂林音乐工作者积极着手建立音乐团体，先后建有新音乐社桂林分社、新中国剧社音乐部、广西音乐会、广西省立艺术师资训练班音乐组、广西省立艺术馆音乐部、桂林音乐协会、桂林音乐界联谊会、国防艺术社音乐部、桂林绥靖主任公署军乐队、桂林广播电台管弦乐队、凯风歌乐团等众多社团。

需要特别提到广西音乐会、桂林音乐协会、桂林音乐界联谊会和新音乐社桂林分社。1936年，满谦子在南宁发起成立广西音乐会，次年随省政府迁到桂林，主要成员有吴伯超、陆华柏、胡然、狄润君、沈承明、杨振铎、祁文桂等。这是一个集学术、联谊、演出于一体的音乐团体，拥有一个由专业音乐工作者与业余歌唱爱好者组成的合唱团，还成立了儿童歌咏队，并且设有理论、声乐、弦乐、钢琴、国乐五个小组。广西音乐会是一个非常活跃的音乐社团，除了定期举办星期音乐会、露天广播音乐会、教唱抗战歌曲、传播现代专业音乐外，还积极组织群众性的救亡歌咏活动，为桂林音乐文化的发展做出了积极贡献。1939年3月，广西音乐会和国防艺术社音乐部联合发起成立桂林音乐协会，该会是一个音乐学术团体，本着"研究抗战音乐，推广歌咏活动"的宗旨，积极参加桂林抗战歌咏和各种音乐演出活动，在桂林影响很大。桂林音乐界联谊会是抗战中后期桂林音乐界的联谊组织，1941 年 4 月成立，设总务部、联谊部、研究部、演出部以及宣传部五个部门，主要成员有廖行健、刘式昕、马卫之、黎珉、郭可谌、林路、姚牧、甄伯蔚、党明、石嗣芬等人，该会为加强音乐界团结，推动抗战音乐文化发展做出了重要贡献。新音乐社桂林分社是中国共产党领导的音乐组织，由李凌、赵讽主持，林路、薛良、甄伯蔚等人具体负责。新音乐社桂林分社"是抗战中期桂林音乐界中推行新音乐运动最得力的组织"，[①]在组织联络进步团体、创作出版抗战歌曲、研究探讨音乐理论、提倡推广新音乐、树立音乐新风尚、普及音乐基础教育等方面，发挥了重要作用。

众多音乐团体的建立，为桂林音乐界架起了团结协作的桥梁，不仅使桂林抗战音乐活动有了组织保障，也使不同政治见解不同艺术流派的各路音乐家，济济一堂，共襄国事。1939 年 1 月 28 日，广西音乐会召开"抗战歌曲到农村去"座谈会；1939 年 12 月 26 日，桂林歌咏界举行"张曙殉难周年纪念总结"座谈会；1940 年 4 月 10 日，桂林音乐工作者召开"劳军大公唱"总结会；1940 年 12 月 2 日，抗宣一队举行《军民进行曲》演出联谊会；1942 年 7 月 17 日，新音乐社桂林分社举行"西南新音乐工作者纪念聂耳逝世大会"。在团结和谐的大家庭里，音乐家们交换对音乐艺术的看法，商讨音乐运动的开展，组织各种音乐活动，推动着桂林抗战音乐不断向前发展。

（三）创作抗战歌曲

音乐创作是抗战音乐活动与抗战文化宣传的重要内容。抗战时期，桂林音乐家创作了大量抗战歌曲。革命音乐家在桂林创作的抗战歌曲，有张曙的《我们要报仇》《负伤战士歌》，林路的《战士的埋葬》《儿女英雄》《到游击队里去》《江汉渔歌》《萤火虫之歌》，薛良的《南方吹来了战斗的风》《他们离开了美丽的故乡》《四万万人是一个铁的集体》《长歌长，短歌短》，舒模的《你这个坏东西》等。其中，像《我们要报仇》《负伤战士歌》《你这个坏东西》都是当时非常著名的抗战歌曲，在桂林民众中广为传唱。进步音乐家创作的抗战歌曲也很多，如满谦子的《军训歌》《前进》《征兵歌》《出操》，吴伯超的《中国人》《国

---

① 李建平：《抗战时期桂林进步音乐活动述评》，《桂林抗战文化研究文集》，漓江出版社，1992 年，第 229 页。

民公约歌》《冲锋歌》《国殇祭阵亡将士谋乐》《暮色》《春耕》《爱国的家庭》，陆华柏的《故乡》《勇士骨》《挖战壕》《战！战！战！》《垦荒歌》《保卫大西南》，胡然的《我们是游击队》《少年先锋》《应征入伍歌》《啦啦啦》《打铁歌》等。其中，有些歌曲在桂林甚至全国都广为流传，比如陆华柏创作的《故乡》是战时桂林女高音歌唱家的必唱曲目，《保卫大西南》在桂南会战期间唱遍了前线后方。此外，桂系音乐工作者李文钊改编的广西山歌《桐花谣》、国民党音乐人钟期森创作的《伤兵之友歌》，在当时都很有影响。在传播抗战歌曲、推广抗战歌曲方面，桂林音乐家同样做了大量的积极的工作。当时，在桂林传唱的抗战歌曲，有聂耳的《毕业歌》《义勇军进行曲》，冼星海的《黄河大合唱》《救国军歌》《在太行山上》，任光的《打回老家去》，吕骥的《九一八小调》《开荒》《大丹河》，郑律成的《延水谣》，向隅的《红缨枪》，麦新的《大刀进行曲》，孟波的《牺牲已到最后关头》，贺绿汀的《游击队歌》《垦春泥》，汪逸秋的"江南三曲"——《淡淡江南月》《夜夜梦江南》《烟雨漫江南》，苏联的《国歌》《假如明天有战争》《喀秋莎》《伏尔加船夫曲》，越南的《救中国就是救自己》，日本的《反战同盟歌》等。众多抗战歌曲的创作与传播，大大地鼓舞了广大民众团结抗战的决心，提振了中国人民坚持抗战的信心。

（四）团结合作共同开展抗战音乐活动

在团结抗战的旗帜下，桂林音乐家抛开各种偏见，在抗战音乐的大舞台上，组织了许多影响深远的音乐艺术活动，激励和鼓舞着桂林人民积极投身到抗战救国活动之中。

1939 年 2 月 7 日、8 日，为响应"伤兵之友运动"，募集负伤士兵医药费用，广西音乐会举行第七次演奏会。由吴伯超指挥、陆华柏担任钢琴伴奏的百人合唱最具感染力，演唱了吴伯超的《中国人》、陆华柏的《最后的胜利是我们的》《抵抗》等歌曲。儿童歌咏队在白崇禧之女白先慧的指挥下，演唱了胡然作词、吴伯超谱曲的新作《我们都是小飞行家》等三首齐唱。林路演唱了钟期森作词、吴伯超作曲、专为此次"伤兵之友运动"募捐演奏会所创作的《伤兵之友歌》，著名歌唱家胡然演唱了陆华柏的新作《勇士骨》和他自己创作的《抗战必胜歌》，著名女高音歌唱家狄润君演唱了《长城谣》和黄自的《热血歌》。晚会还演奏了众多古典风格的西洋器乐作品，格调高雅，表演精湛。此次演奏会"每晚均告满座，演奏节目大部分被要求'再来'，情绪堪称热烈"。① 协助举办这次演奏会的有抗敌演剧九队、中国救亡剧团、中央无线电电工器材厂歌咏队等团体，"它们的合作演出表现了艺术工作者的团结精神"。②1940 年 7 月20 日、21 日，桂林音乐界在新华戏院举行"抗敌建国三周年音乐大会"，隶属于桂系的国防艺术社与抗宣一队、乐群歌咏团组成合唱团，由林路指挥演唱了《黄河大合唱》，"国民党的文化团体演唱共产党人创作的戏剧和歌曲，这不能不说是桂林文化城的又一独特历史现象"。③1940 年 12 月 14 日，抗宣一队为捐献"剧人号"飞机。在乐群社礼堂献演延安大型作品冼星海的二幕歌剧《军民进行曲》。当时，抗宣一队各方面条件十分艰苦，排练过程中遇到很多困难，夏衍得知这一情况后，特意请来广西艺术馆馆长欧阳予倩给予帮助，得到了他的大力支持，他不仅一口应允，还让陆华柏带着艺术馆乐队参加了《军民进行曲》的演出。数年后，陆华柏在《我协助剧宣七队演出的回忆》中深情追述了这段历史，"那时的文艺工作者很团结，是无条件相互支持的。我记得他们演出《军民进行曲》时，欧阳——即广西省艺术馆长、戏剧家欧阳予倩同志，当时我们背后总是亲昵地简称他'欧阳'——嘱咐我们：'只要抗宣一队上演《军民进行曲》排练演出需要的，我们艺术馆有什么就给什么。'④ 在广大文艺工作者的共同努力下，《军民进行曲》的排练与演出十分顺利，国民党将领李济深、蔡廷锴等都亲往观看，盛赞表演成功。需要特别提到音乐家陆华柏，曾改编、配器、指挥了大量革命音乐家的作品，包括张曙的《壮丁上前线》《日落西山》，贺绿汀的《可爱的家乡》《垦春泥》，郑律成的《延水谣》，聂耳的《义勇军进行曲》，吕骥的《开荒》《大丹河》，向隅的《红缨枪》等。诚如论者所言："当年，不论是解放区还是国统区、沦陷区，全国没有一位作曲家指挥家能像陆华柏这样，把这么多的新音乐作曲家的作品配伴奏、编合唱、配器，并在国统区亲自指挥，多

---

① 《记本会第七次音乐演奏会》，《扫荡报》1939 年 3 月 2 日。

② 李建平：《抗战时期桂林进步音乐活动述评》，《桂林抗战文化研究文集》，漓江出版社，1992 年，第 233 页。

③ 魏华龄：《试析"一个独特的历史现象：桂林文化城"》，《桂林文化城》（上），漓江出版社，2003 年，第 176 页。

④ 陆华柏：《我协助剧宣七队演出的回忆》，中共广东省委党史研究委员会、广东省文化厅编《南天艺华录（1938—1946）》，《广东党史资料丛刊》，1989 年，第 219 页。

次演出"，[①] 充分表现了桂林音乐家团结合作的战斗情怀。

抗战时期的歌咏活动，成绩是显著的。那时候，几乎是哪里有群众，哪里就能听到抗战的歌声，音乐成为动员群众，鼓舞情绪，统一革命意志的不可缺少的精神武器。

二、传媒与音乐合作

抗日战争时期，桂林成立了数十个群众歌咏团体，抗战的歌声回荡在桂林城，越唱越响。抗战音乐的蓬勃发展，除了音乐本身的魅力之外，媒体的作用更是不可忽略。

（一）积极报道抗战音乐家与音乐会盛况

1938 年 11 月 27 日，广西音乐会举行了第五次演奏会，《广西日报》发表《广西音乐会演奏会志盛》，详细介绍了演奏会所演奏的曲目，并且称这些抗战歌曲"慷慨激昂，颇能激发抗战情绪"。[②]1939 年，广西音乐会举办第七次演奏会，《扫荡报》为此撰文，介绍了演奏会现场的热闹场景，称这次演奏会"每晚均告满座。演奏节目大部分被要求再来，情绪堪称热烈"。[③]除了对音乐会的报道之外，媒体也十分关注音乐家的情况。1939 年 12 月 24 日，桂林音乐界为纪念在桂林遇难的著名音乐家张曙逝世一周年举行纪念大会，各家报纸都对纪念会予以报道，《救亡日报》还于当日出版了"音乐家张曙殉难周年纪念特刊"。

（二）积极参与抗战音乐传播，高唱抗战歌曲

在抗战救亡的号召下，桂林文化城成立了各种各样的歌咏队合唱团，他们高唱抗战歌曲，传播抗战音乐。广大新闻界人士和传媒机构亦积极投身到群众性抗战歌咏活动中，成立了许多群众歌咏团体。如《救亡日报》成立了救亡日报社建国歌咏队，广西电台成立了广西电台合唱团，生活书店也组织了自己的歌咏团。他们积极参加桂林人民的抗战歌咏活动，并通过歌咏大会、广播晚会等形式，广泛传播抗战歌曲，鼓舞人民斗志。桂林广播电台还成立了桂林广播电台管弦队，乐队配有小提琴、中提琴、低音提琴、大提琴、长笛、单簧管、

---

① 王小昆:《简论陆华柏教授在桂林抗战音乐文化中的贡献》，魏华龄、邱振声主编《桂林抗战文化研究文集》(四)，广西师范大学出版社，1997 年，第 454 页。
② 《广西音乐会演奏会志盛》，《广西日报》1938 年 11 月 27 日。
③ 《扫荡报》1939 年 3 月 2 日。

大管、小号、大号、法国号、打击乐器等各种乐器。演奏第一小提琴的是沈承明、殷晋德、谭晋翅、黎庆棠。桂林广播电台管弦队除在本台演播之外，还经常到社会上参加演出各种活动。

（三）出版音乐刊物和图书，传播抗战音乐

如果说音乐团体是抗战文化运动的组织基地，那么，音乐刊物则是对敌冲锋陷阵的前沿阵地。为了更好地宣传抗战精神，传播抗战歌曲，中国共产党音乐工作者在桂林创办了四个音乐期刊，分别是林路主编的《每月新歌选》和《音乐阵线》，李凌、林路主编的《新音乐》月刊，甄伯蔚、薛良主编的《音乐知识》。这些音乐期刊发表了大量革命音乐家创作的抗战歌曲，如《每月新歌选》刊登了郑律成的《延水遥》（第 1、3 期）、张曙的《张曙遗作特辑》（第 3 期）、冼星海的《黄河大合唱》（第 8 期）等，《新音乐》月刊刊登了冼星海的歌剧《生产大合唱》（第 1 卷第 4—6 期连载）、贺绿汀的《垦春泥》（第 4 卷第 1 期）、舒模的《你这个坏东西》（第 5 卷第 4 期）、高阳、方冬的儿童歌舞剧《小小面除奸队》（第 5 卷卷第 4 期）等，《音乐知识》刊登了马可的《纪念碑》、甄伯蔚的《歌唱祖国的明天》、吕骥的《莫轻视我们的儿童》（第 1 卷第 2 期）等。[①]同时，发表了许多抗战音乐文论，如《每月新歌选》刊登了林路的《请音乐家下凡》（第 1 期）、刘式昕的《关于军队歌咏工作》（第 6 期）、尤文的《中国音乐的民族形式与利用旧形式》（第 7 期）等。《新音乐》月刊发表的重要理论文章有李绿永的《新音乐运动到低潮吗？》（第 1 卷第 1 期）、《略论新音乐》（第 1 卷第 3 期）、《论新音乐的民族形式》（第 2 卷第 1、2 期合刊）、赵讽的《论音乐的现实主义》（第 1 卷第 5 期）等。[②]上述期刊为中国共产党音乐工作者在桂林开展抗战宣传提供了重要的宣传阵地。

在传播抗战音乐，普及抗战音乐方面，进步音乐家同样做了有意义的工作，先后创办了《抗战音乐》和《音乐与美术》两个刊物。1939 年 1 月，《扫荡报》副刊《抗战音乐》创刊，由广西音乐会主编，以"推广、提高抗战音乐"，"提供、介绍目前急切需之抗战歌曲与音乐理论"，"对目前抗战音乐与歌曲创作建

---

① 刘文俊：《桂林抗战文化城的社团》，黄山书社，2008 年，第 185—187 页。
② 刘文俊：《桂林抗战文化城的社团》，黄山书社，2008 年，第 185—187 页。

设的批判"为宗旨，① 主要撰稿人有陆华柏、吴伯超等。《音乐与美术》创刊于1940 年 1 月，由广西艺术师资训练班编辑发行，是一份音乐美术综合性刊物，音乐方面负责人是陆华柏，撰稿人有胡然、马卫之、刘式昕、姚牧等。上述两个刊物都发表了很多抗战歌曲，如《音乐与美术》发表了陆华柏的《保卫大西南》（创刊号）、阮思琴的《空军歌》（第 2 期）、陆华柏的《挖战壕》（第 2 期）、陈平的《打日本》（第 12 期）、陈伟的《放学歌》（第 2 卷第 7—8 期合刊）等。此外，还发表了一些音乐理论文章，如《音乐与美术》发表了陆华柏的《音乐与抗战》、段运宏的《漫谈音乐与民众宣传》等；《抗战音乐》发表了陆华柏、张安治的《抗战音乐到农村去》、吴伯超的《歌咏队的指挥法》等。两个音乐刊物的创办，为进步音乐家开展抗战音乐活动提供了重要的活动平台。

新音乐社桂林分社是抗战中期桂林音乐界推行新音乐运动中最得力的音乐组织。1941 年，薛良、甄伯蔚开始接手新音乐社社刊《新音乐》，并依靠刊物阵地开展了积极的宣传工作。1942 年初，他们又创办了另一个音乐刊物《音乐知识》，致力于抗战音乐文化的传播。新音乐社桂林分社通过《新音乐》《音乐知识》两个刊物，总结音乐运动经验，介绍音乐理论和抗战歌曲，交流各地音乐运动情况，刊载音乐知识和音乐讲座问答，推动了救亡音乐运动的开展。② 这一时期出版的音乐书籍还有《战地歌声》《战地新歌选》《创作新歌选》《抗战二部合唱歌曲集》《抗战歌曲新曲》《大众歌曲集》《新歌丛》《生产大合唱》《八百壮士歌》等。

（四）借助广播平台，宣传抗战音乐

以桂林广播电台为代表的媒体还积极为抗战音乐搭建艺术平台，致力于进步音乐传播。广西音乐会是当时比较专业的音乐艺术团体，为了普及新音乐，提高桂林人民的音乐素养，桂林广播电台与广西音乐会合作，"按期播送音乐……致力抗战宣传"。③ 著名小提琴演奏家马思聪于 1941 年 6 月 8 日到达桂林。在桂林期间，他曾多次举办个人小提琴演奏会，并几次到桂林广播电台演播。第一次是他到桂半月之后的 6 月 26 日，在电台播音室里演播了《牧童》

---

① 《余音》，《扫荡报》副刊《抗战音乐》第 1 期，1939 年 1 月 31 日。
② 李建平主编：《桂林抗战文化研究文集》，广西师范大学出版社，2001 年，第 239 页。
③ 《一月动态》，载《建设研究》第一卷第 4 期。

《晨歌》《思乡曲》《塞外舞曲》，为他伴奏的是他的夫人王慕理。之后又于1942年和1943年两次到电台演播了《绥远回旋曲》《摇篮曲》《西藏寺院》《剑舞曲》《狂热回旋曲》《圣母颂》等曲目。1942年3月5日晚6时，著名话剧演员朱琳在桂林广播电台演播了由田汉作词、姚牧谱曲的《再会吧，香港》，歌曲表现了香港爱国青年面对受辱的祖国，毅然提起行装离开香港，奔赴抗日战场的豪情壮举。同时还演唱了由田汉作词、姚牧谱曲的《盲女之歌》，通过盲女为抗日伤兵"捐出一碗饭"的自述，表现了盲女的爱国情怀。

（五）为"新音乐"争鸣搭建平台

抗战时期，桂林音乐艺术界有过一次影响较大的争论，即围绕《所谓新音乐》一文展开的争鸣。1939年10月，音乐家林路在《每月新歌选》创刊号发表了《请音乐家下凡》一文，对活跃在国统区的"大部分音乐家"及"技术"问题进行了批判："为什么直到现在，除了极少数的同志们在这一方面努力之外，那绝对的大多数都还没有动员起来呢？"① 文章发表后，陆华柏很不赞同。在他看来，自抗战以来，大家一直都在从事抗战宣传工作，怎么就会被看成是没有深入民众、没有下到"凡间"呢？在歌咏运动已"全面性普遍地展开"的今天，重提"请音乐家下凡"的口号，武断批评绝大部分音乐家还没有动员起来，这是不符合实际情况的，其对大部分音乐家工作的评价也是不公正的。1940年4月，陆华柏在《扫荡报》副刊《瞭望哨》发表《所谓新音乐》一文，予以反驳："以'新音乐'三字为标榜的人，到现在为止，还没有产生过像样的新作品"。"他们论作曲，可以完全不顾及什么法则而空空洞洞地说什么思想正确了，自然就会作曲"，"思想是艺术创作的基础，我理会，然而说什么思想正确了，自然就会作曲，我却糊涂。还是老实一点好，不要故意标新立异。如果他们这种说法，只有他们自己听到，我也不必写这篇文字，问题是他俨然以学者的态度来写文章、编书，骗年轻人，我就忍不住了。"② 这篇不足800字的小文，立时在音乐理论界引起了轩然大波，《新音乐》月刊主编李凌、赵沨随即有组织地对《所谓新音乐》一文进行了批判。1940年10月，《新音乐》月刊第2卷第3期上发

① 林路：《请音乐家下凡》，《每月新歌选》创刊号，1940年第1期。
② 戴鹏海：《陆华柏音乐年谱——桂林拓荒时期（1937—1943）》，桂林文化城史话《桂林抗战文史资料》第28辑，漓江出版社，1995年，第84—85页。

表了赵讽的文章《释新音乐——答陆华柏君》,将陆华柏的文章定性为否定新音乐以及盲目崇拜西方艺术:(1)"否认、轻轻地抹杀了新音乐运动在艰苦的奋斗中的成果"。(2)"不仅仅是'全盘西化论'的再版,因为'全盘西化论'者还只是让我们模仿西洋的古典作品,模仿长音阶,模仿'调性与小节的约束',而陆君却劝我们模仿世人公认为'反抗、破坏、爆发、混乱、虚无、无组织的本身的表现,理智的安那其的形象','极端的个人主义'荒谬,怪诞的艺术流派,又'俨然以学者的态度来写文章',骂人,我们'也就忍不住了'"。[1]1941年1月出版的《新音乐》月刊第2卷第4期,发表了李凌的《我们应该怎样理解新音乐与新音乐运动——并答陆华柏先生》,文章引用陆文所论逐一加以批驳。

抗战时期,桂林的传媒工作者同音乐工作者并肩战斗在同一战壕,将生动活泼、丰富多彩的抗战音乐活动传递给群众,将抗战的呐喊传遍了桂林的大街小巷,抗战的歌声回荡在桂林的绿水青山,广大民众汇聚到抗战救国的旗帜下,共同谱写着桂林人民团结抗战的光辉篇章。

第三节　桂林抗战传媒与文学

抗战时期,在桂林的文学家们,拿起手中的笔作武器,创作了大量战时文学作品,在教育人民、宣传群众、鼓舞士气、打击敌人等方面,发挥了积极的战斗作用。

一、抗战时期桂林文学发展概况

抗战时期的文学创作,是在中国共产党的领导和影响下,又是在国民党统治区的特殊环境内进行的。这一时期的文学作品,除了直接反映抗战现实的作品以外,也有对国民党的反动统治和腐朽黑暗一面进行揭露和控诉的,作品总的思想倾向是进步的,对于推动广大人民群众走向团结和争取抗日战争的胜利,起了积极的作用。

（一）文人云集

1938年10月,武汉、广州相继失守,大批文化人士和文化机构迁至桂林。

---

① 赵讽:《释新音乐——答陆华柏君》,《新音乐》第2卷第3期,1940年10月。

1941 年 12 月 8 日，太平洋战争爆发，香港沦陷，中国共产党协助寓居香港的八百多名文化人转移到桂林。据不完全统计，从 1938 年 10 月至 1944 年 9 月的六年时间里，先后旅桂的文化人有 1000 多人，文学方面更是人才荟萃，其中，单是小说作者就有近 400 人，[①] 文学界知名作家巴金、郭沫若、茅盾、胡风、王鲁彦、谷斯范、陈残云、艾青、艾芜、邵荃麟、周立波、黄药眠、骆宾基、司马文森、林林、王西彦、穆木天、聂绀弩、姚雪垠、秦牧、秦似等，都是这一时期来到桂林的。随着大批文化人尤其是进步文艺工作者来到桂林，一批文化团体、文化协会相继成立。

（二）战火中孕育的报告文学

报告文学是桂林抗战文学中的一支劲旅，其触角深入到抗战时期中国社会的每个角落，深刻揭露了日本帝国主义的法西斯暴行，热情讴歌了抗日将士奋力杀敌的英勇无畏，详细记录了亿万民众共御外侮的历史壮举。桂林文学家以火热的战斗激情，创作了大量英雄主义作品，"哪怕他的作品形式粗糙，文字草率，也有一定的时效性和现实作用"。[②] 以群的《台儿庄战场散记》、王西彦的《台儿庄巡礼》、姚雪垠的《四月交响曲》、司马文森的《粤北散记》、杨刚的《东南行》、孙陵的《随枣会战长征记》《突围记》等，都是这一时期的优秀报告文学。此外，丘东平的《第七连》《我们在那里打了败仗》，骆宾基的《救护车里的血》《东战场别动》，劳野的《北方的原野》《太行山边》，舒群的《西线随征记》，张庆秦的《在西战场》，吴买如的《阳明保火战》，林林的《笔立在昆仑关的峰顶》，廖沫沙的《中原锁匙的襄樊》，黄药眠的《我所见到的中国农村——广东战区视察记》《昆仑关之行》，茅盾的《劫后拾遗》，华嘉的《香港之战》等，均以朴实生动的文字表达，形象生动的人物刻画，真实感人的历史场景，将中国人民抗日战争的真实情况，及时迅捷地送到读者面前，充分发挥了文艺轻骑兵的战斗宣传作用。

（二）中国新诗

这一时期，中国的新诗也进入了"最蓬勃发展的阶段"。[③] 在现实主义创作

---

① 雷锐主编：《桂林文化城大全》文学卷小说分卷，广西师范大学出版社，1991 年，第 2 页。

② 雷锐：《桂林文化城小说研究》，中国社会科学院出版社，2006 年，第 253 页。

③ 艾青：《中国新诗六十年》，《文艺研究》1980 年 8 月。

潮流的影响下，桂林的抗战诗歌普遍追求通俗、鲜明、昂扬的格调，诗歌的大众化、通俗化被放到首位，诗歌朝着"广场艺术"的方向发展。桂林抗战文化城六年，云集诗人 700 多人，出版诗集 90 余册，诗作达 3000 篇，诗歌朗诵、墙头诗歌、枪杆诗歌蓬勃发展，诗歌创作有如大潮奔涌一泻千里，"山水甲天下"的历史文化名城成为一座空前繁荣的红色诗城。徐迟对推动桂林抗战诗歌创作贡献最大，他的诗作洋溢着时代精神，内容上更直接诉诸群众的感情，形式上则句法明朗，用字大众化，表现简劲有力，具有很强的号召力和战斗力。在文协桂林分会成立一周年纪念晚会上，徐迟与韩北屏合作朗诵了他创作的《持久、冷静、坚强》，赢得了观众雷鸣般的掌声。诗人们还把大量的诗歌贴到街上，写在墙头上，提出"要把诗歌贴到街头上，写到街头上，给大众看，给大众读，引起大众对诗歌的爱好，使大众也来写诗。这不仅是要利用诗歌作战斗的武器，同时也是要在不断的实践中，来求得诗歌从学校里，课堂上，文人的会议席上，少数的知识分子群中解放出来，使真正的大众化"。当着诗歌再也"不是所谓'诗人'在象牙塔里低吟慢唱的'诗'，而是参加在大时代斗争的行动里面的人，奏出的大时代群众的行动的旋律，同时又是正确地指导群众的行动"时，诗歌便真正成为战斗的武器。① 田间的《假使我们不去打仗》就是一首非常典型的街头诗，全诗虽然只有寥寥数语，却在当时引起空前震撼：

> 假使我们不去打仗，
>
> 敌人用刺刀
>
> 杀死了我们，
>
> 还要用手指着我们骨头说：
>
> "看，
>
> 这是奴隶！"②

诗人用质朴而又斩钉截铁的语言，唤起国人的血性，激励大家拿起武器战斗，田间也因此被称为"时代的鼓手"。

---

① 史塔：《关于街头诗》，《抗战报》1938 年 10 月 26 日。
② 田间：《抗战诗抄》，新华书店，1950 年。

（三）小说

随着大批时效性文学的出现，小说的纪实性写实性审美特征得到强化。这一时期，桂林的小说创作基本上以再现生活为主，比较注重情节的真实，加之抗战初期的亢奋与激情，文学创作多在粗糙的艺术形式中昂扬着金戈铁马之声，小说风格亦因此带上了不少刚猛悲壮的气氛。如艾芜的《荒地》《萌芽》《黄昏》《秋收》，司马文森的《大时代的小人物》，王鲁彦的《我们的喇叭》，舒群的《血的散曲》等小说集，以及丘东平的《东平短篇小说集》、骆宾基的《边陲线上》、于逢与易巩的《伙伴们》、谷斯范的《新水浒》、熊佛西的《铁苗》等作品。巴金的小说创作是最具有代表性的，他的长篇小说《火》第一部写于抗战初期，反映了爱国青年奋然投身上海"八一三"抗战的情况，文笔粗直，感情激越，浪漫主义色彩强烈，对人物思想、气质和行为的描写，基本上没有脱离英雄主义模式。1942 年，巴金再创作《某夫妇》。《某夫妇》记叙了一对知识分子夫妇在战争时期的经历和命运，他们为抗战努力工作，为前方殚财竭力，然而残酷的战争夺去了丈夫的生命，妻子默默地抚养遗孤，希望儿子长大后替父亲报仇。这一时期的小说无不高扬爱国主义的主旋律，充满对抗战的欢呼和对英雄的颂扬，同时反映着瞬息万变的战争生活。

（四）抗战杂文

20 世纪的中国杂文，是呼唤新时代到来的号角，是攻击旧世界的匕首和投枪，是救治国民旧思想、旧道德、旧习俗的良药和解剖刀，是思想家、改革家和杂文家的"爱的大纛"和"憎的丰碑"。鲁迅开创的由其战友和学生师承发展的"鲁迅风"杂文，高举理性批判的旗帜，对战时中国社会进行了毫不留情的解剖和尖锐犀利的批判。桂林抗战杂文的最主要阵地是《野草》，自创刊之日起就自觉师承鲁迅杂文的战斗传统，"采取了外表看去有点'软性'，而文章的内容要有几根骨头的方针"，努力运用杂文这一形式为民族民主革命服务。[①] 秦似在《〈野草〉月刊发刊词》中说，在半殖民地半封建而又处于苦难中的中国，文学决不能搞淫靡颓废之音，也不能搞供阔人摆弄的闲适文艺，而是要走"革命现实主义"的道路，"给受伤者以一个歇息的处所"，使之"恢复一些元气"再

---

① 秦似：《回忆〈野草〉》，《秦似杂文集》，生活·读书·新知三联书店，1981 年，第 576 页。

做战斗，给"健康的人"呼吸一些"苍葱的气息"。①聂绀弩是"野草"派中成就最高、影响最大的杂文大家。他在《壁画》中写道："我们固然要抵抗日本强盗的破坏和诛夷，同时必须以最大的努力，最大的速度，自己改造我们一切陈旧腐朽的东西……只有不断地彻底地迅速地改造，我们的国家，我们的民族才能卓立于世界，才能抵御任何野心家的'代劳'"。②在《我若为王》中，他揭露了中国国民的劣根性、奴性和媚性，对王权意识进行了深刻批判："我是民国国民，民国国民的思想和生活习惯使我深深地憎恶一切奴才和奴才相，连同敬畏的尊长和师友们……我将把我的臣民齐杀死，连同尊长和师友，不准一个奴种留在人间。我将没有一个臣民，我将不再是奴才们的君主"，呼吁建设"没有奴才"，所有人都变成"真的人们"的世界。③他的《韩康的药店》则揭露了国民党反动派扼杀文化出版事业的罪恶行径。

二、传媒与文学合作

广州、武汉失守之后，众多文学家作家云集桂林，在中国共产党的领导和文协桂林分会的推动下，他们以文学期刊为阵地，在桂林各大媒体大力配合下，桂林的文学创作出现了一个空前繁荣的局面。

（一）出版文学刊物与文学丛书

抗战时期，桂林的文学刊物有如雨后春笋，1939年10月，文协桂林分会成立由王鲁彦等负责，出版会刊《抗敌文艺》。1944年6月，桂林文化界抗敌工作协会成立，李济深任会长。随着众多文化团体的建立，各种文化杂志相继问世；除文协桂林分会出版的《抗战文艺》之外，先后在桂林创刊和出版的刊物还有《黎明》《前线》《笔部队》《东线文艺》《耕耘》《野草》《自由中国》《文艺新哨》《文艺生活》《半月文艺》《半月新诗》《文艺杂志》《创作月刊》《文学报》《文学译报》《种子》《文学创作》《文学批评》《青年文艺》《人世间》《艺丛》《明日文艺》《大千》《文学杂志》《新文学》《当代文艺》等二十五种。④这些文学期刊大都辟有论文、小说、诗、散文、随笔、报告文学、剧本、书评、

---

① 秦似：《野草〈代发刊词〉》，《野草》（创刊号）1940年8月。
② 聂绀弩：《壁画》，《聂绀弩全集》第1卷，武汉出版社，2004年，第146页。
③ 聂绀弩：《我若为王》，《聂绀弩全集》第1卷，武汉出版社，2004年，第387—388页。
④ 魏华龄：《桂林文化城史话》，广西人民出版社，2009年，第62页。

创作研究、翻译等栏目，有时还刊登一些辅助性的介绍和书评，深受读者喜爱。除了文学刊物之外，当时还出版了几套有一定分量的文学丛书：如邵荃麟主编的文学创作丛书，一共编了两辑，每辑十二册，由文化供应社出版。秦似主编的野草丛书，主要收集了《野草》月刊的部分杂文和随笔，一共编了两辑，每辑十二册，由文献出版社出版。司马文森主编的《文艺生活丛书》，主要是《文艺生活》杂志作品的结集，由文献出版社出版。张煌主编的《创作文丛》，出了八册，由创作月刊社出版。孙陵主编的《创作小丛书》，第一辑十二册，由创作出版社出版。还有南方出版社编辑出版的《南方文艺丛刊》，文化生活出版社编辑出版的《文学丛刊》《文学小丛书》《文化生活丛书》，今日文艺社编辑出版的《今日文艺丛书》，大地图书公司编辑出版的《大地文丛》，良友图书公司编辑出版的《良友文学丛书》。此外，胡风主编了《七月文丛》，熊佛西主编了《当代文库》，黄绳主编了《耕耘文丛》。[①] 这些丛书，编入的绝大部分是进步作家的作品，对全民抗战起到了极大的精神感召。文化城时期，桂林进步作家创作了数量惊人的文学艺术作品。总计在桂林文艺期刊上发表的包括剧作、曲艺作品、美术作品、舞蹈脚本、歌曲等在内的艺术作品约 6500 件（幅、首）杂文、随笔、报告文学、通讯、传记文学、回忆录、散文小品、书信、寓言等散文类作品 1800 篇，[②] 出版诗集和诗论专著约 120 本，在报纸杂志发表的诗歌不下 3000 首，[③] 长篇小说近 40 部，中、短篇小说集近 120 部，短篇小说近 1200 篇。[④] "山明水秀的桂林，本来是文化的沙漠，不到几个月竟成为国民党统治下的大后方的唯一抗日文化中心了。"[⑤]

（二）为文学争鸣提供平台

对于如何用现实主义反映伟大时代的问题，《救亡日报》发表了马宁的《论民族形势》，提出"只有真实的东西才会美，才会有艺术价值，才会为大众喜闻乐见，才能称成自己辛勤劳作以企求的民族形式"。[⑥] 作家林林在《诗的梦与现

---

①　魏华龄：《桂林文化城史话》，广西人民出版社，2009 年，第 67 页。

②　蔡定国、杨益群、李建平：《桂林抗战文学史》，广西教育出版社，1994 年，第 609 页。

③　蔡定国、杨益群、李建平：《桂林抗战文学史》，广西教育出版社，1994 年，第 468—469 页。

④　雷锐：《桂林文化城大全》小说分卷，广西师范大学出版社，1992 年，第 2 页。

⑤　胡愈之：《忆长江同志》，《人民日报》1978 年 11 月 23 日。

⑥　马宁：《论民族形式》（上），《救亡日报》（桂林版）1940 年 3 月 12 日.

实》一文中谈到，诗人是追求快乐和美的，诗人在动荡的现实里，是要"展开他的理想的诗的翼，飞向自由的梦之国"的，但诗人的梦与现实的关系是"出发于现实，生根于现实"的，认为这样的诗歌"才有凭依，不是缥缈。不管它怎样翱翔于天空，但它的线是紧紧在地上的，正如风筝一样"。①

对于文学的通俗化问题，各大媒体也争相发表观点，如《救亡日报》发表艾芜观点，认为要解决抗战文学的中国化问题，"其主要之点，是在使用现今中国大众之语言"。②媒体还发出倡议，"大家向大众化与现实化这总方向前进，共同来创造新的民族大众文艺"。③围绕文学民族化的争论，各大媒体争相发表观点，如"不能深入到中国人民的生活中去，不能纯熟地运用土生的中国语气，我们就难产生出什么伟大的作品"。④黄药眠认为"谁要是创造了最忠实于今天中国语言的作品，谁就是创造了最中国化的诗歌"。⑤黄药眠还阐述了文学艺术中国化问题，指出所谓中国化问题，从本质上说就是大众化问题："假如一个作家，他能够随时留心到最大多数的中国人的生活，把他们的生活态度、习惯，姿态和语言，加以选择和提炼，如实地写了出来，那么他这个作品一定是中国化的，同时也是大众化的"。为此，他倡言"我们要用一切方法，利用一切旧形式在广泛的人民中间灌输民族意识"，⑥并将这种做法称之为"旧瓶装新酒"，主张利用中国旧的文学形式，创作为抗战服务的新文学。与"旧瓶装新酒"观点相左，另一部分文学家则提出，可以"利用"旧形式为抗战宣传服务，但不能把它作为新文艺运动的一个发展阶段。如马宁认为，民族形式主要"是针对着目前不为中国大众所喜闻乐见的非'中国气派'与'中国作风'的文学作品而提出的问题"，⑦至于"旧形式是在简单的经济生活下简单思维形式之艺术的表现，它对于目前经济生活上起了变化，政治上文化上相当提高了的大众们，逐渐减少了亲切的关系与适合的度数"，⑧所以并不适合抗战文学创作。艾芜也反

---

① 林林：《诗的梦与现实》，《救亡日报》（桂林版）1939 年 10 月 14 日。
② 艾芜：《文艺短论》，《救亡日报》，（桂林版）1938 年 7 月 23 日。
③ 林山：《目前文艺的对象和形式》，《救亡日报》（桂林版）1940 年 10 月 5 日。
④ 黄药眠：《文艺上之中国化和大众化的问题》，《救亡日报》（桂林版）1939 年 11 月 26 日。
⑤ 黄药眠：《诗歌的民族形式之我见》，《救亡日报》（桂林版）1940 年 1 月 5 日。
⑥ 黄药眠：《论敌人的文化进攻与我们的对策》，《救亡日报》（桂林版）1939 年 2 月 2 日。
⑦ 马宁：《论民族形式》（上），《救亡日报》（桂林版）1940 年 3 月 12 日。
⑧ 马宁：《论民族形式》（下），《救亡日报》（桂林版）1940 年 3 月 13 日。

对为实现文学"中国化"而硬给抗战文学套上"旧形式"，认为文艺形式应随着内容不同而相应变化，"倘如永远是那一套形式，一只旧瓶装新酒下去，那拥有这种文艺的民族，就未免太低能了"，提出文艺工作者应当"努力创造新的文艺"。①

桂林传媒为文学界围绕文学艺术的争鸣提供了探讨和思考的平台，使得广大文艺工作者认识到，要使抗战文学真正植根于中国文化的土壤，走进广大民众心中，为广大民众所喜爱和接受，发挥为抗战服务的伟大精神力量，必须正确对待中国文化传统，在批判继承的基础上，面向现实生活，创造民族文学形式，建设现代化中国文学。

第四节　桂林抗战传媒与戏剧

在中华民族危机空前严重的时刻，桂林传媒与桂林戏剧相互配合、团结一致，积极投身抗日救亡的宣传之中。在这样一个激情无限的文化城，共同的命运汇成共同的奋斗，共同的信念筑成共同的意志，伟大的民族精神在新的历史条件下焕发时代的光芒。

一、抗战时期桂林戏剧发展概况

抗战时期，桂林全民性抗战戏剧运动蓬勃发展，其"主要标志之一是——各行各界的抗日救亡戏剧团体有如雨后春笋"。②在爱国主义的旗帜下，广大桂林民众积极参加抗战戏剧运动，投身抗战救国的历史大潮，团结一致共同抵御日本帝国主义的侵略。

（一）名家团体荟萃

桂林是当时全国戏剧运动的中心之一，云集了许多著名的戏剧家，如田汉、夏衍、欧阳予倩、熊佛西、洪深、瞿白音、焦菊隐等。全国一些有影响的戏剧团体，如上海救亡演剧二队、国民政府军委会政治部抗敌演剧队、新安旅行团、广州儿童剧团、中国救亡剧团以及朝鲜义勇队等，先后来桂林开展戏剧活动。

---

① 艾芜：《文艺短论》，《救亡日报》（桂林版）1939年7月23日。
② 广西社会科学院主编：《桂林抗战文艺辞典》，广西人民出版社，1989年，第464—470页。

一些桂林当地的戏剧团体，也宛如雨后春笋，相继成立起来，如七七剧团、广西学生军宣传队、广西省抗敌后援会宣传队、血光剧团等不下数十个。据统计，抗战期间先后在桂林演出的戏剧团体仅话剧团队就有100多个。当时的演出活动十分频繁，内容多姿多彩，形式异彩纷呈，有话剧、歌剧、舞剧、桂剧、平剧、粤剧和舞蹈等。每月都可以看到新的戏剧，尤其是话剧，每月都有一个以至几个新剧目上演。

（二）戏剧活动丰富

在繁荣的戏剧活动中，最引人注目的是戏剧团队的大型联合公演。1939年1月，为纪念"一二八"抗敌七周年，抗宣一队、演剧九队、国防艺术社、抗敌后援会话剧组、青年铁血抗敌剧社等举行联合公演，演出《打鬼子去》《民族公敌》《死里求生》等。连续几天的演出活动十分热烈，"台上感召了台下，台下响应了台上，观众和演员在剧的进展中已融成一体了！"（田汉致郭沫若的信，载《戏剧春秋》，第2卷第1期）。1944年2月15日至5月19日举行的西南第一届戏剧展览会，历时3个月，规模宏大，盛况空前。参加演出展览的有来自粤、桂、湘、赣四省29个戏剧团队和单位，共895人，加上大会工作人员有近千人。演出节目有话剧23个、平剧29个、桂剧8个、歌剧1个，还有少数民族歌舞、傀儡戏、马戏、魔术等，总计演出170场，观众达十多万人次。展览会期间，举行了戏剧资料展览，展出了来自全国各地的剧运文献、戏剧论著、戏剧团队史和戏剧珍本等，还举行了戏剧工作者大会，成立了中华全国戏剧界抗敌协会西南分会。这次剧展，参加剧团之众，演出剧目之多，声势和影响之大，在中国戏剧史上是空前的。美国著名戏剧评论家爱金生评论说："这样宏大规模的戏剧展览，有史以来，除了在罗马时代曾举行外，还是仅见。"西南剧展把桂林抗日文化运动推向新的高潮。抗日戏剧团队，除了在城市演出外，还深入农村、前线慰问演出。抗宣一队、新安旅行团、国防艺术社等，先后奔赴江南敌后、桂南前线、湘桂铁路沿线演出。中国救亡剧团和厦门儿童剧团于1939年先后到南洋一带演出，把中国人民的抗战斗争和抗日文化传播到海外。

整个抗战时期，桂林的戏剧运动兴旺不衰，有力地配合了民族救亡的伟大斗争，起着宣传民众、鼓舞民众、动员民众的重要作用，成为整个抗战文化运动的一个重要组成部分，它在现代戏剧史上写了光辉的一页，留下了许多宝贵的历史经验。

二、传媒与戏剧合作

抗战戏剧是桂林文化城中的一枝奇葩，在教育和动员人民大众参加抗战方面，发挥了重要的作用。对于戏剧运动，当时各个媒体都充分给予报道，并高度评价，从而有力地推动了桂林抗战戏剧的发展。反过来戏剧的蓬勃开展，也进一步扩大了媒体的影响，二者相得益彰，交相辉映。

（一）积极报道全民性戏剧运动

战时的桂林文化城，有数量众多的群众业余救亡剧团，他们以高昂的斗志，表演救亡戏剧，无偿地为民众服务，有时候一天之中会有几个剧团同时上演，真是到处都有救亡戏剧在演出，到处都有争相观看演出的人民群众。对于规模空前、波澜壮阔的桂林抗战戏剧，当时的各大报纸无不积极报道，大力宣传。如"七七"抗战两周年时，金城大戏院演出《反攻》《孩子们》《小间谍》等抗战救亡戏剧，《救亡日报》对此多有报道："这些小市民、小商人、工人……有的手里执着扇子，有的手里抱着孩子，高高兴兴的，向金城大剧院门口，水样的流进去，不一会儿，戏院的楼上楼下，人已坐得满满的了。"[1]由欧阳予倩亲自领导的广西省立艺术馆实验话剧团排演的五幕历史剧《忠王李秀成》，在桂林三度重演，场场爆满，轰动一时。各大媒体纷纷发表文章加以报道和评论，如老玻的《外行人的戏剧——看〈忠王李秀成〉之后》、韩北平的《我说〈忠王李秀成〉》、楼栖的《看过了〈忠王李秀成〉》、韦昌英、黄今的《读〈忠王李秀成〉》，对这部剧的思想性和艺术性均给予了高度评价。1944年1月5日，盛极一时的西南剧展开幕，桂林各大媒体都进行了积极的报道和配合。桂林版《大公报》在剧展开幕之日，以"祝西南剧展开幕"为题，盛赞"今天开幕的剧展，意义非常重要，……不仅可以促进西南剧界的进步，而且可能孕育出全国剧界光明健全的大道。"中国共产党领导的《新华日报》，更是高度评价这次剧展"是中国戏剧史上的空前的壮举"。同日，重庆《新华日报》和桂林的《力报》《广西日报》都发表了有关剧展的评论，熊佛西主编的《当代文艺》杂志第一卷五、六期以及《新文学》月刊第一卷第四期都刊出了"西南戏剧展览特辑"，执笔者

---

① 《救亡日报》（桂林版）1939年7月8日第2版。

有欧阳予倩、田汉、柳亚子、邵荃麟、司马文森、熊佛西、穆木天、孟超等。桂林各大书店也纷纷集中陈列戏剧书刊，减价优待到会戏剧工作者。桂林各报以优惠折扣刊登剧展广告，加强了对剧展新闻的报道和宣传。青年、国光、亚洲三家印刷厂暂时停收外件，全力承担了剧展的印刷品。

（二）为戏剧争鸣提供平台

桂林的各大媒体积极为戏剧的大众化与民族化的争鸣提供平台。所谓戏剧的大众化与民族化，不仅指戏剧创作内容要适合民众的口味，而且戏剧的表现形式也要适合民众的文化水准和欣赏习惯。传统的戏剧表演都是在舞台上进行的，在镜框式表演中，无论是中国传统戏曲还是现代话剧，演员与观众都被虚拟的第四堵墙分隔开了。因为抗战文艺宣传的需要，使如何调动观众使其参与到戏剧表演活动中，成为战时戏剧工作者需要认真思考的问题。围绕戏剧舞台演出形式，剧作家白克在《怎样发展广西剧运》中谈道："配合着目前澎湃的全国救亡运动，我们的戏剧更已经不但是剧场里的'供物'，而且要从镜框式的舞台走到街头的露天上演。"[①]周钢鸣则表示："戏剧是传播先进文化的重要工具，为适应时代和大众的需要，除在内容上革新外，演出形式也必须革新。只有内容与形式完美结合了，就能真正的大众化。"[②]田汉也认为："在表演艺术上要生活化，演农民要真像农民，要使农民看了承认像农民。"[③]《西南第一届戏剧展览会闭幕宣言》也就戏剧的表演形式提出了希望："我们希望研讨和学习最有效最妥善，为最大多数人民所易于了解乐于接受的技巧和方法。同时运用一切现成方法和技巧，使之适合于众所期求的目的。"[④]为了使宣传媒介更加接近工农大众，使抗战戏剧成为民众的精神代言，桂林的戏剧工作者真诚地致力于戏剧艺术的普及与提高，致力于戏剧表演形式的大众化和通俗化，努力创作新鲜活泼并为老百姓所喜闻乐见的作品。在戏剧工作者的努力下，抗战戏剧在语言运用、表演形式、表现手法等方面都发生了巨大的变化。诚如杜宣所言，"正因为全国

① 白克：《怎样发展广西剧运》，《广西日报》1937年4月16日。

② 周钢鸣：《论新演剧艺术底几个问题——近年演剧方法的几个特征》，《艺丛》1939年6月5日，第32页。

③ 张客：《忆西南剧展》，广西戏剧研究室、广西桂林图书馆主编《西南剧展》（下），漓江出版社，1984年，第366—367页。

④ 《西南第一届戏剧展览会闭幕宣言》，《新文学史料》1987年第1期，人民文学出版社，第35页。

戏剧家们的团结努力，使我们的戏剧从都市的框镜舞台走出到农村与战地的庙台与广场了。从前只限于知识分子与小市民所欣赏的戏剧，现在已经一跃而成为全国老百姓所最熟悉的形式了"。①

（三）高度评价戏剧改革运动

欧阳予倩是桂林抗战戏剧的领军人物，除了创作编导大量抗战戏剧外，他对桂林抗战戏剧的突出贡献还表现为他对桂剧的改革。《建设研究》杂志曾发表《桂剧之整理与改进》一文，指出欧阳予倩的改革之举在"理论与实践，均有独到之处……实乃全国戏剧界之幸事也"。②此外，《救亡日报》亦对田汉领导的湘剧、平剧改革，发表了记者高灏、志明的专访，称田汉领导的平宣队是"改革旧剧的一支新军"。还说"他们上演的新戏如《新雁门关》《土桥之战》《新儿女英雄传》（前集）、《四进士》等等，都曾轰动一时，为桂林爱好戏剧的人士一新耳目，同时也为平剧改革运动奠下坚实的基础。"③

小　结

抗战时期，桂林的新闻工作者通过同文化城其他艺术形式的互动的一系列活动，丰富了桂林的抗战新闻宣传，为各个阶层各个行业的抗日救亡活动搭建了一个良好的平台，最大限度地凝聚了广大人民的力量，为争取抗战的胜利奠定了坚实的基础。

---

① 杜宣：《预祝第三届戏剧节》，《救亡日报》（桂林版）1940年10月7日。
② 《建设研究》，1940第2卷第5期。
③ 《救亡日报》（桂林版）1939年6月29日第2版。

第八章 传承弘扬：
桂林抗战传媒与伟大民族精神

作为中国抗战文化和世界抗战文化的重要组成部分，桂林抗战传媒对继承和弘扬中华民族伟大的民族精神，推动抗战文化和抗战事业发展，推动中国传媒事业的发展，发挥了极其重要的作用。桂林抗战传媒的跨越发展，在中国现代革命史、中国新闻史上书写了灿烂夺目的篇章。同时，桂林抗战传媒所体现出的伟大民族精神，也给当今大学生民族精神教育以深刻启示，为做好当代大学生的民族精神教育提供了重要借鉴。

第一节 中华民族伟大精神的传承与弘扬

习近平总书记在第十三届全国人民代表大会第一次会议上发表讲话，指出：

中国人民在长期奋斗中培育、继承、发展起来的伟大民族精神，为中国发展和人类文明进步提供了强大精神动力。

——中国人民是具有伟大创造精神的人民。……今天，中国人民的创造精神正在前所未有地迸发出来，推动我国日新月异向前发展，大踏步走在世界前列……

——中国人民是具有伟大奋斗精神的人民。……今天，中国人民拥有的一切，凝聚着中国人的聪明才智，浸透着中国人的辛勤汗水，蕴涵着中国人的巨大牺牲，……

——中国人民是具有伟大团结精神的人民。……今天，中国取得的令世人瞩目的发展成就，更是全国各族人民同心同德、同心同向努力的结果。中国人民从亲身经历中深刻认识到，团结就是力量，团结才能前进，一个四分五裂的国家不可能发展进步……

——中国人民是具有伟大梦想精神的人民。……今天，中国人民比历史上任何时期都更接近、更有信心和能力实现中华民族伟大复兴。我相信，只要13亿多中国人民始终发扬这种伟大梦想精神，我们就一定能够实现中华民族伟大复兴！

长达八年之久的抗日战争，洗雪了近代中华民族抗击外来侵略屡战屡败的耻辱，显示了中华民族伟大的民族精神。在桂林的传媒发展进程中，传媒工作者们视民族危亡为己任，心怀梦想、团结合作，艰苦奋斗，继承和弘扬了以百折不挠为核心的伟大创造精神、以自强不息为核心的伟大奋斗精神、以求同存异为核心的伟大团结精神、以爱国主义为核心的伟大梦想精神。

一、以百折不挠为核心的伟大创造精神

全面抗战爆发之后，在中国共产党抗日民族统一战线旗帜的号召下，中国共产党和国民党再度合作、共赴国难。但是，蒋介石政府坚持独裁统治，极力维护国民党一党专政，拒不放开言论、出版、结社等民主权利，对进步报刊、书籍、书店以及出版社等极尽打压之能事，甚至不惜采用查封、捣毁、没收等种种卑劣的手段，摧残进步文化事业。然而，桂林抗战传媒在逆境中毅然坚持发展，历经六年而不衰。第一次反共高潮时，蒋介石下令查封生活书店，全国分店仅剩下6家，然而在桂林依旧可以买到生活书店、读书生活出版社的进步书刊，人们依然可以公开阅读到马列著作和毛泽东著作，广西地方建设干部学校教育长杨东莼甚至可以在讲台上传播马克思列宁主义和毛泽东思想。白崇禧办公室工作人员回忆："事实上，直前'皖南事变'前，桂林没有发生过什么不愉快的事情，它一直成为国民党势力范围内抗战空气比较浓厚，民主气氛比较活跃的一个城市。"[1] 然而，皖南事变后，国内反共浪潮甚嚣尘上，新桂系追随

---

① 黄启汉：《周恩来为桂林抗战文化城奠基》，《桂林抗战文化史料》，漓江出版社，1995年，第5页。

蒋介石反共，生活书店、读书生活书店、新知书店被非法查封，《救亡日报》被迫停刊，虽然广西当局留有余地的做法为进步力量赢得时间发起了"退兵的一战"，但整个形势发生逆转。在中国共产党的领导下，桂林新闻工作者和进步文化人士团结战斗，以巧妙的方式与敌人周旋，坚持斗争开创抗战传媒新局面。当时，各进步书店和出版社，根据周恩来"化整为零、多种形式"的指示，以改头换面方式在其他机构名义下继续出版发行，同时创办了一批新刊物新书店，传播进步文化，坚持对敌斗争。

在与国民党反动派扼杀进步文化的斗争当中，桂林的进步传媒工作者创造了灵活多变的斗争策略，开拓了抗战传媒的新局面。抗战时期，国民党当局颁布一系列法规，制定了书报审查制度，建立了图书杂志审查机关，执行严格的图书杂志审查，桂林的新闻检查处曾"命令各报社所有稿件，除中央社播发的以外，一律要送审，实行法西斯式的严格的新闻检查制度"。[1]针对新闻检查处稿件审查月头松月末紧，检查人员水平不高、缺乏经验的特点，进步新闻工作者想出种种对策加以应对，"以后我们在月初多送些平时难于通过的稿件，通过后留待分别利用；到了月底，送一批水平不高，言论较激烈的外稿，让他们扣住上报，有时需要立即见报的重要短文，在晚上先来一批冗长的通讯稿或论文（不打算用的）送审，先来个疲劳战术，到了深夜，再送一些使他审稿时容易忽略的重要短文，这样容易通过。"为了控制进步言论，广西当局还禁止使用马克思、列宁、解放区等53个所谓"谬误之词"。为此，进步作者和编辑们想出了一些既不影响文章内容，又能避过审查官员审查的好主意，如用"卡尔"代替马克思、用"抗日的后方"代替解放区等，冲破了反动派设立的重重文网。为了扼制进步期刊的出版，国民党反动派还采用制发限期期刊登记证和吊销期刊营业执照等方法，进步的出版部门遂采取出丛书的形式代替期刊，把期刊稿编成书籍，出版"连丛""文丛"，如"新文学连丛""现实文丛""文学集林"等，用出版图书的形式达到出版期刊的目的。

在中国抗战最艰苦的岁月和国内政治形势最严峻的时候，桂林抗战传媒在低潮下没有沉寂，没有退缩，相反在艰难困苦的条件下创造了文化奇迹，谱写了桂林抗战文化的壮丽篇章。

---

① 《桂林日报》1941年10月20日。

二、以自强不息为核心的伟大奋斗精神

桂林抗战传媒在千难万险的艰苦环境下，敢于开拓进取、勇于自强不息，展现了中华民族自强不息的伟大奋斗精神，用热血与生命创造了一个又一个的辉煌，谱写了桂林抗战传媒的不朽篇章。

抗战时期，外有日本侵略者的飞机轰炸，内有国民党反动派的白色恐怖，桂林的新闻工作者办刊物，开书店，开展新闻报道、图书发行等宣传活动，艰难程度可想而知。然而他们克服重重困难，冲破重重阻挠，努力开拓进取，使桂林的抗战传媒迅速发展，在国内甚至国际上都产生了巨大的影响。作家艾芜在桂林待了五年，长期住在东郊一间简易竹楼里，种菜养猪，生计艰难。他仍奋发笔耕，旅桂期间，写出长篇、中篇、短篇小说八十余篇。《救亡日报》初到桂林时，除了12个人以外，一无所有。主编夏衍根据周恩来的指示，上长沙、下香港筹款办报，带领全体人员自力更生白手起家，不拿薪水不拿稿费，大家团结一致、毫无怨言，最终把《救亡日报》办成了左、中、右各派人士人都爱看的报纸。到《救亡日报》1941年被迫停刊时，报社队伍已经壮大到近五十人，并且拥有了报纸、出版社、通讯社、期刊、印刷厂等一系列机构。

桂林抗战传媒在艰难困苦中勇担重任、顽强拼搏。抗战爆发之前，国民党反动派针对中国共产党，除了军事围剿而外，还实行了文化上的围剿。这种文化围剿在抗日战争时期更是变本加厉，对于进步的报刊、书籍、书店、出版社等，国民党反动派极尽打压之能事，用捣毁、查封以及没收等种种手段，镇压进步传媒事业的发展。"靠山山要倒，靠水水要干，时代要求我们积极的行动呢，消极的，丢开吧！"①在这种情况下，以新知书店、生活书店桂林分店以及读书生活出版社桂林分社为代表的进步传媒工作者，不惧白色恐怖的威胁，在整个抗战期间出版了十几种定期刊物、几百种图书，还发行了几百万册的通俗读物，勇敢的担负起了同国民党反动派做斗争的艰巨任务。在反文化围剿的斗争中，桂林的传媒工作者不怕流血，不怕牺牲，为桂林抗战进步文化以及全国其他地区的传媒文化树立了光辉的榜样，成为大后方抗战传媒的坚强战斗堡垒。

自强不息是中华民族生命永恒绵延不绝的内生动力，一个民族需要这种顽强坚韧永不言败的精神，一个国家需要这种开拓进取勇往直前的精神，在中国

---

① 张禾草：《旅中归雁》，《救亡日报》（桂林版）1939年2月1日。

人民抗击日本侵略者的艰苦岁月，它激励和鼓舞着逆境中的中华民族，咬紧牙关，克服一切困难，去争取最终的胜利。

三、以求同存异为核心的伟大团结精神

抗日战争是全民族的事情，"救亡图存，少数人的努力是无济于事的，必须人人努力，以救国为己任，国事才有希望"。[①] 在中国共产党抗日民族统一战线旗帜的指引下，桂林文化界团结起来，不同意识形态阵营团结合作，不同文化品种相互合作联手发力，共同促进了桂林传媒以及桂林抗战文化的发展。

不同意识形态阵营的合作。在抗日救亡思想感召下，桂林新闻界团结合作，共赴国难，中国青年记者学会桂林分会的成立便是突出一例。该会理事会的理事中，包括了国民党中央社广西分社、国民党军委会机关报《扫荡报》、新桂系当局的机关报《广西日报》《大公报》，以及中国共产党办的《新华日报》桂林营业处、《救亡日报》（桂林版）、国际新闻社等众多新闻单位的工作人员，下设各组亦分别由各新闻单位人员担任。当时，桂林不同党派之间关系也比较融洽，如作为广西省国民党政府的机关报《广西日报》，曾就《救亡日报》在桂林复刊，于1939年1月11日第三版，刊出《新闻之新闻——救亡日报昨日复刊》的消息，赞扬《救亡日报》"集中救亡言论，鼓吹到底，极为读者们欢迎。"[②] 而《救亡日报》也很注意刊登桂系首脑人物的言论，1939年4月6日出版的《台儿庄胜利纪念一周年专刊》，发表了白崇禧的题词："台儿庄的胜利是在战术上运用游击战运动战配合阵地战的战果"。[③] 同年10月初李宗仁从前线回到桂林，《救亡日报》亦发表社论《英雄颂——迎李司令长官》，对李宗仁指挥的台儿庄之捷与随枣会战给予高度评价。国民党《扫荡报》主编钟期森曾对《救亡日报》总编夏衍坦言相陈："您不要把我和重庆的《扫荡报》联系起来。在桂林，我们两家的处境是一样的，都是'寄人篱下'，加上现在是抗日时期，我不会在版面

---

① 李宗仁:《在安徽六安党政联合纪念周报告》，《李德邻先生言论集》，广西建设研究会，1941年。

② 《新闻之新闻——救亡日报昨日复刊》，《广西日报》1939年1月11日。

③ 《救亡日报》（桂林版）1939年4月6日。

上发表不利于团结的言论的。"①1939 年 2 月,《救亡日报》复刊后发表的第一首歌词就是钟期森撰写的《伤兵之歌》,表达了中国共产党团结抗战的真诚愿望。文协桂林分会成立时,李克农还建议钟期森出任理事,以发挥他的特殊作用,正确贯彻执行了党的抗日民族统一战线思想。各新闻单位能以团结抗日大局为重,在宣传上相互配合,起到了良好的宣传动员群众的作用。

不同文化品种活动联手发力。桂林抗战传媒的团结奋斗精神,还体现在与文化城中其他不同文化品种的联合行动上。如前所述,桂林抗战传媒十分注重同其他文化品种的相互配合,相互促进,通过对文化城其他文化品种的报道与宣传、出版各种刊物推动其他文化品种发展、为其他文化品种搭建活动平台和探讨争鸣的平台等方式,桂林抗战传媒与抗战文学、抗战戏剧、抗战音乐以及抗战美术等联动发力,共同推进了抗日救亡运动的发展。各种报刊成为文化工作者创作爱国主义和民族主义题材作品的园地。桂林抗战时期,大批文化工作者以笔做枪,创作出许多以弘扬爱国主义和民族主义的小说、诗歌、报告文学、戏曲、漫画、木刻、音乐等作品,而桂林繁荣的报刊新闻业,为其作品发表提供了宽阔的展示平台。如《广西日报》(桂林版)发表的毅宏的《救亡线上民众流行歌咏在太原》,《救亡日报·救亡漫木》刊登汪子美的杂文《汪精卫的"保护色"》、廖冰兄、建庵的连环木刻《汪精卫的变》等作品,《抗战时代》第三卷第五期发表的陈迩冬的《雷雨中》以及高尔寿的独幕剧《反战》,都是这一时期以抗战为题材的文艺精品,反映了当时桂林报刊新闻业以特有形式达到振奋人们热情,强化民族意志,坚定必胜信心的目的。

又如,1938 年 11 月 27 日,广西音乐会举行第五次演奏会,《广西日报》发表《广西音乐会演奏会志盛》一文,不仅详细介绍了演奏会的曲目,还赞扬这些抗战歌曲"慷慨激昂,颇能激发抗战情绪"。②1939 年,广西音乐会举办第七次演奏会,《扫荡报》撰文介绍了演奏会现场的热闹场景,称此次演奏会"每晚均告满座。演奏节目大部分被要求再来,情绪堪称热烈"。③1942 年 7 月 7 日,

---

① 夏衍:《记〈救亡日报〉在桂林》,《懒寻旧梦录》,生活·读书·新知三联书店,1985 年,第 433 页。

② 《广西音乐会演奏会志盛》,《广西日报》1938 年 11 月 27 日。

③ 《祝本会第七次音乐演奏会》,《扫荡报》1939 年 3 月 2 日。

粤西广播电台广播了新中国剧社音乐部演唱的《黄河大合唱》。①抗战传媒宣传报道了其他文化品种，其他文化品种也有力地促进了抗战传媒的发展，1939年10月，桂林戏剧界为《救亡日报》募资，举行《一年间》的联合公演活动，《救亡日报》盛赞此次公演"是中国剧运史上最值得特书的一页"。②公演扩大了《救亡日报》在社会上的政治影响力，促进了整个文艺界的团结，桂林的传媒也在对其他文化艺术形式进行宣传和报道的同时，丰富了自己的宣传内容，扩大了自身的媒体影响力。

抗战时期，桂林的抗战传媒丰富了抗战新闻的宣传，为各个行业和各个阶层的抗日救亡运动搭建了一个良好的平台，极大地凝聚了广大民众的力量，为争取抗日战争的胜利奠定了坚实的基础。

四、以爱国主义为核心的伟大梦想精神

习近平在纪念五四运动100周年大会上的讲话指出，"历史深刻表明，爱国主义自古以来就流淌在中华民族血脉之中，去不掉，打不破，灭不了，是中国人民和中华民族维护民族独立和民族尊严的强大精神动力，只要高举爱国主义的伟大旗帜，中国人民和中华民族就能在改造中国、改造世界的拼搏中迸发出排山倒海的历史伟力！"爱国主义作为一个国家、一个民族活的灵魂，是中华民族得以生存的最根本的支柱，是维系中华民族团结统一的纽带，是增进中华民族凝聚力的保证，是促进中华民族发展强盛的动力。③几千年来，爱国主义激励着无数仁人志士怀揣梦想，为着国家和民族的利益，无私无畏，勇于牺牲，自觉担当起济世救民的重任。

抗战爆发后，面对日本帝国主义的侵略，桂林文化城的新闻工作者以强烈的爱国主义感情和民族责任感，将国家的兴亡、民族的解放视为己任，毁家纾难，无私奉献，出钱出力，共赴国难，表现了高尚的爱国主义精神。

心系民族存亡，投身抗战传媒。抗战时期，汇集在桂林的传媒工作者和文化人士，不论是共产党人、进步人士，还是社会其他阶层，甚至普通群众，在

---

① 桂林市文化研究中心、桂林图书馆主编：《桂林文化城大事记（1937—1949）》，漓江出版社，1987年，第479—487页。

② 周钢鸣：《喜悦和哀怒》，《救亡日报》（桂林版）1939年10月5日。

③ 李宗桂：《中华民族精神概论》，广东人民出版社，2007年，第78页。

爱国主义的旗帜下，心系民族存亡，聚焦桂林抗战，积极投身到抗战文化的洪流中。以《救亡日报》、生活书店、读书生活出版社等为代表的新闻传媒机构，在救亡图存口号的指引下，"决定加强编辑出版工作"[①]，把出版宣传抗战书刊作为参加抗日斗争的神圣职责和光荣任务。桂林的新闻工作者们高举爱国主义大旗，积极开展抗战救亡宣传活动，这种心系民族安危、踊跃投身抗战的情怀，充分展现了中华民族爱国主义的高尚情操，其高度的民族凝聚力和精神感染力，为推动抗战文化运动发展提供了不竭的力量源泉。

不畏艰险，不怕牺牲，献身抗战传媒。抗日战争不仅是中日双方军事实力和经济实力的较量，更是精神意志和民族精神的较量。在桂林的广大传媒工作者，他们不畏艰险，不怕牺牲，以坚强的意志和勇敢的战斗精神，"到民间去，到战场去，到敌人后方去"[②]，投身火热的抗日救亡宣传工作。一批批新闻记者和通讯员奔赴前线，深入民众，在敌人的炮火中第一时间传回最新的资讯；许多新闻工作者在敌机的轰炸中不避危险、不怕牺牲，创作发表了大量反映中国军民抗战生活、歌颂抗战英雄的优秀新闻作品；不辞劳苦的图书出版工作者开架售书，办理预订、邮购业务，成为读者的知心朋友。正是这种不畏艰险不怕牺牲的民族精神，使桂林成为宣传抗战文化的战斗堡垒，大后方高高飘扬的战斗旗帜。

在中华民族生死存亡的危急关头，爱国主义成为召唤全民族抗战的光辉旗帜。五十万桂林军民集结在这面凝聚着四万万华夏儿女共同情感的旗帜下，不惧艰险，不怕牺牲，用热血与生命谱写着文化抗战的英雄颂歌，谱写着全民族抗战的英雄颂歌。

第二节　桂林抗战传媒对抗战文化和抗战事业的推动

抗战文化是"中华民族到了最危险的时候"，"不愿做奴隶的人们"做出的必然回应。抗战文化表现出来的伟大民族精神是中华民族宝贵的精神财富，它

---

① 生活书店史稿编辑委员会：《生活书店史稿》，生活·读书·新知三联书店，1997年，第115页。

② 张仃：《谈漫画大众化》，《救亡日报》（桂林版）1939年9月8日。

激励并鼓舞着中国人民为争取民族独立自由与日本侵略者进行殊死搏斗，它要压倒一切敌人，而绝不向任何敌人屈服。桂林抗战文化高举中华民族精神的伟大旗帜，在中国全民族抗战历史上留下了彪炳史册的辉煌篇章。

桂林抗战传媒的跨越式发展，不仅体现了中华民族的伟大民族精神，而且极大地推动了抗战文化和抗战事业的发展，鼓舞了人民的抗战热情，激励了人民的抗战斗志。

一、中国抗战文化的有机组成部分

辐射全国为各地输送精神食粮。抗日战争进入相持阶段后，桂林不但成为西南、西北、解放区的物资转运站，而且成为各地文化精神食粮的中转站。当时桂林各报社、新闻社派出了大批记者，深入前线、战地、新四军、解放区采访，把来自四面八方的第一线情况报告给西南人民，同时也把桂林的文化活动，通过各种新闻媒介、文化媒介介绍到西南各地。如茅盾的《霜叶红似二月花》讨论会情况很快传到重庆，《新华日报》的很多重要消息则通过航空版传到桂林，一些进步书籍也通过各种渠道传播到邻近的省市。桂林生活书店、读书生活出版社、新知书店、文化供应社等进步的出版发行单位，积极贯彻周恩来宣传抗日、团结、进步的总方针，"决定加强编辑出版工作"，[①] "出版各种各样的读物，让人民群众在意识上武装起来，共赴国难"，使抗战传媒"成为不愿做奴隶人们的战斗号角"，[②] 他们的大量宣传抗日救亡和抗战文化思想的著作，不仅流传桂林，而且辐射全国，对桂林乃至全国文化界都产生了巨大影响。当时，桂林每天平均出版新书期刊20种以上，一般报刊销路达到近万份，一份专谈新诗的月刊都可销售七千份；《野草》《当代文艺》《自由中国》《文化杂志》等较有影响的刊物发行量最多时达到近二万份；许多出版物单行本的印数初版即以五千册为单位；[③]《文艺战线》在桂林创刊不久，迅速成为二期抗战中一支突出的文艺生力军，"出版不到三天，已经销售于抗战文艺作品，它获得读者的热烈欢迎

---

① 生活书店史稿编辑委员会编：《生活书店史稿》，生活·读书·新知三联书店，1997年，第115页。

② 《书店工作史料》第二辑，新华书店总店，1979年，第197页。

③ 赵家璧：《忆桂林——战时的"出版城"》，《大公报》（上海）1947年5月18日。

不是偶然的"①。优秀的出版作品，以伟大的民族精神，深刻的道德力量，鲜明的爱憎情感，激励着广大民众投身抗战坚持抗战，真正成为"西南乃至全国的精神食粮"。战时中国的精神食粮——书，百分之八十是由桂林出版供给的，尤其是国统区一些地方，如重庆、昆明等地不能公开出版发行的进步书籍或文化宣传品，往往可以在桂林出版发行，或是先在桂林公开出版发行，再经由桂林通过各种渠道输送到其他地区。如郭沫若的《高渐离》在重庆遭禁后，遂在桂林《戏剧春秋》发表，李凌在重庆编的《新音乐》、叶圣陶在重庆编的《国文杂志》、朱自清在昆明编的《国文月刊》等，也都是将稿件寄到桂林印刷出版。至于国统区各地文化人士的作品寄到桂林发表和出版的就更多了，甚至还包括延安解放区的作品。大量进步书籍的出版和抗战宣传品的流通，对中国文化抗战产生了巨大影响，桂林"文化城"撑起了中国抗战文化的半壁河山。

建立了一支特别能战斗的抗战传媒队伍。桂林抗战传媒非常重视自身传媒队伍的建设，尤其是对青年记者的培养和指导。他们曾开办了多期不同形式的学习班、培训班，并邀请著名新闻从业人士为学员和内部青年员工作报告。1940年6月1日至9月底，"青记"桂林分会与中华职业教育社广西分社联合举办了"桂林暑期新闻讲座"，以"加强抗战宣传，提高新闻学识"为目的，由陈纯粹任讲座主任，王文彬任总干事负责教务。通过举办新闻讲习班，提高了学员业务水平，培养了新闻干部，建立了一支特别能战斗的抗战新闻传媒队伍。桂林战时新闻社在"自我介绍"中曾说："说及战时新闻社的产生，我们不能忘记今年春间中国青年记者学会南方办事处的'战时新闻工作讲习班'的举办。现在的战时新闻社就是以'讲习班'七八十位同学为基干来筹备组织的。因此，记者学会是我们的保姆，在工作上在组织上都给了我们很多的方便"②，十分形象生动地证明了这段历史。

二、推动了二十世纪三四十年代广西新闻传媒的发展

抗战前，桂林的报刊书店和出版社数量都很少，新闻事业的发展水平亦不高。全面抗战爆发之后，众多新闻工作者陆续来到桂林，使桂林乃至整个广西

① 加因：《充满朝气的桂林出版界》，《救亡日报》（桂林版）1939年3月22日。
② 徐向明：《范长江传》，南京大学出版社，2002年，第235页。

的新闻事业都跃上了一个新的台阶，桂林新闻界的整体影响力也从以前的广西本省扩展到全国乃至全世界。

许多新闻团体和个人为广西当地新闻事业发展做出过贡献。如"国际新闻社"和"青年记者学会"为当时的广西新闻事业培养了一批青年记者和后备力量，他们不仅通过开办战时记者培训班，对当地进步青年进行细致指导，更给这些青年亲身参与新闻工作的机会，许多青年在抗战期间及抗战胜利后，成为新闻战线或工作岗位上的骨干力量。

在个人方面，我国著名新闻工作者胡愈之和范长江对当时广西新闻事业的发展给予了大力支持和协助。胡愈之同志在广西建设研究会工作期间，经常为广西新闻事业发展出谋划策；范长江同志在经过深入调查，周密思考后，在给广西当局的建议中提出了非常具体、系统的新闻事业发展方案。其中包括了对地方报纸发展重要性的强调，广西省报纸的组织系统问题，对干部培养的专业化以及军队报纸发展的关注等。广西省当局对范长江的建议非常重视，并专门召开会议讨论。也正因为此，广西的新闻传媒事业取得了长足的发展，在国民党广西省政府编印的《桂政纪实》下册中就谈道："省内自办之大中小型各报，亦不下数十家。""其一种蓬勃之气象，迥非昔比。"①

三、架起了世界反法西斯文化交流的桥梁

桂林的抗战传媒不仅推动了中国抗战运动的进程，还为世界反法西斯文化交流架起了一座桥梁。

建立反法西斯国际文化交流机构。为了适应国际反法西斯战争的需要，当时的桂林成立了许多对国际反法西斯文化有影响的机构，许多新闻工作者在这些机构当中发挥了重要作用。1939年1月25日，国际反侵略运动大会中国分会桂林支会成立，夏衍、胡愈之、范长江等一大批新闻界人士进入了理事会。1939年10月1日，中苏文化协会桂林分会成立，由夏衍等人筹划，该会同苏联国内的中苏文协总部接轨，开展文化友好往来，互相支持反法西斯战争。

发表反法西斯优秀作品。战时的桂林有一大批知名的翻译家，他们精通英、俄、法、德、日等多国文字，积极致力于世界进步文学的译介。据不完全统计，

---

① 广西省政府十年建设编纂委员会：《桂林报业发展之现状》，1946年，第199页。

从 1938 年 10 月到 1944 年 11 月，桂林翻译出版的著作 177 本，各类刊物发表的翻译文艺作品 864 篇。① 这些翻译作品中既有西方古典文学，也有揭露资本主义反对法西斯侵略的当代文学，特别是苏联文学的大量翻译介绍，受到广大读者热烈欢迎。与此同时，一大批世界著名作家如普希金、陀思妥耶夫斯基、莱蒙托夫、高尔基、托尔斯泰、马雅可夫斯基、爱伦堡、法捷耶夫、雨果、罗曼·罗兰、巴尔扎克、海明威、狄更斯、莎士比亚等，逐渐为中国读者所知晓所熟悉，使中国人民进一步了解世界与中国，了解战争与和平。抗战时期，桂林媒体出版了一批反映世界人民反法西斯战争的作品。如 1941 年 6 月 1 日的《野草》杂志上，曾开辟《高尔基逝世五周年纪念》专栏，发表了罗曼·罗兰、辛克莱等人的纪念文章，歌颂伟大的无产阶级文学家高尔基。桂林烽火文丛社出版的巴金《无题》散文集，对法国贝当政府讨好希特勒和日本天皇的行径进行了批判，在国内外产生了巨大影响，并被翻译成外文在英美等国发行。这些优秀的反法西斯战争著作的翻译出版，让中国人民了解了世界，也让中国走向了世界。

　　国际文化交流活动。中外文化交流活动中，以中苏关系最为密切。1939 年 11 月 7 日，中苏文化协会桂林分会举行了隆重的纪念苏联十月革命 22 周年庆祝大会及系列活动。1940 年 1 月 2 日，莫斯科东方文化博物馆举办"中国抗战艺术展览会"。为了支持苏联人民伟大的卫国战争，中苏文化协会桂林分会发动全市人民向苏联人民写信，先后有郭沫若、田汉、林林、安娥等 150 位诗人的《中国诗歌界致苏联诗人及苏联人民书》，叶浅予、沈同衡、张乐平、廖冰兄、黄茅、黄新波、汪子美等 24 位美术家的《中国绘画工作者同人致苏联同志书》，"木协"的《致苏联木刻作者》等信函发表、《救亡日报》还特别出版了《桂林文艺界同仁给苏联的书简》专刊。在中外文化交流中，中国文学作品也开始走向世界，司马文森的《雨季》《人的希望》《危城记》姚雪垠的《差半车麦秸》、陈残云的《今日马来亚》、艾芜的《山野》等作品，被翻译成英文、匈牙利文等多国文字出版。桂林翻译界还先后编译了《中国抗战小说选》《中国抗战诗选》《中国抗战文艺选集》等在欧美各国出版发行，产生了广泛的影响，获得了普遍好评。据统计，苏联出版和刊载的中国抗战文艺作品，仅 1938 年到 1939 年间即达到 50 多种，销量达 2 亿册。"这些对外文化交往活动，不仅让世界人民感

---

① 广西社会科学院主编：《文艺期刊索引》，广西人民出版社，1986 年，第 303—364 页。

知中国人民抗战的信心和力量，同时也使中国人民了解世界，认识中国抗战的世界意义"。① 有力地支援了祖国抗战，加强了反法西斯国家的联系和相互支持。

国际友人在桂林的反战传媒活动。抗战时期的桂林，不仅是国内文化工作者战斗工作的根据地，也是各国文化人士反法西斯战争的舞台，许多国际友人，比如鹿地亘、池田幸子、坂木秀夫、李斗山、李达、胡志明、范文同、武元甲、史沫特莱、费正清、李蒙等等，均不远万里来到桂林，从事反法西斯斗争的文化活动。鹿地亘是日本反战活动家和作家，在桂林期间，先后作了五十多场报告进行反战宣传活动，并在《救亡日报》及其他报纸杂志上发表了数以百计的反战论文和文学作品。胡志明在桂林期间，通过八路军桂林办事处发起成立了"中越文化工作同志会"，还用"平山"的笔名在《救亡日报》发表文章，以尖锐泼辣而幽默风趣的笔调，批判帝国主义的侵略势力，颂扬世界各国人民的反法西斯斗争。美国著名女作家史沫特莱在桂林时，深入前线采访，先后在《救亡日报》《青年生活》《抗战时代》《半月文艺》《十日文萃》《广西妇女》等报纸杂志发表了反映抗战的新闻报道和文学作品，如《中国青年应该做些什么》《二年来的一个青年——特为新四军成立两周年纪念写》等，她还向美国发回很多反映中国人民抗日斗争新闻稿件和文学作品，呼吁美国政府积极抗日援华，在美国引起了强烈的反响。

第三节　桂林抗战传媒对中国传媒发展的历史贡献

随着抗日战争的爆发，中国的传媒发展进入了一个新的历史时期。战争给中国传媒发展注入了鲜明的时代特征，在这种特殊环境中产生和发展的桂林抗战传媒，以其自强不息的精神风骨，团结合作的奋斗精神，创造了辉煌的业绩，推动了中国现代传媒的发展。

一、丰富了中国新闻创作文库

抗战时期，桂林的新闻工作者和进步文化人士以满腔的热情和忘我的精神，积极投身新闻宣传工作，创作了许多优秀的新闻作品，如恽逸群的《三十年来

---

① 魏华龄:《桂林抗战文化史》，漓江出版社，2011年，第85页。

之中国新闻事业》、黄药眠的《我们要研究的三个题目》、陈聆明的《地方报纸的建立与发展》、周振纲的《零论办报》、徐毅生的《论阅报问题》、冯英子的《我们努力的方向》、湛震的《站定立场，握紧武器，加强学习》、周钢鸣的《论二期抗战中〈救亡日报〉之使命——关于通讯员的组织》、范长江的《怎样推进广西地方新闻工作》、柯天著的《新闻工作基础常识》、程仲文的《战地办报经验谈》、刘林的《内地报纸供过于求——参与内地新闻工作者报告》、任重的《加强敌后新闻工作——"九一"节向敌后同业致敬！》、于友的《保持节操与打击敌人——纪念"九一"的当前任务》、许瑾的《记者应具备的条件》、萨空了的《推进中国报业刍议》《宣传的内容与技术》、陈原的《写作通讯的导师——评〈新阶段中一般新闻采访工作要旨〉》、丁一的《一年来的新闻通讯》、林林的《通讯的公式主义——作为初写通讯者的参考》等。这些作品，以其鲜明的时代特征和鲜活的时代内容，有力地推动了桂林抗战传媒运动的蓬勃开展，极大地丰富了中国新闻创作的宝库。

二、为新中国传媒事业锻炼造就了大批新闻出版人才

抗战时期，桂林传媒工作者积极动员广大民众参加抗日救亡运动，并自觉投身于革命熔炉，在艰苦的环境下锤炼自己，他们中的许多人成为新中国新闻出版事业的奠基人和中坚力量。

新中国成立后，胡愈之任中央人民政府出版总署署长，1950 年 4 月 1 日，全国新华书店总管理处在北京成立，出版总署出版局局长黄洛峰任总管理处总经理，副局长华应申兼副总经理。1951 年 1 月 1 日，全国新华书店走向统一领导，北京成立新华书店总店，徐伯昕任总经理，王益任副总经理。

这些新中国新闻出版发行事业的领军人物，许多都是当年在抗日战争的烽火下，在桂林抗战传媒活动中，率领革命新闻工作者和进步传媒人士，为中国人民的解放事业而战斗的英雄战士中的佼佼者。

三、开展有益的学术探讨加强了中国传媒理论建设

抗战时期，在抗日民族统一战线的旗帜下，思想文化理论方面的研讨交流也趋向活跃。桂林新闻界也不例外，他们十分关注摆在自己面前的一些问题，

如要办多少报纸，办什么样的报纸，如何去办好报纸，怎样才能发挥报纸的作用等等。一些新闻团体的相继建立，不仅加强了各报社、通讯社之间的联系，也加强了桂林新闻界思想理论的研究交流。不少报纸，如《扫荡报》《救亡日报》《广西日报》等，都专门提供版面给中国青年新闻记者学会编发《新闻记者》《青年记者》等专刊。每逢九月一日记者节，各报还登载了许多论述新闻工作的文章。广西建设研究会编辑印行的《建设研究》、桂林文化供应社出版的《文化杂志》等刊物，也为新闻工作者提供了新闻思想理论研究的论坛。众多新闻团体则通过举行学术专题研讨会，各抒己见；或召开记者交谊会，邀请外地著名新闻工作者来演讲；或举办新闻工作讲习班，由既有理论水平又有实践经验的新闻工作者专题讲授。不少出版社还出版了由新闻工作者撰写的新闻学著作，如桂林文化供应社出版了柯天著的《新闻工作基础常识》、萨空了的《科学的新闻学概论》，开明书局出版了吴好修的《战时国际新闻读法》，铭真出版社出版了程其恒编写、马星野校订的《世界报社现状》等等。深入的思想理论探讨和大量新闻学专著的出版，为加强中国传媒理论建设积累了宝贵的经验。

第四节 大学生民族精神教育的当代启示

习近平总书记在党的十九大报告结尾，深情寄语当代青年，"青年兴则国家兴，青年强则国家强。青年一代有理想、有本领、有担当，国家就有前途，民族就有希望。中国梦是历史的、现实的，也是未来的；是我们这一代的，更是青年一代的。中华民族伟大复兴的中国梦终将在一代代青年的接力奋斗中变为现实"。当代青年大学生是祖国的未来、民族的希望，做好当代青年大学生的民族精神教育，意义重大。

一、大学生民族精神教育的重要意义

高校的根本任务在于"立德树人"，大学生民族精神教育作为高校"立德树人"根本任务的一个重要环节，是培养德智体美劳全面发展的大学生的重要内容，对于主流意识形态教育、文化自信教育、培养社会主义建设者和接班人具有重要的意义。

（一）大学生民族精神教育是社会主流意识形态教育的重要内容。"意识形态是在阶级社会中适应一定经济基础及政治上层建筑，代表一定阶级、社会集团根本目的和要求的系统化的思想观念、价值体系和理论学说的总称。"长期以来，一些西方国家把他们所谓的"自由""平等""民主"等价值观念鼓吹为"普世价值"，并在全世界范围内进行推广，对于不顺从的，甚至挥舞价值观的大棒进行打压，面对各种复杂的价值观思潮，青年大学生由于种种原因，辨别是非能力不强，急需广大教育工作者利用伟大民族精神教育帮助学生举旗定向。只有让伟大民族精神深入学生内心，才能帮助学生自觉树立正确的价值理念，坚定社会主义理念信念，才能真正赢得青年一代。

（二）大学生民族精神教育是培养社会主义事业合格建设者和可靠接班人的必然要求。当代青年大学生是祖国的明天、是民族的希望，习近平总书记在党的十九大报告中，综合分析国际国内形势和我国发展条件，对向第二个百年奋斗目标进军做出了两个阶段的重要安排，目前在校的95后、00后大学生，到2035年基本实现社会主义现代化时，多数人还不到四十岁，正值年富力强之时；到本世纪中叶，建成富强民主文明和谐美丽的社会主义现代化强国时，多数人还不到六十岁，正是全社会各个行业的中坚力量。可以说，当代青年大学生是实现"两个一百年"奋斗目标的主力军，做好大学生的民族精神教育，将当代大学生的一言一行引导到正确的轨道上来，是培养社会主义事业合格建设者和可靠接班人的必然要求。

二、大学生民族精神教育的主要困境

在新时代，缺乏对民族精神内涵的深层认知、新媒体快速发展带来负面影响以及民族精神教育过程中知行脱节等一系列问题，使得当前大学生的民族精神教育面临着严峻的挑战。

（一）从教育对象角度来看：当代大学生由于日常学业繁重，存在着一定的重视专业学习，而忽视德育学习的现象，对于民族精神的学习大部分流于表面，缺乏深层次的内涵认知，中华民族的伟大民族精神内涵丰富，需要建立在大学生理性认知的基础之上，因此，加强对大学生的理论教育尤为重要。然而，当前一部分大学生对于民族精神的理解仅仅建立在内容认知的层面上，缺乏深入的内涵认知，尤其是对于民族精神的由来，其与中华优秀传统文化、革命文化以及社会主义先进文化之间的关系等方面缺乏深入、理性的理解，没有理性、深刻的认知，因此就给民族精神教育带来了困难。

（二）从教育载体角度来看：当代社会是一个互联网高度发达的社会，各种新媒体对学生影响巨大。网络新媒体的迅猛发展，由于网络信息传播基本是无国界的，这会使西方意识形态通过互联网更顺利地进入国内，更直接地影响网民的政治思想和价值观念，从而对主流意识形态的主导地位形成巨大冲击。当代大学生更多的是通过微博、抖音、知乎等很多种平台获取信息，在网络平台上，人人都是自媒体，都可以成为信息的发布者和传播者，这就致使新媒体所传播的信息当中主流与非主流并存，网络空间信息复杂多变、良莠不齐，对大学生的民族精神教育造成了挑战。

（三）从教育过程角度来看：大学生民族精神教育过程中存在知行脱节的现象。认知是行为的先导，行为是认知的落脚点，从这个角度来讲，民族精神教育需要引导学生在实际的学习、工作和生活当中做到知行合一。从目前高校大学生的民族精神教育的实际过程来看，存在一定的思想引领与行为引导相脱节的现象，集中体现在一方面部分理论教育脱离实际，空谈大道理；另一方面部分校园文化活动、实践活动流于表面，缺乏深层次的教育效果，这就使得当前大学生民族精神教育的效果大打折扣。

三、大学生民族精神教育的理论支点

作为大学生思想政治教育的一个重要内容，大学生民族精神教育同样遵循思想政治教育过程的规律。思想政治教育的过程，实际上就是教育者通过教育影响使受教育者将一定社会要求的观念、规范等转化为自身的思想品德。因此寻找大学生民族精神教育的理论支点，就需要从思想品德形成发展的过程来进行分析。根据思想政治教育学原理，思想品德的形成过程实际上是在一定外界环境因素影响下人们内在的知、情、意、信、行辩证运动、均衡发展的过程。[①]也就是说一定的思想品德需要经过认知、情感、意志、信念等的催化作用，才能转化为品德行为。因此，把握好知、情、意、信、行五个着力点，对做好大

---

① 陈万柏、张耀灿：《思想政治教育学原理》，高等教育出版社，2015 年，第 128 页。

学生的民族精神教育有重大意义。

（一）知：大学生民族精神教育的起点

知，即认知，在民族精神教育中，特指人们对民族精神及其相关信息的理解和认识。认知是行为的先导，没有正确的认知，就很难产生符合社会规范的行为，对教育活动造成不利的影响。新时代大学生获得信息多元化，而民族精神教育的目的就在于通过正确的思想引领，转化学生的思想，使其向着正确、积极的方向发展。因此，提高新时代大学生民族精神教育的有效性，首先就是要帮助学生提高认知。

（二）情：大学生民族精神教育的催化剂

情，即情感，指人们在现实的世界所表现出来的一种爱憎好恶的态度。大学生对某一事物有没有感情，有什么样的感情，与对这一事物的态度和行为密切相关。可见，情感对于大学生民族精神教育具有催化和强化的作用。民族精神教育中最重要、最集中的体现就是加强爱国主义教育，培养大学生的爱国之情。爱国之情对大学生具有无形的、巨大的凝聚力量，可以有效地激发学生的认同感和归属感，对学生起到凝神聚气的重要作用。

（三）意：大学生民族精神教育的杠杆

意，即意志，指的是人们在现实生活中，自觉地克服困难和排除障碍的毅力和品质。意志是体现认知，并调节人的行为的重要精神力量，是行为的杠杆。坚强的意志能促使人们坚持一定的行为并进而形成行为习惯，如果缺乏坚强的意志，行为就难以持久，就难以形成良好的行为习惯，可见，坚强的意志是大学生民族精神教育的一个重要方面。大学生在成长的过程中可能会面对种种困难、逆境，甚至是挫折，是否拥有坚强的意志品质，对于当代青年大学生有着举足轻重的作用。

（四）信：大学生民族精神教育的核心

信，即信念，指的是人们发自内心的真诚信仰。信念是连接认知和行为的枢纽，是一种被个体所深刻理解的认知，是一种被个体情感所充分肯定的认知，并带有个体坚持和固守这种认知的意志成分。可见，信念是深刻的认知、强烈的情感和坚强的意志的有机统一。习近平总书记将理想信念比作精神上的"钙"，在民族精神教育中，信念对于大学生来说更是一种强大的精神力量，拥有坚定的信念，就能够振奋精神、克服困难，可以说，理想信念教育是民族精神教育的核心内容。

（五）行：大学生民族精神教育的落脚点

行，即行为，指的是人们在认知、情感、意志和信念的支配下，在实践活动中一定的实际行动。从思想政治教育的角度讲，行不仅仅是指人的个别行为，更主要的是指人的行为习惯。行为习惯不仅能客观反映人们的思想品德状况，而且还可以反过来加深人们的认知、促进情感的培养、意志的锻炼和信念的养成，可见，培养良好的行为习惯是思想政治教育的归宿和落脚点。大学生能否最终以民族精神为向导，来指导自己的一言一行，是大学生民族精神教育是否有效的直接体现。

四、大学生民族精神教育的实现路径

熟练掌握和运用马克思主义的科学思想和思维方法，是中国共产党的看家本领，也是新形势下提高大学生民族精神教育效果的锐利思想武器。习近平总书记多次强调要坚持战略思维、辩证思维、创新思维、历史思维、底线思维。在对大学生进行民族精神教育的过程中，教育工作者要深入学习贯彻习近平新时代中国特色社会主义思想，灵活运用"五种思维"，针对五个"理论支点"，解决好五个"度"，切实提高大学生民族精神教育的效果。

（一）运用辩证思维，加强理性教育，提升"知"的准度

辩证思维，就是要承认矛盾、分析矛盾、解决矛盾，善于抓住关键、找准重点、洞察事物发展的规律。运用好辩证思维，就是要引导学生客观地而不是主观地、全面地而不是片面地、系统地而不是零散地观察问题、分析问题和解决问题，在对立统一中把握规律，克服极端化、片面化。

一是要培养理性认知。人一定要会思考，大学生更亦如此。理性精神、理性态度、理性思考，对大是大非问题保持清醒认识和理性态度是民族精神教育的重要内容。在当前，大学生的理性精神、理性思考必然包含着对当下的世界发展观和中国发展观及民族进步观的认知、思考和判断，要把理论自信提升为理性精神，在此基础上形成价值选择和认同。大学是探究高深学问之所，大学期间也是培养青年大学生理性精神的关键时期。加强民族精神教育，不是简单

的说教和灌输，而是需要把民族精神放在世界舞台上进行理性对比和价值考量，尤其是要把改革开放以来我们举世瞩目的成就向学生讲明白、说透彻。唯有这样，理性观点才站得住脚，青年人才会有认同。

二是要善于挖掘学生身边的教育元素，丰富民族精神教育内容。比如武汉军运会期间志愿者小水杉从暑假时就接受训练，十分辛苦却任劳任怨；军运会期间交通戒严、快递戒严，确实给居民生活带来诸多不便，但没有人抱怨，因为市民们所展现的不仅是个人的精神、武汉的精神，更是民族的精神。通过这些发生在自己身边的熟悉的事例来为学生阐述民族精神的内涵和意义，更易于赢得学生们的理解与认同。又比如新型冠状病毒感染的肺炎疫情期间，众多"逆行者"舍小家为大家，谱写了无数感人至深的英雄故事，这些鲜活的教育素材，为大学生形象地展示了伟大民族精神的当代内涵，都可以用于教育者日常的民族精神教育当中。

（二）运用历史思维，加强爱国主义教育，筑牢"情"的厚度

历史思维，就是以史为鉴、知古鉴今，积极运用历史眼光认识事物的发展规律、把握前进的方向、指导现实工作。教育工作者在大学生的民族精神教育中要善于运用历史思维观察问题、思考问题、解决问题，总结昨天，把握今天，筹划明天。

一是要用好历史素材，增强情感认同，总结好"昨天"。回望历史，中华民族自古以来就是一个多灾多难的民族，同时也是一个不屈不挠的民族。尤其是近代以来，从鸦片战争、第二次鸦片战争、中法战争、中日甲午战争、八国联军侵华战争、抗日战争，再到洪水、非典、汶川地震、玉树地震等，每经历一次困难，就会成长一次，中华民族不仅没有被战争和灾难打趴过，反而每次都会变得更加强大。教育工作者要用好这些鲜活生动的历史素材，把爱国主义教育从历史的、抽象的精神世界引申到具体的现实生活当中，引导大学生深入理解家国一体的深刻含义，激发学生爱国奋斗的不竭动力。

二是要挖掘深刻内涵，强化精神感召，把握好"今天"。以新型冠状病毒感染的肺炎疫情为例，疫情防控的背后，再度证明了中国制度的优越性。在中国共产党的领导下，集中力量办大事这一制度优势再次得到充分发挥。教育工作者要深入挖掘好疫情防控背后的深刻内涵，讲好中国故事，在历史与现实、国

际与国内的对比中，引导大学生深刻认识马克思主义为什么"行"、中国共产党为什么"能"、中国特色社会主义为什么"好"，牢固树立道路自信、理论自信、制度自信、文化自信，厚植大学生的爱国之情。

三是要借助榜样力量，持续开展教育，筹划好"明天"。从历史的、发展的眼光来看，爱国主义教育需要持续开展。教育工作者要注意以各类英模人物为榜样，邀请他们走进校园，走上讲台，走入学生的内心，持续深化教育效果，引导大学生以英模人物为榜样，将"小我"融入"大我"，不断激发大学生的民族自豪感和国家荣誉感，引导大学生在自己学习、生活、工作的点点滴滴中砥砺爱国之情，以担当实干践行报国之志。

（三）运用创新思维，加强意志品质教育，加固"意"的硬度

创新思维能力，就是破除迷信、超越过时的陈规，善于因时制宜、知难而进、开拓创新的能力。教育工作者应创新教育引导的方式方法，多方位培养学生坚强的意志品质。

一是创新教育载体，锻造学生的坚毅品质。大学生朝气蓬勃，求知欲强，乐于接受新鲜事物，而且作为互联网的原住民，他们更乐于也更善于在流行社交网络上接受新事物、新思想。因此要创新教育载体，"无孔不入"地对学生进行意志力培养，要善于通过微信、微博、直播、抖音等网络新媒体，创作高质量的网文、漫画、视频、音频等网络作品宣传正面素材，还可以采用网络知识问答、微视频论坛等多种载体与学生进行互动讨论，激励大学生克服困难，积极向上，坚定必胜的意志。

二是创新教育方式，锻造学生坚毅品质。教育工作者除了使用传统的说教、灌输等教育方式外，还要因势利导，综合运用启发、动员、教育、共情、表扬等多种教育方式，与广大学生共同探讨对于伟大民族精神的正确认识和看法，帮助学生以伟大民族精神为导向，自觉纠正偏差，克服悲观、冲动、焦虑、烦躁等性格，塑造坚强的意志品质。

三是创新教育目标，锻造学生的坚毅品质。在民族精神教育中，教育工作者要特别注重有针对性地培养学生意志品质中的独立性、果断性、顽强性和自制力等方面的内容。独立性强，学生就会有主心骨，不人云亦云，不轻易屈从于外界的压力；果断性强，学生就会敢于担当，在是非、善恶、荣辱面前能做

出正确选择；顽强性强，学生就会不怕困难和挫折，锲而不舍、善作善成；自制力强，学生就会掌控自我，不被各种诱惑所困，做到行所当行、止于当止，能够自警自励。

（四）运用战略思维，加强理想信念教育，增加"信"的力度

运用战略思维，就要视野开阔，站在战略和全局的高度观察和处理问题。教育工作者在教育过程中要能够从全局出发，站在战略的高度思考，开展好大学生的民族精神教育。

一是注意将民族精神教育同民族复兴的"中国梦"教育相结合，勾画民族精神教育的"同心圆"。"中国梦"重申了两个"百年梦想"，体现着包括大学生在内的中华民族的整体利益，为广大青年提供了不断前进的动力、挑战未来的勇气和克服困难的毅力。可以说，每一个大学生的命运，都与"中国梦"能否实现紧密相关。2020年是全面建成小康社会和"十三五"规划的收官之年，在此重要节点上，教育工作者应引导学生站在民族复兴的高度，高举民族精神的伟大旗帜，自觉地与祖国同呼吸、共命运，将自己的一言一行同民族复兴的"中国梦"紧密融合在一起。

二是注意将民族精神教育同主流意识形态教育相结合，锻造民族精神教育的"防火墙"。在新时代，意识形态领域的争夺更加激烈。长期以来，一些西方国家始终没有放弃对社会主义中国的渗透，联系到近年来，两岸关系、贸易摩擦、华为事件等等，都引发了意识形态领域的激烈交锋。"意识形态工作是党的一项极端重要的工作和任务。"[①]加强大学生的民族精神教育，就是要维护好主流意识形态的主导权和话语权，要坚持不懈用习近平新时代中国特色社会主义思想引领学生，帮助学生抵制错误思潮，壮大主流意识形态的声音，维护好主流意识形态的主导权和话语权，确保马克思主义在大学生意识形态教育领域中的主导地位不动摇。

三是注意将民族精神教育同社会主义核心价值观教育相结合，注入民族精神教育的"强心剂"。习近平总书记在北大师生座谈会上指出，社会主义核心价值观体现了社会主义本质要求，是高校思政教育需要培育的，广大青年需要自觉践行的。在大学生民族精神教育过程中，教育工作者要重视用社会主义核心

[①]《习近平谈治国理政》，外文出版社，2014年，第153页。

价值观武装学生的头脑，在进行大学生的民族精神教育时，更加注重深挖优秀传统文化和弘扬时代精神，特别是中华民族在灾难面前所表现出自强不息、同舟共济、百折不挠的民族精神，引导学生正确地看待中国与世界、看待顺逆、得失等问题，用正确的价值观去处理好疫情中个人与他人、社会、集体、国家的关系，立稳人生坐标，坚定理想信念。

（五）运用底线思维，加强实践意识教育，把握"行"的尺度

运用底线思维加强大学生民族精神教育，就是要将民族精神教育见于实际行动，引导学生知行合一，做好学生的行为引导。

一是要引导学生做好知行转化，将情感认同转化为行为习惯。认知是正确行为的指导，行为是正确认知的体现。对于中华民族伟大民族精神的正确理论认知，需要大学生将其转化为情感认同和行为习惯。民族精神折射在每一个青年大学生的学习、工作、生活的点滴中，如果每一个小我都将民族精神融入情感见于行动，将"大理论"转变为"小故事"，将"大背景"转变为"小场景"，将"大社会"转变为"小细节"，就可以真正将深刻的民族精神化为自身的实际行动。

二是要引导学生身体力行，发挥好关键学生朋辈引领作用。大学生虽然作为教育活动的客体，但却具有主体性作用，在教育过程中大学生并不是一个完全被动的客体，而是作为有思想、有感情的活生生的人参与其中的。当前一部分民族精神教育活动之所以效果不佳，就是因为教育工作者多是单方向地对大学生进行灌输式教育，将自己的理论、观点传递给学生，忽视了学生的真实需求和发挥学生学习主动性的作用。因此，在民族精神教育活动中，要积极引导学生发挥其主体性作用，可以发动学生党员或主要学生干部等群体，通过这些"关键少数"群体的身体力行，为广大学生树立身边的榜样，以身边事教育身边人，强化民族精神教育的效果。

三是要引导学生向实践学习，多途径开展好民族精神教育。大学生民族精神必须坚持向实践学习、向人民群众学习。要以强化民族精神实践教学为重点，以创新民族精神实践育人方法途径为基础，让学生在实践中增强对传统文化和传统美德的体认，培养社会责任感。要以加强民族精神实践育人基地建设为依托，积极调动整合高校、社区、实践基地等各方面资源，着力构建长效机制，形成实践育人合力，努力推动民族精神实践育人工作取得新成效。

结　语

抗战时期，在中国共产党抗日民族统一战线的号召下，桂林文化城中不同党派、不同阶层、不同意识形态的传媒工作者团结合作，桂林抗战传媒取得了跨越式发展：报刊新闻机构数量猛增，图书出版事业兴旺，报社出版机构林立，印刷事业长足发展，广播电台电波流逝，传媒活动丰富多彩，新闻理论探讨争鸣，桂林抗战传媒呈现一派欣欣向荣的景象。

在桂林抗战传媒运动中，广大新闻工作者视国家与民族存亡为己任，铁肩担道义，表现了万众一心共赴国难的爱国主义精神；不同意识形态、不同文化品种相互连通、相互配合，共同发展，表现了并肩作战、通力合作的团结奋斗精神；在艰难困苦的环境下，不畏艰险，奋发向上，表现了勇于创新、开拓进取的自强不息精神，正是在伟大的民族精神的指引下，中国人民同仇敌忾，众志成城，在那个无比艰难的年代，不但没有被击垮，反而更加坚强地站立起来，昂首挺胸战胜了不可一世的日本侵略者，取得了抗日战争的伟大胜利！

"以史为鉴，可以知兴替"。桂林抗战传媒的跨越式发展，传承和弘扬了中华民族伟大的爱国主义精神、团结奋斗精神和自强不息的精神，推动了桂林抗战文化的发展，动员和激励了广大民众的抗战斗志，促进了中国现代传媒的发展，书写了属于自己的辉煌篇章，给予我们今天的文化发展重要的启示。桂林抗战传媒所表现出的伟大民族精神对于我们今天奋力实现中华民族伟大复兴的中国梦、培育社会主义事业的合格建设者和可靠接班人仍然具有十分重要的借鉴价值，是历史留给我们的宝贵财富，值得我们长久地去品味与感悟。

参考文献

报刊类：

《救亡日报》（桂林版）

《大公报》（桂林版）

《大公报》（上海版）

《力报》（桂林版）

《新华日报》

《广西日报》

《扫荡报》

《抗战报》

《申报》

《人民日报》

《音乐阵线》

《戏剧春秋》

《克敌周刊》

《时论分析》

《新文学》

《文化杂志》

《文艺月刊》

《抗战》

《野草》

《抗战文艺》

《万象》

《艺丛》

《木艺》

《文艺研究》

《每月新歌选》

《新音乐》

《建设研究》

著作类：

梁启超：《戊戌政变记》，《饮冰室合集》专集之一，中华书局，1989年。

何启、胡礼垣：《新政始基》，《新政真诠——何启、胡礼垣集》，辽宁人民出版社，1994年。

费孝通：《中华民族多元一体格局》，中央民族学院出版社，1989年。

全国中共党史研究会编：《抗日民族统一战线与第二次国共合作》，中国文史出版社，1987年。

《宋庆龄选集》，人民出版社，1966年。

《中共中央文件选集》九，中共中央党校出版社，1986年。

《毛泽东选集》第1卷，人民出版社，1991年。

《中共中央文件选集》十，中共中央党校出版社，1985年。

《朱德选集》，人民出版社，1983年。

《毛泽东选集》第2卷，人民出版社，1991年。

中国社会科学院新闻研究所编：《中国共产党新闻工作文件汇编》（上），新华出版社，1980年。

张之华：《中国新闻事业史文选》（公元724—1995年），中国人民大学出版社，1999年版。

魏华龄、刘寿保主编：《桂林抗战文化研究文集》（五），广西师范大学出版社，1997年。

钟文典主编：《广西通史·文化志》，广西人民出版社，2000年。

陈万金：《声屏轨迹——桂林市广播电视十年》，漓江出版社，1994年。

魏华龄等主编：《桂林抗战文化研究文集》（六），广西师范大学出版社，2001年。

谭肇毅：《桂系史探研》，中国文史出版社，2005年，第288页。

程思远：《桂林在抗战时期中的特殊地位》，《桂林文化城纪事》，漓江出版社，1984年。

魏华龄、曾有云主编：《桂林抗战文化研究文集》（三），广西师范大学出版社，1993年。

李绍雄：《广西教育史料》，广西史地学社，1946年。

程其恒：《战时中国报业》，铭真出版社，1944年。

陈荣力：《大道之行——胡愈之传》，浙江人民出版社，2005年。

龙谦：《抗战时期桂林出版史料》，漓江出版社，1999年。

彭继良：《广西新闻事业史》，广西人民出版社，1998年。

罗标元：《桂林旧事》，漓江出版社，1989年。

广西社会科学院主编：《桂林文化城纪事》，漓江出版社，1984年。

周雨：《大公报史（1902—1904）》，江苏古籍出版社，1993年。

杨益群：《抗战时期桂林美术运动》，漓江出版社，1995年。

魏华龄、丘振声主编：《桂林抗战文化研究文集》（四），广西师范大学出版社，1997年。

刘文俊：《桂林抗战文化城的社团》，黄山书社，2008年。

魏华龄：《桂林文化城史话》，广西人民史话出版社，2009年。

蔡定国、杨益群、李建平：《桂林抗战文学史》，广西教育出版社，1994年。

雷锐：《桂林文化城大全》小说分卷，广西师范大学出版社，1992年。

广西社会科学院主编：《桂林抗战文艺辞典》，广西人民出版社，1989年。

桂林市文化研究中心、桂林图书馆主编：《桂林文化城大事记（1937—1949）》，漓江出版社，1987年。

李宗桂：《中华民族精神概论》，广东人民出版社，2007年，第78页。

生活书店史稿编辑委员会编：《生活书店史稿》，生活·读书·新知三联书店，1997年。

徐向明：《范长江传》，南京大学出版社，2002 年，第 235 页。

广西社会科学院主编：《文艺期刊索引》，广西人民出版社，1986 年。

魏华龄：《桂林抗战文化史》，漓江出版社，2011 年。

陈万柏、张耀灿：《思想政治教育学原理》，高等教育出版社，2015 年。

习近平：《习近平谈治国理政》，外文出版社，2014 年，第 153 页。